A ERA DA CRIPTOECONOMIA

CARO(A) LEITOR(A),

Queremos saber sua opinião sobre nossos livros. Após a leitura, siga-nos no linkedin.com/company/editora-gente, **no TikTok** @editoragente **e no Instagram** @editoragente **e visite-nos no site** www.editoragente.com.br. **Cadastre-se e contribua com sugestões, críticas ou elogios.**

A ERA DA CRIPTOECONOMIA

DOMINE A PRÓXIMA FASE DO MERCADO FINANCEIRO E SAIBA COMO APROVEITAR ESSE MOMENTO

Diretora
Rosely Boschini

Gerente Editorial Sênior
Rosângela de Araujo Pinheiro Barbosa

Editora Júnior
Rafaella Carrilho

Editor
Bruno Ferreira Leite

Assistente Editorial
Mariá Moritz Tomazoni

Produção Gráfica
Fábio Esteves

Preparação
Wélida Muniz

Capa
Amanda Cestaro

Projeto gráfico e diagramação
Gisele Baptista de Oliveira

Revisão
Giulia Molina Frost
Mariana Marcoantonio

Ilustrações
Linea Editora

Impressão
Edições Loyola

Copyright © 2023 by Bruno Diniz
Todos os direitos desta edição
são reservados à Editora Gente.
Rua Natingui, 379 – Vila Madalena
São Paulo, SP – CEP 05443-000
Telefone: (11) 3670-2500
Site: www.editoragente.com.br
E-mail: gente@editoragente.com.br

Dados Internacionais de Catalogação na Publicação (CIP)
Angélica Ilacqua CRB-8/7057

Diniz, Bruno
    A era da criptoeconomia : domine a próxima fase do
mercado financeiro e saiba como aproveitar esse momento /
Bruno Diniz. - São Paulo : Editora Gente, 2023
    256 p.

ISBN 978-65-5544-359-2

1. Finanças 2. Mercado financeiro 3. Investimentos I. Título

23-3806   CDD 332.178

Índices para catálogo sistemático:
1. Finanças

NOTA DA PUBLISHER

O cenário financeiro e tecnológico tem passado por uma evolução constante, capaz de gerar uma dualidade de sentimentos: curiosidade e medo. O surgimento do Bitcoin e de outros criptoativos desperta a nossa atenção, mas também provoca receio e dúvidas sobre sua funcionalidade e impacto no futuro. Ainda assim, essa evolução é um componente natural do mercado, e compreender seu funcionamento pode trazer clareza a essas questões.

É por esse motivo que o especialista em inovação no mercado financeiro Bruno Diniz decidiu descomplicar os novos conceitos em *A era da criptoeconomia*. Aqui, o autor best-seller guiará você em uma jornada de conhecimento e o ensinará sobre a história do mercado financeiro desde o seu início, o surgimento do Bitcoin e de outros ativos digitais, como as CBDCs. Além disso, fará você mergulhar no universo da tecnologia blockchain, dos NFTs, das finanças descentralizadas e da tokenização de ativos reais.

Embarque nesta leitura e descubra o fascinante universo dos criptoativos e da tecnologia blockchain. Com o conhecimento necessário, você estará preparado para enfrentar as mudanças que estão ocorrendo no mundo financeiro e aproveitar mais do que apenas oportunidades de investimento, mas um vasto leque de possibilidades que os ativos digitais podem oferecer.

ROSELY BOSCHINI
CEO e Publisher da Editora Gente

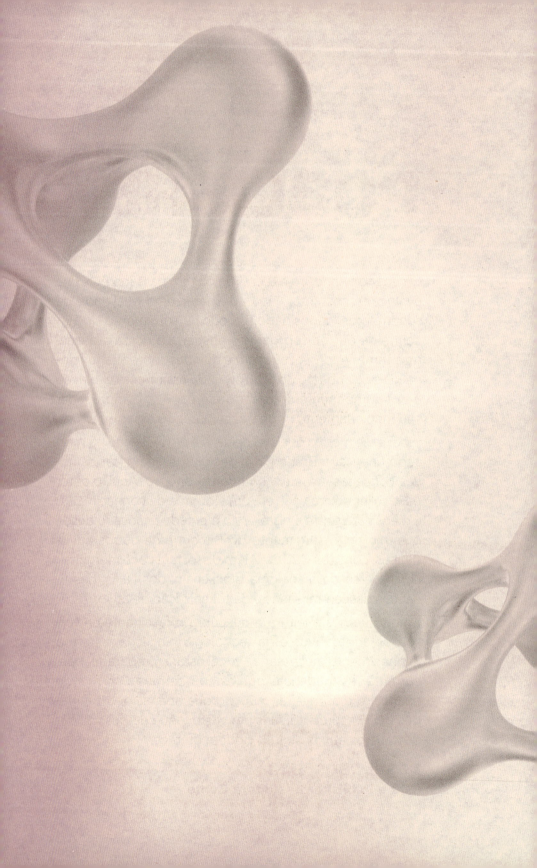

MEU PROFUNDO AGRADECIMENTO ÀS EMPRESAS
QUE APOIARAM O LANÇAMENTO DESTE LIVRO.

spiralem
INNOVATION CONSULTING

Tres
Ponto
Zer0_

Aos meus pais, que construíram os pilares da minha educação e caráter, me apoiando de maneira irrestrita.

À memória da minha irmã, cuja luz ainda brilha em minha vida.

À minha esposa, que sempre esteve ao meu lado durante os altos e baixos, guiando-me com sua paciência e amor incondicional. É sua inspiração que me dá força para inovar e seguir adiante.

E aos meus leitores, que impulsionam a inovação no mercado financeiro e tangibilizam diversos conceitos que apresento em meus livros. Obrigado por me acompanharem nesta jornada.

Com gratidão e respeito, dedico a vocês este livro.

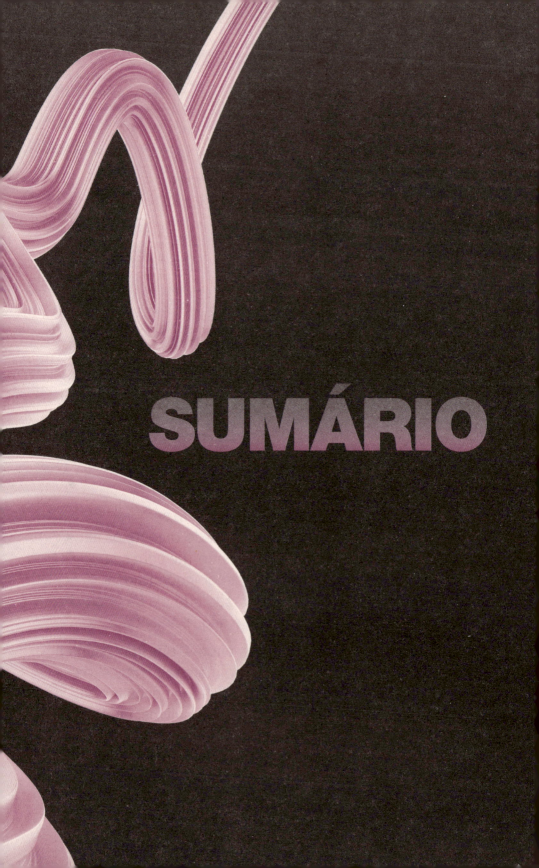

PREFÁCIO DE DON TAPSCOTT 12

INTRODUÇÃO: A ESTRADA ATÉ AGORA 15

1. O SISTEMA FINANCEIRO TRADICIONAL E O SURGIMENTO DE UMA VIA ALTERNATIVA 23

2. UMA RÁPIDA TRANSFORMAÇÃO QUE AFETARÁ A TODOS (E VOCÊ PODE SE BENEFICIAR DELA) 35

3. BEM-VINDOS À CRIPTOECONOMIA! 51

4. ENTENDENDO A BLOCKCHAIN – UMA NOVA INFRAESTRUTURA PARA A SOCIEDADE 69

5. A ASCENSÃO DOS CRIPTOATIVOS – UMA NOVA GERAÇÃO DE ATIVOS INTELIGENTES 97

6. NFTS – UM VEÍCULO PARA A ARTE NO MUNDO DIGITAL, E MUITO MAIS 123

7. DEFI – O PRÓXIMO PASSO EVOLUTIVO DAS TRANSAÇÕES FINANCEIRAS 151

8. SINAIS DE CONVERGÊNCIA – INSTITUIÇÕES FINANCEIRAS, BANCOS CENTRAIS E GOVERNOS ADENTRAM A CRIPTOECONOMIA 181

9. METAVERSO, WEB3, AI GENERATIVA E ALÉM! 211

CONCLUSÃO 240

NOTAS 245

PREFÁCIO
DE DON TAPSCOTT

O dinheiro está passando pela maior mudança desde sua criação; ele está se tornando digital, graças a uma nova internet. A internet do ontem é a Internet da Informação. Ela conecta bilhões de pessoas em todo o mundo e, certamente, é ótima para comunicar dados e colaborar on-line. Porém, como foi criada para mover e armazenar informações, e não **valores**, ela não foi capaz de transformar, de maneira decisiva, o modo como fazemos negócios.

Quando você envia informações para alguém, como um e-mail, um documento do Word, um PDF ou um PowerPoint, na verdade está enviando uma cópia, não o original. É ok (e de fato vantajoso) imprimir uma cópia de arquivos do PowerPoint, por exemplo, mas não é ok imprimir, digamos, dinheiro.

Portanto, com a Internet da Informação, temos que contar com intermediários poderosos para estabelecer confiança. Bancos, governos e até mesmo empresas de mídia social, como a Meta (dona do Facebook, Instagram e WhatsApp), fazem o trabalho de estabelecer nossa identidade e nos ajudar a possuir e transferir ativos e liquidar transações.

No geral, os intermediários fazem um bom trabalho, mas há limitações. Além do fato de utilizarem servidores centralizados – suscetíveis a vulnerabilidades que podem ser exploradas em ataques hackers –, há também um considerável custo operacional na intermediação de serviços, que muitas vezes são lentos e pouco eficientes, como no caso das tradicionais remessas internacionais.

Em função dos custos altos, vemos uma realidade na qual mais de dois bilhões de pessoas acabam excluídas do sistema financeiro. As grandes plataformas presentes hoje na internet, por exemplo, capturam nossos dados, não apenas nos impedindo de usá-los para benefício próprio, mas muitas vezes minando nossa privacidade. Talvez o mais problemático neste caso é que elas estão capturando os benefícios da era digital de forma assimétrica – e ainda o fazem nos dias de hoje.

Mas e se houvesse uma **Internet do Valor**, uma plataforma, livro-razão ou banco de dados global, distribuído e altamente seguro, em que o valor pudesse ser armazenado e trocado, e graças à qual pudéssemos confiar uns nos outros sem intermediários poderosos? O interesse próprio coletivo, embutido nesse novo meio digital nativo de valor, garantiria a segurança e a confiabilidade das transações on-line.

É isso que as blockchains são: a Internet do Valor. A confiança é programada na tecnologia, o que permite que todos se comuniquem, armazenem e gerenciem ativos ponto a ponto sem intermediários. E o ativo mais comumente utilizado é o dinheiro.

A Internet do Valor está trazendo consigo uma nova Web – chamada Web3. Inicialmente, a Web era um meio de transmissão para publicação de informações (Web baseada em leitura), então veio a Web2 (baseada em leitura e escrita), um meio de comunicação colaborativa: uma plataforma para a organização de massa on-line e para o comércio. Intermediários como bancos e empresas de mídia social desempenhavam funções essenciais, como mover e armazenar valor, verificar a identidade e manter registros. A Web3 (baseada na leitura, escrita e posse) é uma plataforma descentralizada em que o valor – ativos como informações críticas, dinheiro, títulos, contratos, escrituras, propriedade intelectual e ativos culturais como arte e música – pode ser movido, armazenado e transacionado ponto a ponto.

Com a Web3 e as blockchains, o dinheiro pode ser transformado em dinheiro digital, transacionado entre duas partes, e passa a se mover em uma rede segura, usando criptografia e software inteligente. Chame isso de criptomoeda.

Criptomoedas como o Bitcoin, o avô de todos os criptoativos, são o primeiro "caso de uso matador" de blockchain, como o e-mail foi para a internet. São instrumentos de troca, reservas de valor e unidades de conta. Hoje, o Bitcoin detém mais de meio trilhão de dólares e suporta bilhões por dia em transações globais. Outros criptoativos, como Dash, Monero e Zcash, procuram fazer o que o Bitcoin faz, porém com diferentes camadas de eficiência e privacidade.

Os ativos são digitalizados através de algo chamado "token", que é simplesmente algum software que contém ou representa um ativo. No entanto, não são moedas ou dinheiro que podem ser tokenizados. A Web3 está trazendo um novo mundo de ativos digitais. Nesse universo, encontramos os protocolos, os tokens de governança, os security tokens, os utility tokens, os tokens não fungíveis (NFTs), as stablecoins, as moedas digitais dos bancos centrais (CBDCs), entre outros.

Essa explosão cambriana de criptoativos pode precipitar uma das maiores reorganizações de riqueza e transformação da economia global da história. Mercados de valores mobiliários, bancos centrais, mercados de carbono, pontos de fidelidade, commodities e praticamente todos os outros ativos estão prestes a mudar do analógico para o digital. Veremos mudanças profundas em nossas instituições, especialmente em governos e bancos.

Bruno Diniz entende isso, motivo pelo qual *A era da criptoeconomia* é uma contribuição tão útil para a discussão e evolução dessa tecnologia no Brasil e em outras partes do globo.

Continue lendo, prospere e ajude-nos a construir um mundo melhor, mais justo e sustentável.

Tenha uma boa leitura!

Don Tapscott *é cofundador do Blockchain Research Institute, professor adjunto do INSEAD, chanceler emérito da Trent University, no Canadá, e membro da Ordem do Canadá. Autor de dezesseis livros amplamente lidos que falam de tecnologia nos negócios e na sociedade, incluindo o best-seller* Blockchain Revolution, *que coescreveu com o filho Alex, sua obra mais recente é* Platform Revolution: Blockchain Technology as the Operating System of the Digital Age.

A ESTRADA ATÉ AGORA

Atuo no mercado de inovação financeira há vários anos e tive a chance de presenciar diferentes momentos de disrupção ao longo desta jornada. Por meio de palestras, livros e consultorias, tenho orientado empresas do mercado financeiro e reguladores de diferentes países, e não canso de me surpreender com as novidades que nos batem à porta a todo momento. Novidades essas capazes de transformar a experiência que temos junto aos provedores de soluções financeiras e que facilitam o modo como entendemos as nossas finanças e economizamos nosso tempo e dinheiro em transações cada vez mais rápidas e baratas.

Nos ciclos de transformações recentes, que tiveram início nos anos 1990 com o nascimento da internet e se estendem até os dias atuais, vimos o aparecimento das fintechs (empresas que utilizam tecnologia para realizar a entrega de produtos e serviços financeiros com foco no usuário); o uso de tecnologias emergentes (como a computação na nuvem, as redes móveis, a inteligência artificial, entre outras) para impulsionar diferentes possibilidades para os consumidores; a evolução da regulação (abrindo espaço para novos competidores e modelos de negócio nesse terreno); e a transformação global da infraestrutura do setor, inclusive aqui, no Brasil (trazendo-nos conveniência e empoderamento sobre nossos dados financeiros, por exemplo, nos casos do Pix e do *open finance*).

O desenvolvimento de cada um dos elementos mencionados acima impulsionou um processo de abertura do mercado nunca visto até então, o que viabilizou a possibilidade de testar múltiplas e diferentes abordagens junto ao consumidor.

Em síntese, ao longo do tempo, a conexão de elementos como foco no cliente, tecnologia, infraestrutura e regulação foi fundamental para desenvolver o terreno fértil de oportunidades atual, um cenário em que vários empreendedores têm trabalhado para fazer florescer os incríveis produtos e serviços que hoje fazem parte do nosso cotidiano.

O progresso tecnológico, regulatório, de experiência do usuário e de infraestrutura impulsionou não só os provedores de soluções alternativas para pessoas e empresas – como as fintechs –, mas também os fornecedores de serviços que dominam esses componentes e que conseguem oferecer um atalho para que empresas (sejam elas pertencentes ao mercado financeiro ou não) consigam participar do jogo de maneira mais rápida, descomplicada e com menores custos.

Esses fornecedores, chamados de provedores de *banking as a service*, são peças importantes dentro da **nova lógica financeira** que emergiu nos últimos anos. Eles se tornaram a base para o movimento das finanças embutidas (conhecido internacionalmente como *embedded finance*), que está transformando o mercado e subvertendo a velha lógica na qual contávamos quase que exclusivamente com os bancos para solucionar nossas necessidades financeiras. Assim, passamos a ver empresas de setores como varejo, telecomunicações e tecnologia dando as caras com suas próprias iniciativas, todas almejando seu pedaço em um novo (e altamente competitivo) mercado financeiro.

Como resultado de todos esses movimentos, temos uma democratização do acesso a produtos e soluções, como contas correntes, investimentos, cartões de crédito, compra e venda de moeda estrangeira, entre outros.

Nesse processo, o consumidor brasileiro ganhou mais alternativas e aumentou o seu poder de escolha, tornando-se soberano em um mercado mais plural. Sua percepção de qualidade aumentou, levando-o a comparar a experiência de usuário e a excelência na entrega baseado em referências que vêm não só do mercado financeiro, mas de segmentos como entretenimento (Netflix ou Spotify), mobilidade (Uber) e alimentação (iFood).

A pressão vinda do cliente (que agora tem mais consciência e poder de escolha), dos novos entrantes (tais como as fintechs e demais empresas que passaram a oferecer soluções financeiras digitais de maneira inovadora) e das novas infraestruturas que foram criadas (tal como o Pix, que zerou tarifas em operações de pagamento e transferências simples de executar) acabou por elevar a barra do mercado com um todo, impondo um processo amplo de melhoria. Isso permitiu que novas dores do consumidor fossem sanadas e que muitos subsegmentos do setor financeiro pudessem se reinventar, estabelecendo novos padrões mínimos de entrega e qualidade.

Desse modo, as instituições financeiras tradicionais correram para se adaptar aos novos tempos, iniciando e aprofundando seu relacionamento com os novos entrantes e com o ecossistema de inovação como um todo, por meio de seus programas de inovação.

Diversas abordagens foram testadas, desde *hackathons* (maratonas de programação competitiva com o objetivo de solucionar um problema) até a criação de *hubs* de inovação (espaços físicos de conexão entre diferentes players), laboratórios e fundos de *corporate venture capital* (para investimento em startups). Cada instituição acabou por encontrar um caminho próprio nessa jornada, agregando aprendizados e definindo sua identidade e seu espaço no ambiente de inovação.

Além disso, vimos os bancos colocarem o pé no mercado de *banking as a service*, fazendo-os expandir o seu papel de provedores de serviços e produtos financeiros e passando, também, a ocupar o papel de provedores da capacidade de transformar os seus maiores clientes em "bancos", para que estes possam oferecer soluções financeiras para os próprios clientes. Movimentos como esses certamente ajudaram a desenvolver colaborações mais assertivas, profundas e interessantes para os envolvidos.

Outro impacto dessa reconfiguração de papéis está fazendo com que bancos e fintechs ampliem sua atuação para outros segmentos. Chegamos em um momento em que tais players passam a expandir seu portifólio para além do universo financeiro, agregando soluções que vão desde marketplaces até ofertas que visam aprimorar o estilo de vida do usuário. Essa é a estratégia *beyond banking*, ou o conceito de *superapp*. Estamos no começo desse processo que deve transformar o modo como enxergamos os players financeiros no país. Presenciamos, assim,

INTRODUÇÃO **17**

o surgimento e o amadurecimento de verdadeiros ecossistemas digitais, em que bancos e fintechs já começam a se integrar, às vezes como orquestradores, outras como participantes.

O ambiente de inovação financeira amadureceu, e hoje está claro para quem faz parte desse mercado que ficar estagnado e não fazer diferente pode representar a própria ruína. É o darwinismo no melhor estilo "adapte-se ou morra", só que, agora, no ambiente digital, com uma dinâmica bem diferente dos tempos em que as alternativas eram escassas, burocráticas, e o consumidor simplesmente aceitava os serviços da maneira como eram entregues (o que envolvia um exaustivo deslocamento físico até as agências bancárias, incontáveis horas gastas em filas e serviços caros), sob o risco de que não atendessem suas necessidades financeiras básicas.

Como você pôde acompanhar, as inovações recentes transformaram o mercado, o que se traduziu em conquistas importantes para os consumidores. Porém, estamos prestes a ver mais um grande salto que vai alterar significativamente a dinâmica do mercado financeiro, a interação entre as pessoas e a própria evolução da sociedade daqui por diante.

A próxima fronteira

Após meus dois últimos livros, *O fenômeno fintech* e *A nova lógica financeira*, que detalham os avanços e acontecimentos que expus até aqui, escrevi esta nova obra para apresentar a próxima fronteira de transformação, uma que estamos transpondo neste momento e que causará impactos ainda maiores e mais surpreendentes na mecânica sobre a qual o mercado opera: **a criptoeconomia**.

Esse termo será abordado em detalhes nas próximas páginas. O que posso dizer, por ora, é que ele se refere ao universo de iniciativas em que orbitam os criptoativos e seus princípios e mecanismos tecnológicos, algo que tem potencial de promover mudanças significativas na economia, conforme se expande e se integra ao mercado financeiro tradicional e ao nosso dia a dia.

O bitcoin e demais criptoativos (como o ethereum e tantos outros) têm estado em evidência na última década, sobretudo atrelados ao mundo dos investimentos, gerando tanto manchetes positivas (em casos de grande valorização) quanto negativas (nas quedas abruptas de preço e nas diferentes polêmicas nas quais se envolviam as empresas que atuavam no mercado cripto).

À medida que ganhava destaque nos noticiários, esse tema foi extrapolando os círculos mais especializados e chegou às mesas de bares e rodas de conversas entre amigos, ao mesmo tempo que se tornou pauta estratégica para as maiores instituições financeiras do mundo. Nesse momento, empreendedores de vários países estão dedicando esforços na construção de soluções que usam a tecnologia blockchain, elemento fundamental no funcionamento dos criptoativos, no intuito de acelerar transformações em um novo momento da economia digital.

Ver todo esse movimento da criptoeconomia apenas como uma revolução relacionada ao mundo dos investimentos é ter uma visão estreita do que está acontecendo. **É possível começar a capturar a verdadeira extensão do impacto dessa transformação, de maneira mais ampla, quando a encaramos como uma evolução rumo à próxima infraestrutura tecnológica a ser utilizada para moldar a sociedade e que está sendo explorada não só pelo mercado financeiro, mas também por empresas de diferentes setores, que buscam formas de ganhar mais eficiência, reduzir custos, aumentar a segurança, aprimorar processos e eliminar burocracia.** Além disso, a criptoeconomia está levando as pessoas a terem um controle mais estrito de suas finanças e do conteúdo que produzem nas redes, reduzindo intermediários e derrubando barreiras geográficas na transferência de recursos e bens.

Alguns dos temas que fazem parte da criptoeconomia, e que serão explorados em detalhes nesta obra, incluem a tecnologia blockchain, os NFTs (tokens digitais não fungíveis), as DeFi (finanças descentralizadas), os contratos inteligentes (*smart contracts*), as DAOs (organizações autônomas descentralizadas), a tokenização de ativos reais (inserção de imóveis, commodities e outros itens nesse contexto), as CBDCs (moedas digitais dos bancos centrais), o metaverso, a Web3 (próximo passo da internet), a inteligência artificial generativa e os impactos de tudo isso no mercado financeiro e na sociedade.

Meu principal objetivo neste livro é simplificar conceitos densos e, à primeira vista, complexos, mas que são a base da próxima

A era da criptoeconomia chegou, e é impossível ignorar as inevitáveis consequências para o cenário financeiro global trazidas por ela.

grande transformação que está sendo construída agora. Acredito que esse conhecimento será fundamental para quem deseja operar na nova fase do mercado financeiro e aproveitar oportunidades que surgirão a partir da aplicação desses conceitos em diferentes segmentos.

Vamos juntos?

O Bitcoin é o início da jornada na qual você está prestes a embarcar nas próximas páginas deste livro, que busca revelar os desdobramentos ocorridos a partir desse momento inicial, bem como suas implicações no funcionamento do mundo financeiro e seus impactos para a sociedade.

A partir daqui, cabe um aviso: este livro não visa discutir estratégias de compra e venda envolvendo o bitcoin e demais ativos digitais; tampouco detalhar os potenciais fatores por trás de sua volatilidade quando comparado a moedas como o dólar ou o real. A ideia, aqui, é apresentar um universo de oportunidades que vai além da percepção limitada que nos leva a enxergar tais ativos digitais apenas como uma oportunidade de investimento.

Grandes mudanças estão em curso no momento, ancoradas em conceitos que se originaram no mundo cripto e que serão fundamentais para compreender o mercado financeiro do amanhã que, por sua vez, vai sendo influenciado e moldado a partir desses novos entendimentos. Ter clareza sobre esse tema certamente o ajudará na preparação para esse novo contexto e o auxiliará na tomada de decisões, algo invitável durante esse processo de transição.

Aqui, não discutiremos questões políticas, nem exaltaremos essa revolução como algo que salvará o mundo – o que pretendo é mostrar como a nova infraestrutura e modelo de funcionamento propostos inicialmente pelo Bitcoin se desenvolveram e se transformaram em um conjunto de elementos que passou a integrar o mercado financeiro tradicional, em um processo que tem sido chamado de convergência.

Inclusive, dentro do prisma da convergência, os horizontes se abrem ainda mais quando conectamos todas as inovações mencionadas anteriormente (como o Pix, o *open finance* etc.) com aquelas oriundas da criptoeconomia, desbloqueando novos ecossistemas e vias alternativas dentro da economia. Muitos caminhos interessantes e inéditos surgirão nesse processo.

Enquanto este livro está sendo escrito, o aspecto especulativo que sempre rondou os criptoativos saiu um pouco de cena, dando espaço para um momento no qual o mercado tem focado a construção de estruturas a partir de seus conceitos fundamentais, abraçando o potencial transformador da tecnologia e do modo como os modelos de negócio são impactados a partir dela. Isso certamente nos levará mais perto de uma realidade na qual a criptoeconomia fará parte da vida da maioria das pessoas e empresas do planeta, assim como aconteceu com o processo de adesão da internet há algumas décadas.

A era da criptoeconomia chegou, e é impossível ignorar as inevitáveis consequências para o cenário financeiro global trazidas por ela. E esse é exatamente o cerne desta obra, cujos conceitos elementares e desdobramentos veremos nos próximos capítulos.

Estou ansioso para mostrar as possibilidades que esse mundo novo tem para apresentar, e será um prazer conduzir você por esta jornada de descobertas.

Vamos em frente!

O SISTEMA FINANCEIRO TRADICIONAL E O SURGIMENTO DE UMA VIA ALTERNATIVA

Inovação é a habilidade de ver a mudança como uma oportunidade, não como uma ameaça."

STEVE JOBS, FUNDADOR DA APPLE.[1]

O mercado financeiro de hoje é baseado em um processo de construção que teve seus pilares estabelecidos há séculos, desde o surgimento da primeira moeda produzida a partir de uma liga de metal, à qual foi atribuída um valor financeiro e que era aceita por um grupo de pessoas e trocada entre elas em uma relação comercial – que, segundo historiadores, se chamava Estáter e surgiu no século VII a.C, na Lídia (atual Turquia)[2] – até a criação, em 1406, em Gênova, Itália, do que foi a primeira instituição bancária de que se tem notícia: o Banco di San Giorgio.[3]

O banco, em seu sentido mais elementar, se firmou como um importante agente intermediário nesse cenário, possibilitando a guarda de valores dos cidadãos em forma de depósitos, os quais eram posteriormente emprestados para outros indivíduos mediante a cobrança de uma remuneração (que ficou conhecida como juros).

Essa dinâmica se sofisticou com o tempo, dando origem ao sistema financeiro, um conjunto mais amplo composto pelos mercados, pelas instituições financeiras e pelos órgãos reguladores (entidades que surgiram para estabelecer as regras desse ambiente e supervisionar seus participantes).

A partir da construção dessa estrutura básica do sistema financeiro, vários elementos foram sendo adicionados à medida que o sistema econômico evoluía e se modernizava em suas diferentes verticais, tal como crédito, seguros, valores mobiliários, câmbio e previdência. Até a primeira metade do século passado, esse processo se desenvolveu em um compasso constante, porém lento, sendo que a espinha dorsal, a estrutura e mecânica do sistema financeiro, não sofreu modificações muito drásticas até então. **De modo geral, o avanço tecnológico não acontecia de maneira significativa a ponto de transformar a dinâmica vigente, e as inovações regulatórias eram bastante limitadas.**

O ritmo das transformações certamente ficou mais acelerado nas últimas décadas, quando foram combinadas às avançadas tecnologias existentes dentro de uma realidade digital, os movimentos de abertura regulatória para acomodar novos modelos de negócio no mercado e um maior foco no usuário e em sua experiência de uso (com isso se tornando um alicerce ao se criar uma solução financeira). Essa combinação impulsionou a criação das fintechs, novos entrantes que têm se apresentado como alternativas às soluções já existentes providas por instituições tradicionais.

Em meu livro *O fenômeno fintech,* tive a oportunidade de explorar em detalhes o desenrolar desse movimento e seus impactos na sociedade. Por ora, o entendimento da linha de raciocínio exposta até aqui será o suficiente para compreender a temática central desta obra que você está lendo no momento, não sendo necessário leituras prévias para tal.

Acontece que, no início do ano de 2009, um novo elemento no mercado financeiro começou a funcionar, **algo que apresentava um conjunto de regras e uma tecnologia que era capaz de permitir, pela primeira vez na história, a existência de uma rota alternativa ao sistema financeiro vigente e à sua configuração intrinsicamente dependente de intermediários** – algo até então visto como fundamental nessa engrenagem para que houvesse confiança nas transações financeiras entre indivíduos. Ele surgiu à margem do ambiente regulado apresentado nos parágrafos anteriores e seu funcionamento se deu de maneira autônoma, suportado pela sua rede de usuários, que também desempenhava um papel crucial na operação de seu sistema. **Esse importante elemento ficou conhecido como Bitcoin**, um protocolo que foi criado pela pessoa (ou um grupo de pessoas, não se sabe ao certo) denominada Satoshi Nakamoto.

E o Bitcoin, com os desdobramentos ocorridos a partir de sua criação, bem como suas implicações na mecânica do mundo financeiro e seus impactos para a sociedade, é o ponto de partida da jornada na qual você está prestes a embarcar.

A evolução do sistema financeiro

Conforme mencionei anteriormente, poucas inovações foram incorporadas ao sistema financeiro até a primeira metade do século passado, mas as coisas passaram a avançar com mais velocidade a partir de 1950. Segundo um relatório publicado pelo Silicon Valley Bank (SVB) em 2021, podemos dividir os avanços ocorridos no sistema financeiro em três momentos principais, que por vezes se sobrepõem e acontecem simultaneamente, os quais o SVB chama de "Evoluções Fintech", sendo:

1. **Fintech 1.0 – digitalização das finanças:** momento de transição dos serviços financeiros do formato analógico para o digital, quando as operações bancárias, os pagamentos, os empréstimos e os seguros foram inseridos no mundo on-line. Encontramos, em seu início, as raízes do fenômeno fintech e suas posteriores ramificações;

2. **Fintech 2.0 – embutindo finanças:** nesta fase, os serviços financeiros deixaram de ser apenas soluções independentes e fechadas em si próprias, e passaram a ser incorporadas em diferentes plataformas digitais dentro dos mais diversos segmentos. Eu abordei esta fase no livro *A nova lógica financeira*, também publicado pela Editora Gente;

3. **Fintech 3.0 – descentralizando as finanças:** os serviços financeiros migraram das instituições centralizadas e passaram a se valer das possibilidades providas pela tecnologia chamada **blockchain**, uma inovação que foi criada junto com o Bitcoin e que remove intermediários nas operações, substituindo-os por contratos autoexecutáveis. Caso nunca tenha ouvido falar em blockchain ou não compreenda direito seu conceito, tenha calma, pois o assunto será detalhado mais adiante, no capítulo 4.

O gráfico a seguir mostra de forma ampla e clara esse processo evolutivo, seus momentos-chave e pontos de transição até o ano de 2021 (com foco no mercado norte-americano).[4]

Ao observar o gráfico, é impressionante perceber o salto evolutivo dos últimos setenta anos em comparação com os quase 550 anos anteriores, desde a criação do primeiro banco comercial do mundo. Além disso, fica difícil imaginar a nossa vida financeira sem todas as comodidades que foram criadas ao longo desse período mais recente, sobretudo após a popularização da internet, em meados dos anos 1990.

É importante salientar que, até a fase Fintech 2.0, todas as inovações só aconteciam e se viabilizavam de maneira efetiva e com escala, via de regra, após se inserirem dentro de um ambiente muito regulado e ancorado em intermediários (que, por vezes, possuem licenças para operar), salvaguardado por regulamentações específicas e pela supervisão dos órgãos competentes. Diferente de setores nos quais há maior liberdade para a criação de novos modelos de negócio e uma facilidade maior na entrada de competidores, o segmento financeiro é altamente regulamentado, pois há a intenção de proteger os consumidores, o próprio sistema financeiro e seus participantes, buscando minimizar situações que possam colocar todo o mercado em risco.

Contudo, conforme entramos na fase Fintech 3.0, encontramos uma possibilidade inédita na história: o surgimento de um sistema que não depende da estrutura tradicional vigente e que funciona mesmo sem qualquer tipo de influência ou controle governamental. Um sistema que depende apenas de sua rede e de seus usuários.

O surgimento de um caminho alternativo

O nascimento do Bitcoin foi um importante marco na história do mercado financeiro, e o contexto no qual ele surgiu não poderia ter sido mais oportuno. Entre os anos de 2007 e 2008, o mundo presenciava uma das maiores crises financeiras já vistas desde a grande depressão de 1929, quando houve o colapso da bolsa de

A evolução fintech

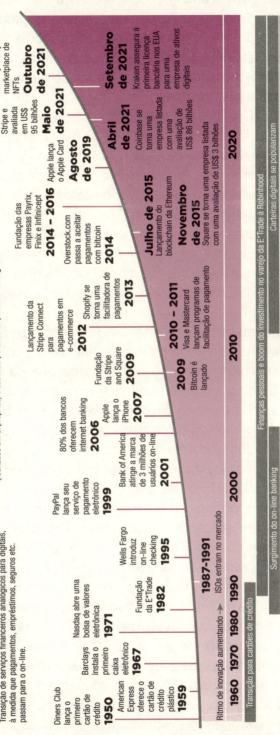

Fintech 1.0: Digitalização das finanças
Transição de serviços financeiros analógicos para digitais, à medida que pagamentos, empréstimos, seguros etc. passam para o on-line.

Fintech 2.0: Incorporando as finanças
Os serviços financeiros saem do domínio dos produtos autônomos (fechados em si próprios) e são incorporados às plataformas digitais.

Fintech 3.0: Descentralizando as finanças
Os serviços financeiros migram das instituições centralizadas e passam a ser baseadas em DLTs/blockchains operando de modo autoexecutável.

1950 Diners Club lança o primeiro cartão de crédito

1959 American Express oferece o cartão de crédito plástico

1967 Barclays instala o primeiro caixa eletrônico

1971 Nasdaq abre uma bolsa de valores eletrônica

1982 Fundação da E*Trade

1995 Wells Fargo introduz on-line checking

1987-1991 ISOs entram no mercado

1999 PayPal lança seu serviço de pagamento eletrônico

2001 Bank of America atinge a marca de 3 milhões de usuários on-line

2006 80% dos bancos oferecem internet banking

2007 Apple lança o iPhone

2009 Fundação da Stripe and Square

2009 Bitcoin é lançado

2010 – 2011 Visa e Mastercard lançam programas de facilitação de pagamento

2012 Lançamento da Stripe Connect para pagamentos em e-commerce

2013 Shopify se torna uma facilitadora de pagamentos

2014 Overstock.com passa a aceitar pagamentos com bitcoin

2014 – 2016 Fundação das empresas Payrix, Finix e Infinicept

Agosto de 2019 Apple lança o Apple Card

Maio de 2021 Stripe e avaliada em US$ 95 bilhões

Abril de 2021 Coinbase se torna uma empresa listada com uma avaliação de US$ 86 bilhões

Julho de 2015 Lançamento do blockchain da Ethereum

Novembro de 2015 Square se torna uma empresa listada com uma avaliação de US$ 3 bilhões

Setembro de 2021 Kraken assegura a primeira licença bancária nos EUA para uma empresa de ativos digitais

Outubro de 2021 Sotheby's lança marketplace de NFTs

Ritmo de inovação aumentando →

1960 1970 1980 1990 2000 2010 2020

Transição para cartões de crédito

Surgimento do on-line banking

Finanças pessoais e boom do investimento no varejo da E*Trade à Robinhood

Carteiras digitais se popularizam

Plataformas de pagamento se expandem

Onda de Blockchain e criptoativos

O SISTEMA FINANCEIRO TRADICIONAL E O SURGIMENTO DE UMA VIA ALTERNATIVA

valores de Nova York. A crise em questão se iniciou nos Estados Unidos depois do estouro da bolha especulativa do mercado imobiliário, decorrente de um desenfreado processo de expansão de crédito no setor. Em poucos meses, seus efeitos se espalharam pelo mundo todo, tornando real a possibilidade de quebra de várias instituições que operavam no mercado.

No final da década de 1990, os bancos dos Estados Unidos começaram a emprestar dinheiro a muita gente que não tinha condições financeiras de pagar. Até mesmo desempregados sem adequada comprovação de renda e que não possuíam qualquer patrimônio conseguiam ser aprovados pelos bancos para receber um financiamento. Adicionalmente, em vários casos, era possível dar a própria casa como garantia para diferentes empréstimos. Esse tipo de crédito era conhecido como *subprime* (de segunda linha). O volume de financiamentos desse tipo era enorme e, com o tempo, uma grande parcela dos devedores não conseguiram arcar com suas dívidas.

Como essas dívidas estavam nas mãos de bancos e fundos de investimentos do mundo todo (inclusive sob a forma de novos instrumentos financeiros criados pela própria indústria), houve um efeito dominó no mercado, que derrubou grandes instituições, como o banco Lehman Brothers. Vários outros bancos e seguradoras ficaram praticamente quebrados, o que levou o governo dos Estados Unidos (e outros governos ao redor do mundo, como o do Reino Unido) a resgatar instituições que eram "grandes demais para quebrar", utilizando o dinheiro do contribuinte, algo que revoltou uma parte da população e impactou duramente sua percepção (e confiança) em relação ao sistema financeiro daquele momento.

Em 1 de novembro de 2008, um indivíduo denominado Satoshi Nakamoto enviou um e-mail a uma lista de especialistas em criptografia dizendo: "estou trabalhando em um novo sistema de dinheiro eletrônico totalmente *peer-to-peer* (entre pessoas), sem a necessidade de terceiros confiáveis (nesse caso, os intermediários)".[5] Alguns meses depois, no início de 2009, a rede Bitcoin entrou em funcionamento. No dia 3 de janeiro desse mesmo ano, o primeiro bloco de transações (entraremos no detalhe desse conceito mais adiante) do Bitcoin, também conhecido como Genesis Block, teve a seguinte mensagem gravada durante sua criação:

"*The Times* 03/Jan/2009 Chanceler à beira do segundo resgate aos bancos."

Essa mensagem era uma manchete do jornal britânico *The Times*, publicada no dia 3 de janeiro de 2009, que mostrava a dificuldade do governo do Reino Unido, na figura do seu ministro da fazenda, para conseguir resolver os efeitos da crise que explodiu no ano anterior.

Diante desses fatos, é possível ver que o sistema criado por Satoshi acabou sendo uma tentativa de solucionar algumas das fragilidades do sistema financeiro tradicional, que havia acabado de passar por uma prova de fogo e quase sucumbiu. Para isso, o Bitcoin foi projetado para ser descentralizado, ou seja, os usuários da moeda não precisariam depositar sua confiança em uma autoridade central, como os bancos centrais tradicionais. Em outro post de 2009, Satoshi complementou sua visão:[6]

A raiz do problema com a moeda convencional é toda a confiança necessária para fazê-la funcionar. O banco central deve ser confiável para não desvalorizar a moeda, mas a história das moedas fiduciárias está cheia de violações dessa confiança. Os bancos devem ser confiáveis para manter nosso dinheiro e transferi-lo eletronicamente, mas eles o emprestam em ondas de bolhas de crédito com apenas uma fração de reserva. Temos que confiar neles com nossa privacidade, confiar neles para não deixar ladrões de identidade drenarem nossas contas.

Perceba que a proposta do Bitcoin é apresentar uma nova possibilidade de realizar operações financeiras na economia, algo que pode acontecer fora do sistema financeiro, sendo uma alternativa a todo um mecanismo que foi estruturado ao longo de muitos anos e que depende de um alto grau de centralização.

O nascimento do Bitcoin foi um importante marco na história do mercado financeiro, e o contexto no qual ele surgiu não poderia ter sido mais oportuno.

O que aconteceu a partir daí pode ser visualmente descrito no gráfico abaixo:

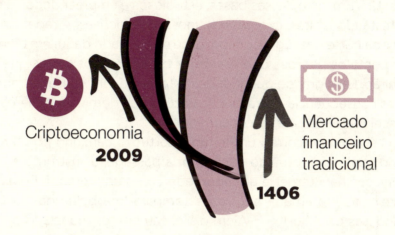

Partindo ilustrativamente de 1406, data de criação do Banco di San Giorgio, vimos o desenvolvimento de um caminho único pelo qual era possível desenvolver nossa vida financeira e empreender nesse setor, através da via que se estruturou como "mercado financeiro tradicional". Após 2009, vemos o surgimento de uma via alternativa, que não dependia da estrutura tradicional e que passou a crescer e se estruturar de maneira própria, ancorada em sua rede e seus usuários. Ela cresceu de modo exponencial (e diria até um pouco desordenado), sendo uma fagulha para outros experimentos nesse segmento, originando, por exemplo, as "moedas alternativas" (as chamadas *altcoins*), que bebiam no conceito inicial do Bitcoin e em sua tecnologia para desenvolver novas teses dentro desse novo mundo. **O que vemos a seguir, nesse caminho, é chamado de criptoeconomia, ramo que parte dos princípios originários do Bitcoin e abre perspectivas em um mercado financeiro cada vez mais descentralizado, trazendo novas formas de consumir e produzir serviços financeiros digitais.**

O futuro já está sendo construído hoje

Como vimos neste capítulo, muitos avanços foram feitos no mercado financeiro ao longo dos anos, sendo que o mais recente, chamado de Fintech 3.0 no estudo do Silicon Valley Bank, traz soluções inéditas que se contrapõem a conceitos tidos como imutáveis até então. Em cima dessas bases, estudiosos e empreendedores estão testando limites, construindo inovações incríveis e redefinindo uma boa parte das regras do jogo que será jogado daqui em diante, bem como os padrões que usaremos no futuro e os atores que os definirão. Essa grande quantidade de testes já tem causado importantes consequências para as instituições que dominam o mercado financeiro atual e para os consumidores.

O Bitcoin percorreu um longo e tortuoso caminho no mercado, no qual já foi rotulado como moda passageira, instrumento de criminosos na internet e até apontado como uma grande bolha financeira da era atual – por vezes comparado à bolha das tulipas holandesas de 1636-1637.[7] Além disso, seu fim foi anunciado diversas vezes pela mídia, sobretudo quando sofria quedas abruptas de preço e parecia confirmar o aspecto de bolha especulativa.

Contudo, após ser considerado "morto" nesses períodos de estresse por diferentes personalidades do mercado financeiro tradicional, o Bitcoin retornava mais forte, em um comportamento característico de "antifragilidade" – expressão popularizada pelo escritor Nassim Taleb, que descreve a capacidade de alguns ativos de prosperar diante do caos, do risco e da adversidade.

Mais de dez anos depois de sua criação, nos deparamos com uma nova era para o Bitcoin e demais criptoativos que, aparentemente, conquistaram diferentes adeptos, como os investidores institucionais, as empresas e até mesmos os bancos tradicionais. Mesmo que, por alguma razão que desconhecemos, o Bitcoin não se mantenha vivo no futuro, seu legado como questionador do modelo vigente (que também propôs uma clara alternativa a ele) perdurará.

Até aqui, tivemos um panorama muito interessante de como o sistema econômico funcionou desde os seus primórdios até os dias de hoje, mas o que será que o futuro nos reserva? Quais são as possibilidades dessa economia sem intermediários, cada vez mais horizontalizada? É o que veremos nos capítulos a seguir.

UMA RÁPIDA TRANSFORMAÇÃO QUE AFETARÁ A TODOS (E VOCÊ PODE SE BENEFICIAR DELA)

Hoje, o conhecimento tem poder. Ele controla o acesso a oportunidades e avanços. O conhecimento deve ser aprimorado, desafiado e aumentado constantemente, ou ele desaparece."

PETER DRUCKER, PAI DA ADMINISTRAÇÃO MODERNA.[1]

Profissionais do mercado financeiro certamente serão bastante impactados à medida que avançamos na fase 3 do fenômeno fintech, conforme descrito no capítulo anterior. **Assim como ocorreu nas primeiras fases, vários cargos e funções serão modificados e até mesmo extintos. Contudo, nesse caso, não estamos falando apenas dos impactos de uma maior automação, mas da dinâmica gerada por um caminho alternativo que reduz a necessidade de intermediários para garantir a confiança na realização de operações transparentes e sem fronteiras.** Por outro lado, novas oportunidades surgem, sustentadas por habilidades e competências que emergem a partir de fundamentos ligados à criptoeconomia.

Na transição do mercado financeiro analógico para o digital, foi se tornando imprescindível a necessidade de se ter conhecimentos relacionados à informática e à internet, o que, nos dias de hoje, passou a ser um pressuposto para qualquer profissional. Esse processo de transição levou algumas décadas, e houve um bom tempo para que os profissionais da área se adaptassem.

A tendência é que isso se intensifique no decorrer dos anos para tudo o que se refere à inovação no mercado financeiro e à criptoeconomia, sobretudo seu funcionamento geral e seus conceitos básicos. Contudo, os profissionais terão bem menos tempo para se adequar, considerando a intensa velocidade das mudanças no mundo de hoje.

Isso é válido não só para vagas abertas em fintechs, mas também para as instituições tradicionais, conforme elas se aproximam de temas como criptoeconomia e tecnologias emergentes (internet das coisas, *big data* e inteligência artificial). Desde concursos, como os realizados pelo Banco do Brasil e Caixa Econômica Federal, até dentro de outras organizações financeiras de diferentes portes, conhecimentos elementares sobre inovações no mercado financeiro passaram a ser exigidos. Nos dias atuais, é inconcebível que profissionais do setor financeiro não tenham a menor ideia do que sejam fintechs ou ativos digitais. Comparativamente, seria como se não soubessem operar programas básicos de computador utilizados em escritório, como era o pacote Office no começo dos anos 2000.

Em síntese, não podemos ignorar o fato de que um novo mundo financeiro em acelerada transformação exige novos conhecimentos e novas habilidades que precisam ser absorvidas e aplicadas rapidamente no contexto profissional.

Ao longo dos anos, já lecionei inovação financeira em MBAs e cursos de pós-graduação de instituições como a Fundação Getulio Vargas (FGV), a Universidade de São Paulo (USP) e a Fundação Instituto de Pesquisas Contábeis, Atuariais e Financeiras (Fipecafi). Em todas essas instituições era possível encontrar alunos vindos de variados setores do mercado e com experiências diversas. Uma boa parte deles, nas pesquisas realizadas ao fim do módulo, relatavam que tinha sido esclarecedor entender as possibilidades que haviam sido abertas no mercado e as soluções inovadoras que já se encontravam disponíveis para serem usadas no contexto da empresa onde trabalhavam.

Para ilustrar como é urgente a necessidade desse entendimento sobre as novas peças que compõem o jogo financeiro e seu impacto no dia a dia dos profissionais, bem como a velocidade com que essa recente necessidade se apresentou e vem sendo endereçada, gosto de retomar o conhecimento que o mercado tinha (em um passado recente) em relação à inovação no setor financeiro, nesse caso, sobre o básico conceito do que seriam as fintechs.

Em meados de 2018, a Federação das Indústrias do Estado de São Paulo (Fiesp) realizou uma pesquisa[2] junto a suas empresas associadas que atuam na indústria de transformação sediadas no estado de São Paulo e identificou que 54,8% dos respondentes (representantes dos departamentos financeiros dessas empresas) desconheciam o que era uma fintech, tendo ouvido pela primeira vez a respeito daquele termo no momento da pesquisa. Aproximadamente 34,8% já tinham ouvido falar das fintechs, mas alegavam ter pouco conhecimento; 7,1% não responderam; e apenas 3,3% disseram ter amplo conhecimento sobre o tema. Se no coração do mercado financeiro brasileiro o termo parecia nebuloso, você pode imaginar o caminho que temos de percorrer para nos atualizar. Mas, se você está com esse livro em mãos, provavelmente já está se colocando um passo adiante de muitos profissionais.

A pesquisa da Fiesp evidenciou a demanda gritante já existente no mercado brasileiro, o que se traduziu em uma oportunidade que veio a ser explorada pelos cursos de educação executiva (tanto por aqueles nos quais lecionei, quanto vários outros) e pelos cursos livres. Analisando sob uma perspectiva global, também podemos perceber uma significativa lacuna de entendimento existente nas gerações que hoje ocupam cargos de liderança no mundo das finanças.

Uma pesquisa intitulada "As novas habilidades em serviços financeiros",[3] conduzida pelo Centre for Finance, Technology and Entrepreneurship (CFTE), ilustrou como a maioria das pessoas da área de finanças acha difícil entender as principais mudanças ocorridas no segmento simplesmente porque o currículo que seguiram na sua formação acadêmica, seja na graduação ou na pós-graduação, não abarcou esse conhecimento. **O que eles aprenderam está se tornando obsoleto à medida que o setor financeiro está convergindo com o mundo da tecnologia.**

No gráfico a seguir,[4] temos o exemplo da jornada educacional de um profissional nascido em 1987 (tendo, portanto, 36 anos no ano de 2023). Considerando que essa pessoa tenha se formado por volta de 2010, é fácil perceber que, a partir desse período, temas que hoje impactam drasticamente o mercado financeiro (como ativos digitais, bancos digitais, pagamentos instantâneos e *open finance*) eram incipientes ou nem mesmo existiam. Assim, sua formação educacional não o preparou para o cenário no qual está inserido e que será ainda mais acentuado nos próximos anos. Isso leva a uma imprescindível necessidade de aprendizado continuado, tanto para a geração descrita no gráfico quanto para as demais, algo que o relatório da CFTE chama de "educação adulta".

No entanto, conforme observado pela CFTE, são poucos os países que têm uma estrutura para oferecer esse tipo de ensino para adultos. Ao contrário do sistema educacional tradicional (ensino médio e superior), que foi se desenvolvendo durante séculos, a educação de adultos ocorre em diversas áreas do conhecimento e vem em diferentes formatos. Vale salientar ainda que essa formação continuada durará bem mais e se tornará mais complexa com o passar dos anos.

A verdade é que, devido aos anos em que foi negligenciada e em que quase não recebeu financiamento, surgiu a percepção de que a educação de adultos não tem o mesmo valor que a formação tradicional, pois consideram que essa educação continuada não tem qualidade e não traz prestígio. Segundo pesquisa do *Institute for Fiscal Studies*, o gasto total com educação de adultos caiu 38% entre 2010 e 2020, e 50% se considerarmos os gastos com ensino presencial nessa categoria. E mais: fora do Brasil, não há uma estrutura destinada a educar adultos, o que desmotiva os alunos maduros e as organizações, e reduz o tempo de aprendizado por semana para 0,8 horas em média.[5] Isso deixa claro o desafio existente no preparo e na adequação de uma parcela significativa de profissionais responsáveis por comandar os rumos futuros de diferentes organizações que hoje enfrentam a dificuldade de se reinventar diante de todas as inovações presentes no setor.

Olhando para as novas gerações, o desafio primordial passa a ser a inclusão de novos conceitos na grade curricular das universidades, em complemento aos demais conteúdos básicos ligados à formação tradicional de um profissional de finanças. Sabemos que esse processo de atualização curricular geralmente é lento, e costuma acontecer quando fica impossível não o abordar, de modo organizado, na sala de aula. Há uma célebre frase do Peter Drucker, pai da administração moderna já citado no começo deste capítulo,

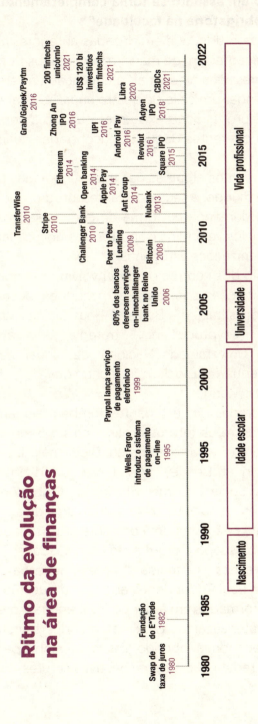

UMA RÁPIDA TRANSFORMAÇÃO QUE AFETARÁ A TODOS (E VOCÊ PODE SE BENEFICIAR DELA)

que diz: **"Quando um assunto se torna completamente obsoleto, ele vira matéria obrigatória na faculdade"**.[6]

Vale lembrar, contudo, que em décadas anteriores as transformações no setor aconteciam de maneira bem menos frequentes do que hoje. O que pressiona ainda mais a educação universitária, que costuma compreender um ciclo de quatro anos, no qual a realidade e as necessidades profissionais existentes quando a pessoa entrou na instituição são diferentes daquelas encontradas quando ela sai de lá.

Ultimamente, vemos algumas das mais renomadas universidades do Brasil e do mundo, e seus estudantes, produzindo respostas rápidas para essa demanda na forma de cursos eletivos de curta duração (alguns inclusive on-line e abertos ao público), laboratórios de pesquisa e organizações estudantis.

Como exemplo dos centros de desenvolvimento que têm sido criados pelas instituições para acelerar pesquisas, destacam-se o MIT Cryptoeconomics Lab, The Berkeley Haas Blockchain Initiative, o NUS CRYSTAL (Cryptocurrency Strategy, Tools, and Algorithms) Centre, da Universidade Nacional de Singapura, e o HK PolyU Research Centre for Blockchain Technology, da Universidade Politécnica de Hong Kong.

Iniciativas lideradas por estudantes também ajudam a acelerar as discussões entre os futuros profissionais e o mercado. Nesse sentido, surgiram o Wharton Fintech, Blockchain Insper, Insper Fintech, Blockchain at Berkley, FGV Fintech, MIT Bitcoin Club, Oxford Blockchain Society, Cornell Blockchain Club, London Business School Blockchain Society, entre outros. Uma dica é seguir essas instituições para se manter em constante atualização, visto que a academia está no escopo da formação continuada.

Em uma entrevista concedida à rede americana CNBC em 2022,[7] o investidor Paul Tudor Jones abordou a questão da preferência dos recém-formados em atuar na fronteira da inovação cripto, ajudando a materializar as próximas grandes transformações que veremos na economia, abrindo, assim, caminho para criação dos negócios que redefinirão seus respectivos setores:

> Se você olhar para as mentes mais inteligentes e brilhantes que estão saindo das faculdades hoje, muitas delas estão indo para o mercado cripto e para a Web3. É difícil não querer estar posicionado em cripto por causa do capital intelectual, basta observar a grande quantidade de capital intelectual que está indo para esse espaço.

Se antigamente era comum ver tais mentes brilhantes e profissionais promissores buscando ingressar em renomadas consultorias e bancos de investimento, hoje isso mudou. Boa parte deles deseja ajudar a construir um caminho dentro desse novo mundo que se abriu graças às tecnologias descentralizadas, seja empreendendo ou atuando em empresas e projetos ligados à criptoeconomia. Como adaptação aos novos tempos, e para continuar tendo capacidade de atrair os melhores talentos, um número crescente de bancos têm criado vagas muito bem remuneradas, até mesmo porque a concorrência está acirrada.

Por fim, é importante considerarmos uma parcela dos profissionais que estão atuando na criptoeconomia e aprenderam sobre o tema de modo autodidata, sobretudo quando também levamos em conta que alguns empregadores são flexíveis em relação à inexistência de educação formal prévia (neste caso, acadêmica).

Segundo uma pesquisa feita pelo portal Morning Brew,[8] os mais jovens não estão aprendendo esse assunto pelas vias tradicionais, ou seja, via cursos on-line ou em salas de aula. Muitos informaram que utilizam artigos e relatórios gratuitos disponíveis na internet e vídeos do YouTube, algo que reflete o comportamento das gerações que ocuparão algumas das futuras posições de trabalho, trazendo mais um caminho alternativo ao sistema educacional vigente para o aprendizado e autodesenvolvimento em temas ligados à inovação.

Após uma análise dos avanços da inovação no mercado ao longo dos anos, é interessante pensar que, durante um tempo, "fintech" costumava ser encarada como uma palavra da moda

A transformação provocada pela criptoeconomia se estende para além do mundo das finanças, atingindo de maneira contundente outros múltiplos setores.

para indicar uma nova maneira de fornecer serviços e produtos financeiros usando tecnologia. Já nos dias de hoje, ela se tornou a própria definição de como o mercado financeiro moderno funciona. Agora, a palavra "criptoeconomia" tem seguido rumo semelhante, primeiro sendo tratada como um termo apartado do que seria o padrão vivenciado por nós na economia, até que seu conceito se torne intrínseco ao modo como ela funciona.

Muito além do mercado financeiro

A transformação provocada pela criptoeconomia se estende para além do mundo das finanças, atingindo de maneira contundente outros múltiplos setores que encontram novas e melhores formas de operar utilizando a inovadora infraestrutura trazida pela tecnologia blockchain (sendo central neste contexto e que será detalhada no capítulo 4), a qual amplia a eficiência no registro e troca de dados, trazendo consigo atributos como **transparência, confiabilidade, programabilidade, imutabilidade, rastreabilidade e desintermediação.**

Por hora, vamos nos valer da explicação do autor William Mougayar[9] para definir as capacidades da tecnologia blockchain sob três óticas diferentes, porém complementares:

- **Técnica:** banco de dados de *back-end* (operando nos bastidores e permitindo o funcionamento de uma tecnologia), que mantém um registro distribuído que pode ser inspecionado abertamente;
- **Corporativa:** uma rede de troca para movimento de transações, valores e ativos entre partes, sem a assistência de intermediários;
- **Legal:** um mecanismo de validação de transações que substitui a necessidade de entidades confiáveis externas (intermediários).

Para melhor ilustrar os impactos desse mecanismo inovador e seus casos de uso em alguns dos principais setores da economia, analisemos os exemplos a seguir.

VAREJO

Atualmente, vemos o uso da blockchain sendo explorado em várias situações que envolvem a melhoria da rastreabilidade relativa à procedência de um produto (ou de seus ingredientes específicos) dentro de uma cadeia de suprimentos, na prevenção de falsificações, no aprimoramento de programas de fidelidade, na automatização e aperfeiçoamento do gerenciamento de reinvindicações de garantias de produtos, no recebimento de pagamentos em formatos alternativos baseados em criptoativos, entre outros.

O Walmart, gigante do segmento varejista, consegue melhorar sua gestão de estoque, obter informações detalhadas sobre o histórico de origem e características específicas de produção de uma mercadoria, além de automatizar processos logísticos e de pagamentos, lançando mão de algumas das possibilidades descritas acima.[10]

SAÚDE

Nesse setor, as aplicações têm envolvido o gerenciamento dos dados de pacientes (como o histórico médico) com alto grau de segurança e privacidade, aprimoramento das pesquisas relativas a doenças e medicamentos relacionados a partir de bases de dados confiáveis, melhoria na gestão de receituários e demais documentos utilizados no setor, realização de integrações e automatizações junto à indústria de seguros (agilizando pagamentos de sinistros e reduzindo fraudes), e inúmeras outras possibilidades.

Ainda há muitas discussões sobre como se dará a implementação da tecnologia blockchain de maneira ampla no setor da saúde, visto que existem restrições de ordem regulatória e ética relacionadas ao tratamento e utilização de dados nesse setor (que são extremamente sensíveis).

Na tentativa de desenvolver soluções enquanto os aspectos limitantes mencionados anteriormente são endereçados, um consórcio de empresas americanas chamado The Synaptic Health Alliance[11] (que inclui nomes como Humana, Quest, Multiplan, UnitedHealthcare e UnitedHealth) tem trabalhado em uma base de dados em blockchain para tentar reduzir imprecisões e inconsistências nos registros médicos.

Essa base contará com um sistema de gestão de credenciais e autorizações para a utilização de informações por parte dos profissionais do setor e dos pacientes, bem como a capacidade de realizar automatização por meio de contratos inteligentes operados na blockchain (os quais abordaremos mais adiante), permitindo um fluxo inteligente de documentos e recursos entre as partes interessadas envolvidas em planos de saúde, por exemplo.

MERCADO IMOBILIÁRIO

Esse é um dos mercados em que vemos uma boa quantidade de iniciativas já implementadas e no qual é possível destravar o potencial financeiro de ativos imobiliários por meio da venda de frações de unidades comerciais ou residenciais; realizar a troca de titularidade de modo instantâneo e sem burocracia; coletar e distribuir recursos provenientes de aluguéis de maneira automatizada; manter o histórico organizado, detalhado e transparente das transações realizadas envolvendo um ativo; facilitar o processo de utilização de uma propriedade como garantia de operação financeira, entre outras.

No Brasil, em janeiro de 2023, o Conselho Federal de Corretores de Imóveis (Cofeci) autorizou o uso da tecnologia blockchain para registro de negociações e documentos no segmento.[12] O objetivo é modernizar a maneira como a intermediação imobiliária é realizada e aperfeiçoar a fiscalização do exercício da atividade. Isso também permitirá a vinculação automática de aditivos contratuais e demais documentos sequenciais que venham a ser incluídos no registro de um ativo. Além desse movimento (realizado por um órgão fiscalizador nacional), existem diversas iniciativas por parte de empresas tradicionais e startups, na tentativa de implementar casos de uso com o potencial de revolucionar a maneira como esse setor funciona.

Ainda há muitos outros exemplos, na área da agricultura, energia, serviços jurídicos, serviços públicos, mídia e tantas outras. **De maneira geral, é seguro dizer que praticamente todos os setores serão impactados pelas transformadoras tecnologias nascidas no contexto da criptoeconomia, nos levando a potencializar a entrega de valor de diferentes segmentos para uma parcela cada vez**

maior da sociedade, ao mesmo tempo que se reduz a burocracia e se eleva a automatização, a desmaterialização e a programabilidade da economia.

Esses três últimos elementos (automatização, desmaterialização e programabilidade da economia) têm sido diretamente endereçados por meio de um processo chamado de *tokenização*, baseado na transformação de ativos físicos ou intangíveis (como direitos autorais, produtos financeiros, entre outros) em ativos digitais registrados na blockchain.

Esse movimento amplia as possibilidades de negociação e acesso a diferentes ativos, além de viabilizar que eles sejam fracionados e até "programados", ou seja, incluídos em regras de negócio que permitam a sua movimentação automática quando certos critérios são cumpridos – tal qual ocorre em um software.

Assim, tais ativos podem ser objetos de contratos inteligentes (*smart contracts*) que são executados assim que condições predeterminadas constantes em um acordo digital específico sejam atendidas. Esse tema é, certamente, abrangente, inovador e, à primeira vista, complexo. Porém fique tranquilo, pois ele será devidamente abordado ao longo deste livro.

Uma rápida transição em curso

Neste ponto, você deve estar se perguntando: quando essas inovações entrarão de maneira definitiva na nossa vida, alterando o nosso cotidiano e a dinâmica de funcionamento de diferentes áreas, consequentemente mudando o nosso comportamento?

Na prática, a incorporação dessas novidades não se dão da noite para o dia, existe uma jornada de construção em curso. Quando nos damos conta, uma tendência deixa de ser apenas algo distante que lemos em artigos especializados, e o padrão de mercado já foi alterado, ficando difícil lembrar quando exatamente ocorreu a virada de chave – sobretudo dentro do nosso contexto de vida.

Existem indícios claros de que uma grande e rápida mudança está acontecendo agora, bem diante dos nossos olhos, e isso fica evidente no gráfico a seguir elaborado pelo Silicon Valley Bank, baseado em um estudo conduzido pela consultoria Morning Consult.[13]

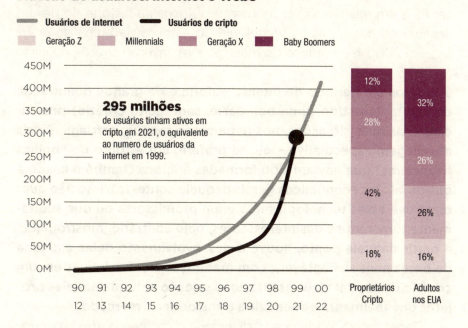

No gráfico, vemos uma comparação, em termos de adoção durante determinado período, entre o número de usuários da internet e de pessoas que incorporaram a criptoeconomia no seu dia a dia (medida, aqui, pela quantidade de indivíduos que possuem algum criptoativo).

Nesse caso, os 295 milhões de proprietários de criptoativos ao redor do mundo existentes no ano de 2021 colocam a criptoeconomia (e os elementos contidos nela e derivados dela, agrupados de maneira geral sob o termo Web3) no mesmo nível de maturidade da internet no ano de 1999. Porém, diferentemente dos anos iniciais da internet, quando a maioria dos usuários estava buscando a construção de uma comunidade em torno daquela infraestrutura (muitas vezes de modo involuntário), desbravando fronteiras dentro de uma nova realidade, a maioria dos detentores de criptoativos admite estar nessa para fazer dinheiro.

Uma pesquisa da Morning Consult[14] mostrou que 66% dos entrevistados que possuem cripto veem seus ativos como um investimento, e não como um meio de troca ou um componente integrante de uma nova infraestrutura. Isso ilustra bem o quanto ainda estamos no princípio da era da criptoeconomia, e todo o potencial que ela ainda tem pela frente.

UMA RÁPIDA TRANSFORMAÇÃO QUE AFETARÁ A TODOS (E VOCÊ PODE SE BENEFICIAR DELA)

Seguindo nessa mesma linha de raciocínio, outra analogia pode ser feita em relação a dois momentos críticos na história do desenvolvimento de ambas as tecnologias: o estouro da bolha da internet, em 2000, e o começo do mais recente "inverno cripto", no início de 2022.

Após um período de intensa euforia e de grande quantidade de capital investido (uma boa parte, sem muito critério) presenciado nas duas situações, nos deparamos com um esfriamento da abordagem especulativa – ou, se preferir, um estouro de "bolhas financeiras" que haviam sido formadas à época (também aliado a outros fatores econômicos gerais daquele contexto). Isso não quer dizer que essas tecnologias não eram promissoras ou que subitamente tornaram-se desinteressantes; pelo contrário, mostrou que, a partir daquele ponto, houve o desenvolvimento delas em cima de bases mais sustentáveis, com maturação das iniciativas em um cenário de capital mais restrito, uma seleção natural daqueles projetos que realmente podem vir a transformar o mercado.

Desse modo, podemos deduzir que o momento atual da criptoeconomia se configura como uma grande oportunidade para quem se propuser a entender essa nova realidade e aproveitar essa conjuntura. Em certa medida, é como surfar a onda que se formou com o início da internet. Estamos vendo a história se repetir, de alguma maneira, com características bem similares. Em tempos como estes é que costumam acontecer mudanças no statu quo, abrindo espaço para os novos gigantes do futuro.

Não há época melhor para empreendedores encontrarem caminhos únicos na construção de grandes teses de negócio, ajudando a resolver problemas que pareciam não ter solução anteriormente – ou mesmo criando serviços e produtos que ainda não conseguimos imaginar, mas que se tornarão indispensáveis no futuro. Já os profissionais podem se beneficiar (e muito) desse momento: podem se colocar à frente dos demais ou se recolocar em oportunidades em que ainda há escassez de mão de obra. Para que isso ocorra, o entendimento e a fundamentação das bases de conhecimento é essencial, e eu espero que este livro forneça os recursos iniciais para o seu preparo diante deste novo contexto.

BEM-VINDOS À CRIPTOECONOMIA!

As tecnologias disruptivas normalmente possibilitam o surgimento de novos mercados. Há fortes evidências de que as empresas que entram nesses mercados emergentes precocemente têm vantagens significativas em relação àquelas que entram depois."[1]

CLAYTON M. CHRISTENSEN, CRIADOR DO TERMO "INOVAÇÃO DISRUPTIVA" E AUTOR DE LIVROS COMO *O DILEMA DA INOVAÇÃO* E *DNA DO INOVADOR*.

Como vimos nos capítulos anteriores, o conceito "cripto" é bastante recente, sobretudo quando consideramos seu tempo de existência comparado aos demais elementos que compõem o mercado financeiro. Desse mesmo modo, o conceito de "criptoeconomia" – referindo-se ao ramo que vem explicar os mecanismos e incentivos por trás do Bitcoin, dos demais criptoativos e de seus derivados – é uma ideia que se encontra em seus estágios iniciais e que possui um longo caminho a ser percorrido e explorado.

O Instituto de Tecnologia de Massachusetts (MIT), prestigiado centro de ensino americano, tem desenvolvido pesquisas e estudos aprofundados sobre esse tema, e criou, inclusive, um laboratório chamado MIT Cryptoeconomics Lab para acelerar seus esforços nessa direção. A instituição vê a criptoeconomia, enquanto ramo de estudo, como a junção de **campos da economia e da ciência da computação para estudar os mercados e aplicativos**

descentralizados que podem ser construídos combinando criptografia com incentivos econômicos.[2]

Além de combinar conceitos presentes em duas grandes áreas do conhecimento humano (economia e ciência da computação) e do entendimento fundamental sobre a aplicação prática da descentralização – que altera drasticamente as relações de poder e controle dentro de um sistema organizado com diferentes participantes – temos aqui dois elementos muito importantes nessa definição: **criptografia e incentivos econômicos**.

O primeiro elemento diz respeito à ciência de transmitir dados com segurança para que apenas destinatários desejados possam fazer uso deles. Essa é uma mecânica intrínseca aos criptoativos, que garantem que uma transferência segura ocorra entre quem os possui e quem os receberá. A **criptografia** é um elemento essencial para conseguirmos construir e programar sistemas confiáveis na era digital. Não por acaso, nos referimos a todo esse universo de inovações como "cripto", um curto apelido originado dessa palavra.

Já o segundo elemento, **incentivos econômicos**, refere-se ao sistema de recompensas que influencia o comportamento dos indivíduos. Basta uma breve reflexão para concluirmos que é parte da natureza humana esperar algum tipo de recompensa para desempenhar uma atividade, isso desde o início dos tempos. Há, inclusive, um ramo da matemática aplicada, chamado **teoria dos jogos**, que estuda situações estratégicas nas quais jogadores escolhem diferentes ações na tentativa de melhorar seus benefícios dentro de um sistema com regras e recompensas claras previamente estabelecidas.

Enquanto a teoria dos jogos estuda a maneira como os jogadores se comportam na tomada de decisão, uma área de estudo da economia chamada **desenho de mecanismos** (*mechanism design*) focaliza a construção do jogo em si e a estruturação de suas regras, cobrindo também as penalidades envolvidas, caso haja o descumprimento de algumas das instruções estabelecidas.

Bons sistemas geralmente buscam fazer que os incentivos econômicos sejam pensados de modo a tornar o custo econômico do descumprimento da regra desproporcional ao benefício de fazê-lo. Esses fundamentos são críticos na construção de modelos baseados em criptoeconomia e serão revisitados mais adiante.

Quando olhamos para os sistemas descentralizados – peer-to-peer (P2P) – e baseados em criptografia, a história nos mostra que tivemos diferentes experimentos realizados anteriormente ao Bitcoin, porém sem o mesmo sucesso. Aplicativos populares nos anos 2000, como o Kazaa e o Bittorrent, entre outros, popularmente chamados apenas de torrent, permitiam o compartilhamento de dados, mas falhavam em oferecer uma estrutura sólida de incentivos.

Em um sistema de torrent, qualquer pessoa pode compartilhar seu arquivo com uma rede descentralizada. A ideia era que as pessoas os baixassem e continuassem "semeando", ou seja, compartilhando o arquivo com toda a rede para que outros também pudessem baixar. O problema era que isso funcionava em um sistema baseado em "honra".

Se você baixasse um arquivo, esperava-se que o deixasse semeando. O problema é que muitos ignoravam esse princípio, ou se esqueciam de deixar o arquivo semeando; sem incentivos concretos, ficava difícil convencer os participantes da rede a continuarem com um arquivo no computador, ocupando parte da sua conexão à internet e espaço no disco rígido de seus computadores, por exemplo.[3]

Desse modo, a rede também ficava frágil, sem nenhum mecanismo que impedisse as pessoas de tentarem atacar ou enganar o sistema – imagino que alguns de vocês já devem ter baixado arquivos danificados, aleatórios (diferentes de sua descrição) ou mesmo infectados durante a utilização de aplicativos que utilizam essa tecnologia.

O grande mérito do Bitcoin foi o fato de Satoshi Nakamoto combinar, de uma maneira muito engenhosa, incentivos que estimulavam diferentes participantes a sustentar a descentralização, a segurança e a funcionalidade daquela rede. Assim, Satoshi foi a primeira pessoa (ou grupo de pessoas) a conceber um sistema de recompensas e punições para encorajar o comportamento honesto, derivado do cumprimento de regras intrínsecas construídas dentro de uma rede que não depende de uma entidade central para se manter funcionando. Os elementos específicos criados no caso do Bitcoin, como o processo validação de transações, o mecanismo de mineração e demais sistemas de punição de agentes mal-intencionados serão cobertos mais adiante neste livro.

Analisando a interação dos diferentes componentes e áreas do conhecimento humano citados até aqui – que isoladamente não conseguiriam ser suficientes para fazer que essas múltiplas variáveis funcionassem em equilíbrio – chegamos à criptoeconomia. Os princípios explorados nesse conceito são cruciais para sustentar redes descentralizadas, preservando suas qualidades únicas: segurança, imutabilidade e resistência a qualquer tipo de censura.

Antes de prosseguirmos, cabe explorar as diferentes utilizações da palavra "criptoeconomia", para fins de clareza na discussão do tema ao longo das próximas páginas. Em inglês, temos a existência de dois termos diferentes, mas que em português são escritos do mesmo modo:

- **Cryptoeconomics:** a criptoeconomia como ramo de estudo (conforme contextualizado previamente), do mesmo modo que, de maneira comparativa, nos referimos à ciência humana chamada "economia";

- **Crypto economy:** expressão usada para descrever as transações e atividades econômicas relacionadas aos criptoativos, realizadas pelos seus usuários e pelos agentes que se relacionam ao tema, direta ou indiretamente, explorando sua tecnologia e potencial transformador. A mídia geralmente emprega esse termo para se referir, de maneira mais ampla, a todo o ecossistema que compõe o mundo cripto.

Agora que você se familiarizou com alguns dos conceitos fundamentais que sustentam esse tema, é hora de nos aprofundarmos nos questionamentos que, inevitavelmente, surgem quando contrastamos a nova realidade trazida pela criptoeconomia com o contexto atual no qual vivemos, bem como explorarmos mais elementos que foram derivados a partir desse assunto ao longo dos anos.

Subvertendo as regras do jogo

Conforme abordado anteriormente, o sistema financeiro atual é essencialmente centralizado e dependente de diferentes agentes intermediários – como bancos, corretoras, instituições de pagamentos, entre outros – para operar de maneira adequada. Esses agentes geralmente estão conectados via sistemas de pagamentos e são submetidos a regulações específicas que definem seu escopo de atuação (bem como os requisitos mínimos de capital e de estrutura tecnológica e as penalidades aplicáveis, caso ocorra o descumprimento das regras), sendo que o monitoramento de seu devido enquadramento regulatório (dentro dos parâmetros exigidos para seu funcionamento) é feito por meio da atividade de supervisão dos órgãos competentes. Assim, existe também a necessidade de reportar, com certa periodicidade, as operações realizadas e a situação financeira da entidade.

Nesse sistema centralizado, os agentes realizam diferentes funções que são importantes para a estabilidade e o crescimento econômico, indo desde a movimentação de riquezas com agilidade e segurança entre os participantes de mercado até o provimento de diferentes serviços essenciais para a população. Além disso, dentro dessa estrutura, os agentes desempenham atividades fundamentais do sistema que suportam o cumprimento dos objetivos regulatórios de uma nação, como o combate à lavagem de dinheiro, elaboração de relatórios fiscais derivados das movimentações financeiras ocorridas e a proteção financeira do consumidor.

Assim, esses intermediários acabam concentrando muito poder e uma carga alta de responsabilidades, algo que pode gerar pontos de fragilidade nesse ambiente e acabar se traduzindo em um risco para o sistema caso as regras não sejam propriamente estabelecidas (e monitoradas), os intermediários se corrompam (e ajam de má-fé) ou os investidores percam a confiança no sistema.[4]

Tudo isso tem funcionado há séculos, apesar dessa estrutura ter sido colocada em situações de intenso estresse em alguns momentos da história, como em 1929 e 2008, com governos e reguladores manejando (com ferramentas tradicionais e, às vezes, não convencionais, como intervenções no mercado e resgate de instituições com o dinheiro do contribuinte) a materialização do chamado "risco sistêmico" na economia.

A realidade da criptoeconomia se contrapõe a esse contexto e nos traz componentes que permitem a construção de uma nova arquitetura financeira baseada em descentralização, com custos mais baixos e redução de agentes participantes envolvidos no processo. Assim, a partir do surgimento dessa via alternativa, o mercado criou termos específicos (em inglês) para designar as diferentes estruturas financeiras existentes hoje. Vamos a eles.

TRADITIONAL FINANCE (TradFi)

Refere-se às finanças tradicionais, ou seja, a versão do mercado financeiro que possui uma extensa história construída ao longo de séculos de existência, que contém os diferentes entes intermediários e que é altamente regulada, conforme descrito há pouco. Além dos bancos e demais players (como empresas ligadas à cadeia de pagamentos, entre outros), há várias fintechs que fazem parte desse mundo.

- **Principais vantagens:** sistema longevo que foi capaz de se aperfeiçoar e se consolidar ao longo dos anos, operando apropriadamente na maior parte de sua existência em um contexto em que ainda não se tinham alternativas tecnológicas que permitisse endereçar questões relativas ao seu funcionamento estrutural e eficiência;

- **Principais desvantagens:** a estrutura de custos costuma ser alta, e os processos, pouco eficientes; sobretudo, devido aos vários intermediários envolvidos. Os mercados de cartão de crédito (no qual existem cobranças de taxas coletadas por várias empresas toda vez que um cartão é utilizado) e de remessas internacionais (que levam tempo para serem realizadas, possuindo custos significativos) talvez sejam os exemplos mais claros disso.

58 A ERA DA CRIPTOECONOMIA

A realidade da criptoeconomia se contrapõe a esse contexto e nos traz componentes que permitem a construção de uma nova arquitetura financeira baseada em descentralização, com custos mais baixos e redução de agentes participantes envolvidos no processo.

CENTRALIZED FINANCE (CeFi)

Em sua tradução literal, quer dizer "finanças centralizadas". Recapitulando o conceito anterior, vale reforçar que as finanças tradicionais são, por essência, centralizadas. Assim, usamos apenas o termo TradFi quando queremos nos referir a elas. No contexto da criptoeconomia, a expressão CeFi diz respeito às estruturas centralizadas que são utilizadas em transações envolvendo criptoativos. O melhor exemplo de instituição no terreno CeFi são as corretoras de cripto (também conhecidas como exchanges), que em muito lembram a bolsa de valores, em que há um ambiente organizado (gerido por um intermediário) para a realização da atividade de compra e venda de ativos.

- **Principais vantagens:** a operação das entidades que estão nesse ambiente costuma acontecer de maneira ininterrupta (salvo em situações em que passam por manutenções ou atualizações), sendo essa a realidade das exchanges de cripto (CeFi) em comparação às bolsas de valores convencionais (TradFi), por exemplo, que têm seu funcionamento restrito aos dias de semana em horário comercial. Outra vantagem enaltecida pelos proponentes da estrutura CeFi é a facilidade de acesso ao mercado cripto, por meio da utilização de participantes desse mercado, que organizam um ambiente de trocas com alta liquidez e volume constante de negociação, ferramentas relativamente fáceis de entender (por serem similares àquelas existentes no mercado tradicional) e suporte ao consumidor em caso de dúvidas ou a necessidade de qualquer tipo de assistência.

- **Principais desvantagens:** problemas que contrastam com o ideal originário defendido por entusiastas do Bitcoin e das estruturas descentralizadas, os quais colocam o usuário em posição de fragilidade por depender (e ter que confiar seus recursos) a um intermediário. Começando pelo fato de que as corretoras de criptoativos podem ser hackeadas ou até mesmo agirem de má-fé (não cumprindo devidamente seu dever fiduciário junto ao cliente), levando à perda total ou parcial dos seus fundos mantidos na instituição. Situações desse tipo já ocorreram algumas vezes na história (sendo os mais emblemáticos os casos da corretora Mt. Gox, do Japão, e FTX, com atuação global), reforçando o mantra máximo da comunidade cripto para evitar essa situação: *not your keys, not your coins*, ou seja, se você não possui o controle exclusivo das chaves de acesso aos seus ativos digitais (delegando-as à terceiros), tais ativos não são efetivamente seus e estão em risco. Outro ponto levantado pelos críticos do modelo diz respeito à estrutura que ainda replica aquela do antigo mercado financeiro, remunerando um agente intermediário por meio da cobrança de taxas para fazer transações que, além de tudo, ainda possuem todos os riscos potenciais abordados acima.

DECENTRALIZED FINANCE (DeFi)[5]

São as "finanças descentralizadas", uma realidade possível graças aos contratos inteligentes (códigos e rotinas operando de maneira autoexecutável se certas condições específicas forem satisfeitas) que rodam em cima da infraestrutura blockchain e permitem a programação de uma série de aplicações automatizadas no contexto da criptoeconomia. Com esse precedente, é possível o desenvolvimento de "aplicativos descentralizados", conhecidos como dApps (decentralized Apps), que basicamente substituem a necessidade de entidades intermediárias na execução de operações financeiras baseadas em criptoativos, como compra e venda, empréstimos, investimentos, pagamentos, entre outros.

A título de exemplo de uma operação de empréstimo nesse ambiente, simplificadamente, temos um indivíduo de um lado "depositando" criptoativos em uma estrutura envolvendo um contrato inteligente; esses criptoativos ficarão disponíveis para que outro indivíduo pegue emprestado e pague uma remuneração em cima desses ativos (como os "juros" em uma operação financeira). O indivíduo que, do outro lado, desejar "tomar emprestado" recursos nessa estrutura, necessitará prover garantias para tal, deixando criptoativos "travados" e que valham mais do que o valor que está sendo tomado – fazendo com que os empréstimos sejam "supergarantidos". A princípio, as razões para utilizar esse mecanismo podem não fazer sentido para muita gente, mas existem alguns casos interessantes, conforme será explicado no trecho a seguir, que foi elaborado pelo portal Cointelegraph:[6]

> Embora no papel isso possa parecer um tanto absurdo, já que a pessoa poderia simplesmente vender seus ativos para obter o dinheiro, há muitas razões pelas quais o empréstimo DeFi faz sentido. Em primeiro lugar, os usuários podem precisar de fundos para cobrir quaisquer despesas imprevistas que possam ter incorrido enquanto não desejam vender suas participações, pois pode haver uma expectativa de que o valor dos ativos aumente no futuro. Do mesmo modo, ao tomar empréstimos por meio de protocolos DeFi, os indivíduos podem evitar ou adiar o pagamento de impostos sobre ganhos de capital em seus tokens digitais – visto que não estão liquidando por meio da venda (o que levaria à exigência de recolhimento de impostos sobre ganho de capital em muitas jurisdições). Por fim, também é possível usar fundos emprestados por meio dessas plataformas para aumentar a alavancagem em determinadas operações de compra e venda.

Em suma, em uma operação DeFi, você está confiando em um código para a realização de uma transação financeira, ao contrário do CeFi, no qual você deposita sua confiança em uma instituição, cujas decisões (em última instância) são determinadas por pessoas.

- **Principais vantagens:** alguns dos principais atrativos dessa estrutura são a transparência, o baixo custo e a segurança com que as operações acontecem. É uma nova e promissora fronteira da inovação financeira que possibilita acesso a soluções em escala global o que, definitivamente, subverte a lógica tradicional do mercado altamente intermediado com o qual convivemos ao longo dos séculos.

- **Principais desvantagens:** por ser um campo novo, os desenvolvimentos ocorrem como que em um grande "laboratório de testes", sendo que existem diversos casos de soluções DeFi que falharam. Entre os problemas comuns nesse contexto, vemos que os contratos inteligentes correm o risco de serem mal construídos (resultando em falhas que podem ser exploradas por agentes mal-intencionados), a experiência do usuário ainda não é boa, pode haver gargalos na escalabilidade das soluções e incertezas do ponto de vista regulatório. Sobre este último ponto, vale lembrar que as finanças descentralizadas, recentemente, estão no centro de várias discussões desse tipo. É consenso entre vários especialistas que a resolução dos aspectos regulatórios pode ajudar na adoção em massa e no envolvimento de mais atores nesse ambiente.

CENTRALIZED DECENTRALIZED FINANCE (CeDeFi)

Essa definição surgiu em 2020 e ganhou popularidade após ter sido criado por Changpeng "CZ" Zhao, fundador da corretora global de criptoativos Binance, para descrever a Binance Smart Chain, uma blockchain que, segundo ele, aproximaria o mundo CeFi do mundo DeFi.

A CeDeFi, que em tradução literal poderia ser chamada de "centralização de DeFi", vem sendo defendida como uma maneira das instituições financeiras preservarem sua estratégia centralizada e, ainda assim, se beneficiarem de algumas funcionalidades encontradas na realidade DeFi. A tese é de que um banco (por exemplo) poderia decentralizar algumas das suas funções e entregar soluções de modo mais efetivo sem, necessariamente, perder controle.[7]

Com a combinação dos conceitos CeFi e DeFi, seria possível amarrar os controles regulatórios e as práticas de governança adotadas pelos players centralizados a vantagens como redução de custos e aumento da eficiência. Essa abordagem possui diferentes gradações conforme a instituição avança nessa jornada de aproximação entre os dois mundos.

- **Principais vantagens:** aliar uma camada de conformidade regulatória (por exemplo) ao mundo DeFi é algo que, certamente, ajudará no aumento da adoção em massa das soluções decentralizadas, visto que muitos golpes e projetos mal construídos envolvendo o nome "finanças descentralizadas" aconteceram nos últimos anos, o que faz que muitos indivíduos e players institucionais fiquem de fora pela falta de segurança regulatória vista nesse ambiente. Além disso, iniciativas CeDeFi endereçam também problemas de escalabilidade e experiência do usuário que vemos hoje na arena DeFi.

- **Principais desvantagens:** os pontos de centralização em uma estrutura de CeDeFi podem se tornar elementos de vulnerabilidade para ataques hackers, algo que é mitigado em estruturas descentralizadas avançadas. Outra questão a se levar em conta é que o conceito parece ser um "meio do caminho" quando comparado à promessa da tecnologia blockchain de uma realidade livre de intermediários e plenamente automatizada. Esse estágio pode ser encarado como um momento de transição inevitável para as várias organizações que hoje ocupam o mercado financeiro, mas não o "destino final" em uma realidade de aproveitamento máximo desse potencial tecnológico, ainda mais quando combinado com outras tecnologias emergentes.

Como podemos ver, há uma variedade de caminhos e contextos criados após a introdução das possibilidades vistas na criptoeconomia, apontando alguns potenciais estágios de desenvolvimento à medida que seus conceitos forem incorporados à realidade atual. Para facilitar a visualização e sumarização das diferentes ideias, temos o quadro a seguir[8]:

Critério	DeFi	CeFi	CeDeFi
Conheça seu cliente (Know your cliente – KYC)	Não há exigência de KYC.	Exigência de KYC.	KYC é necessário.
Custódia	Sem custódia, ou seja, os usuários mantêm suas chaves privadas.	Custodiado, a plataforma fica com a chave privada.	Não há custódia nos protocolos de CeDeFi.
Governança	Decentralizado, pois não há autoridade centralizadora.	Centralizado.	Centralizado.
Conformidade regulatória	Não é regulamentado.	Segue as leis do país da plataforma.	As plataformas de CeDeFi seguem as leis e jurisdições dos locais em que operam.
Intermediários	Contratos inteligentes substituem os intermediários.	Envolvimento de terceiros.	Intermediários interagindo com contratos inteligentes.
Segurança	Risco com bugs nos contratos inteligentes.	Plataformas suscetíveis a brechas de segurança.	Possível risco com bugs nos contratos inteligentes.

Elementos da criptoeconomia

Após examinarmos o conceito base por trás do termo criptoe-conomia e as diferentes realidades financeiras existentes pré e pós a incorporação desse conceito no mercado, é importante abrirmos ainda mais o leque de possibilidades presentes dentro do tema ao explorarmos os vários elementos que fazem parte da criptoecono-mia, aqueles que derivam dessa ideia e outros que o têm como ingrediente viabilizador.

Conforme afirmado anteriormente, o objetivo deste livro é apresentar essa nova revolução que se apresenta no mercado, fazendo com que você se prepare para as mudanças que acontecerão na sociedade a partir daí. Nas próximas páginas nos aprofundaremos em cada faceta do tema, contudo, para visualizarmos a jornada adiante e termos um mapa do caminho, apresento o gráfico a seguir[9]:

CAPÍTULO			
4	Distributed Ledger Technologies (DLTs)		
	Blockchain		
	Bitcoin		
5	Criptoativos		
	Tokens Fungíveis	Modelos de Classificação	
		Tokenomics	
6	Criptoativos		
	Tokens não fungíveis (NFTs)		
7	Smart Contracts, Protocolos & dApps		
	Decentralized Finance (DeFi)	Decentralizes Autonomous Organizations (DAOs)	
8	Crypto as a Service (CaaS)	DeFi Mullet	
	Tokenização	Central Banck Digital Currencies (CBDCs)	
	Regulação & iniciativas governamentais		
9	Metaverso	Web3	
	AI Generativa		

Em termos conceituais, teremos um *overview* que compreende infraestruturas tecnológicas básicas da criptoeconomia, como DLTs e blockchains, e uma das primeiras inovações que inaugurou essa nova era – o Bitcoin. Em seguida, exploraremos os critptoativos, tanto os tokens fungíveis (com suas diferentes classificações e critérios para análise de projetos) quanto os não fungíveis (também conhecidos como NFTs).

Mais adiante, nos aprofundaremos no potencial dos contratos inteligentes, dos protocolos e dos aplicativos descentralizados (dApps). Além disso, entenderemos melhor o mundo das finanças descentralizadas (DeFi) e das organizações autônomas descentralizadas (DAOs). Detalhando os vetores que estão ajudando no processo de convergência da criptoeconomia com o mercado financeiro tradicional, analisaremos os provedores de *cripto as a service* (Caas), os serviços de tokenização, o modelo DeFi Mullet e as CBDCs.

Por fim, a próxima fronteira da internet, chamada de Web3, que além de utilizar elementos da criptoeconomia para funcionar (como cripto, blockchain e outras inovações contidas nesse espectro), também se vale de diferentes tecnologias emergentes (como inteligência artificial, internet das coisas, entre outros) e do metaverso para se desenvolver e entregar possibilidades que transformarão profundamente a sociedade.

Sei que são muitos termos novos (e alguns talvez desconhecidos para você), porém, cada termo será destrinchado adiante para compor um manual básico de entendimento de todo o contexto da criptoeconomia, e além.

As implicações para o mercado tradicional

Diante de todas essas inovações, já é possível ver empresas, nações e cidadãos testando as possibilidades da criptoeconomia para transformarem seus negócios (mantendo-se à frente em seus mercados), se prepararem para um novo contexto econômico, resolverem problemas específicos que estejam acontecendo localmente ou alavancando oportunidades de geração de novas receitas e de diferentes formas de interagir com seus clientes – amplificando o relacionamento junto às marcas.

A dinâmica dos negócios já está se alterando para poder fazer parte de um novo cenário competitivo que ampliará a competição em nível global, reduzirá custos e reinventará parte da maneira como diversos setores operam. Em países como Venezuela e Argentina, onde há uma escalada vertiginosa dos índices inflacionários e descontrole cambial em relação à política de divisas internacionais, vemos esse sistema financeiro alternativo ganhar força, ajudando uma parte da pulação a proteger seu poder de compra em relação ao resto do mundo – algo que seria impensável no passado.

Em outros momentos de crise isso já aconteceu, como na Grécia, em 2015,[10] e na Turquia, em 2018[11] e 2021,[12] e certamente, esse caminho será tomado por mais pessoas em contexto similar no futuro. Alguns países estão, inclusive, proativamente abraçando o mundo cripto, seja desenvolvendo regulamentações favoráveis (como o Brasil e a Suíça) ou adotando o bitcoin como moeda de curso legal – a exemplo de El Salvador e da República Centro-Africana.

Até esse momento, você já deve ter compreendido que estamos falando de um universo de perspectivas que vão muito além do aspecto especulativo que toma conta dos noticiários durante a maior parte do tempo, com mais ênfase para a variação de preço dos criptoativos do que para as alternativas abertas para a população e as inovações transformadoras que estão sendo construídas com essa infraestrutura. Essa visão está mudando, e a educação acerca deste tema é fundamental para que tenhamos mais avanços.

A era da criptoeconomia já começou e uma coisa é certa: o mundo nunca mais será o mesmo após essa revolução.

ENTENDENDO A BLOCKCHAIN – UMA NOVA INFRAESTRUTURA PARA A SOCIEDADE

Conforme eu vejo, a blockchain representa a segunda era da internet. A primeira era foi, por décadas, a internet da informação. Agora temos a internet do valor, onde qualquer coisa de valor (incluindo dinheiro, nossas identidades, ativos culturais como músicas, até mesmo um voto) pode ser armazenada, gerenciada, transacionada e movimentada de maneira segura e privada. Nesse contexto, a confiança não é alcançada por um intermediário, ela é alcançada por criptografia colaborativa, através de um código inteligente, e é por isso que eu chamo a blockchain de 'protocolo da confiança'. Nesse caso, a confiança é nativa a esse meio."

DON TAPSCOTT, AUTOR CANADENSE E COAUTOR DO LIVRO *BLOCKCHAIN REVOLUTION*[1]

Nos capítulos anteriores, foram amplamente abordadas a tecnologia blockchain e algumas das possibilidades que ela consegue trazer às pessoas, às empresas e à sociedade como um todo. Essa tecnologia é um dos alicerces sobre o qual foram construídos os conceitos fundamentais que abrangem a criptoeconomia, bem como os elementos que fazem parte dela (e que são objeto deste livro).

Em sua essência, a blockchain é um livro-razão digital (como no conceito das ciências contábeis, registrando e mantendo o

histórico de transações realizadas entre diferentes entidades), descentralizado, imutável e distribuído entre os usuários de uma rede. Imagine uma longa cadeia composta de blocos, cada um representando um grupo de transações. Cada bloco está vinculado ao anterior, criando uma cadeia inquebrável de informações que não pode ser alterada ou excluída.

À primeira vista, o conceito pode parecer simples e pouco sofisticado, correndo o risco de ser visto apenas como mais um mecanismo de registro. Contudo, suas características próprias e funcionamento se encaixaram perfeitamente no nosso contexto digital (pós-internet), permitindo que pudéssemos efetivamente transacionar valores e ativos únicos entre participantes de uma rede. Esse é um contraste direto com a realidade da internet vigente até então, na qual um arquivo digital (como um MP3, por exemplo) poderia ter inúmeras cópias idênticas à sua primeira versão, sem a característica de escassez existente no mundo físico.

Nesse contexto, vale discutirmos o **problema do gasto duplo**, um desafio que surge nos sistemas de pagamentos eletrônicos, onde é possível que um mesmo valor digital seja gasto mais de uma vez, o que pode levar a transações fraudulentas e à falta de confiança dentro de um sistema. Esse problema não acontece com o dinheiro físico, pois uma pessoa não pode gastar a mesma nota mais de uma vez, mas é um problema significativo na realidade digital, na qual valores e ativos digitais podem ser copiados ou duplicados. Em casos assim, um agente intermediário de confiança se fazia necessário para garantir que as transações fossem efetuadas, registrando as trocas e mantendo uma atualização da informação relativa ao novo saldo resultante que cada participante envolvido obteve após a movimentação do recurso.

A tecnologia blockchain evita o problema de gastos duplos usando **um livro-razão distribuído** para verificar as transações. Quando uma transação é feita, ela é registrada em um bloco na blockchain e transmitida para uma rede de "nós" – computadores interconectados dentro de uma rede que executam um software responsável por sua operação, cada um com uma cópia do livro-razão. Esses nós usam algoritmos complexos para validar a transação, garantindo que um valor digital (como um criptoativo) que esteja sendo gasto em um determinado momento seja genuíno e que não tenha sido gasto antes. Uma vez validada a transação, ela é adicionada à blockchain e não pode ser alterada, garantindo que o mesmo criptoativo não seja gasto duas vezes. A blockchain é **inviolável**, pois cada bloco da cadeia é vinculado ao bloco anterior por meio de criptografia, impossibilitando a alteração ou exclusão de transações anteriores.

O aspecto descentralizado da blockchain é possível devido à sua natureza distribuída, na qual os dados são armazenados em uma rede de computadores em vez de em um local central. Isso significa que nenhuma entidade única tem controle sobre a rede e todos os nós da rede têm uma cópia dos mesmos dados, que são sincronizados por meio de um mecanismo de consenso. A descentralização garante que a rede seja mais resistente a ataques, reduz o risco de um único ponto de falha e promove a transparência, pois todos os participantes têm acesso às mesmas informações.

A grande revolução promovida por essa tecnologia é que ela permite que pessoas que não se conhecem possam realizar transações em um ambiente digital de modo confiável, sem a necessidade de intermediários, como bancos ou processadores de pagamento, o que permite a realização de transações que são seguras de ponta a ponta, transparentes e imutáveis.

A seguir, trago uma representação visual para que se possa entender melhor como a blockchain funciona.[2]

Representação da blockchain

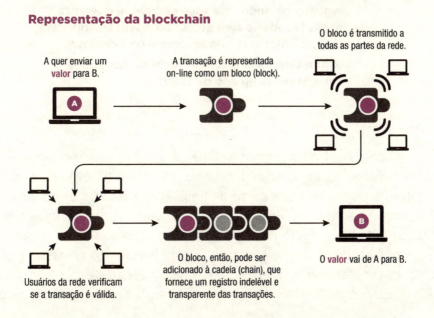

ENTENDENDO A BLOCKCHAIN – UMA NOVA INFRAESTRUTURA PARA A SOCIEDADE

Neste momento, acredito que você tenha conseguido captar alguns conceitos-chave e a lógica na qual se baseia a blockchain. A seguir, vamos aprofundar mais nos aspectos gerais e tecnológicos, nos desafios existentes em seu desenvolvimento e no potencial transformador de tudo isso.

Antes, porém, é fundamental revisitarmos o primeiro caso concreto em que essa tecnologia foi colocada à prova. Estamos falando de nada mais, nada menos que a revolucionária solução criada por Satoshi Nakamoto, batizada de Bitcoin – temática que já foi apresentada nesta obra, mas que será pormenorizada nas páginas seguintes.

O Bitcoin e o surgimento da "internet do valor"

"Uma coisa que está faltando, mas que será desenvolvida em breve, é um dinheiro eletrônico confiável. Um método no qual, através da internet, você possa transferir recursos de A para B, sem que A e B se conheçam. Uma maneira pela qual eu possa enviar 20 dólares para você sem que haja registro de onde veio esse dinheiro e que você possa recebê-lo sem que saiba quem eu sou. Esse tipo de coisa será criado dentro da internet."

Milton Friedman (Prêmio Nobel de Economia em entrevista no ano de 1999)[3]

A ideia de transmitirmos valores e emularmos "dinheiro" em um ambiente digital (como a internet) já existe há algum tempo, conforme podemos ver a partir da frase acima, dita pelo economista Milton Friedman no final do século passado. Após algumas tentativas feitas por diferentes pesquisadores, isso se tornou possível a partir das ideias publicadas por Satoshi Nakamoto no seu artigo *Bitcoin: um sistema de dinheiro eletrônico peer-to-peer*, no ano de 2008. Esse mesmo documento faz referência a um mecanismo de "encadeamento de blocos" de transações validadas por diferentes participantes de uma rede que entrariam em consenso sobre sua execução, mantendo cada um uma cópia desse registro – esse mecanismo ficou popularmente conhecido como **blockchain**.

Contudo, é importante termos em mente que houve, por anos, uma progressão no desenvolvimento de conceitos criptográficos e nas tecnologias de computação distribuída, que possibilitaram o surgimento desse engenhoso mecanismo e da sua consequente aplicação na criação do Bitcoin. Algumas mensagens trocadas por Satoshi junto a um grupo de entusiastas de criptografia – e o próprio artigo que descreve o famoso "sistema de dinheiro eletrônico *peer-to-peer*" – fazem referências às tecnologias que vieram antes e ajudaram na realização dessas invenções. A seguir, temos uma breve linha do tempo[4] que captura os principais marcos[5] identificados nessa jornada.

LINHA DO TEMPO DA BLOCKCHAIN

1979

O cientista da computação Ralph Merkle desenvolve uma estrutura de dados que ajuda a verificar se as informações em um sistema são autênticas e não foram alteradas, algo importante em ambientes distribuídos, em que não há uma entidade central realizando o processamento de dados. Essa tecnologia ficou conhecida como "Árvore de Merkle", sendo posteriormente patenteada como um método para prover assinaturas digitais.

1982

David Chaum, um dos pioneiros no uso da criptografia em meios digitais, publica um artigo que explora a possibilidade da criação de um sistema de pagamentos digital criptográfico que apresenta o conceito de "assinatura cega". Esse mecanismo permite que um usuário assine uma mensagem sem conhecê-la, garantindo a privacidade do conteúdo. Esse processo é útil em vários cenários, incluindo transações financeiras, votação eletrônica e autenticação de identidade. Chaum é lembrado por ter criado uma das primeiras ferramentas para proteger a privacidade dos usuários durante a transferência de informações e valores no ambiente digital.

1989

Com o aprofundamento de suas pesquisas, David Chaum funda a empresa DigiCash, responsável pelo lançamento do eCash (que pode ser considerada a primeira moeda digital desenvolvida em cima de uma arquitetura centralizada) no ano seguinte.

1991

Uma "cadeia de blocos" criptograficamente protegida é descrita pela primeira vez pelos pesquisadores Stuart Haber e W. Scott Stornetta em um artigo que propõe uma solução para evitar a alteração de registros de data e hora em documentos digitais. Em 1992, Haber e Stornetta atualizam o projeto para incorporar árvores de Merkle, o que permite que vários certificados de documentos coexistam em um único bloco.

1997

Adam Back desenvolve o algoritmo Hashcash, com o objetivo de reduzir o recebimento de *spam* (lixo eletrônico), exigindo esforço computacional do remetente (através da resolução de desafios matemáticos) para permitir o envio de e-mails. O Hashcash introduziu o conceito do mecanismo *proof of work* (PoW) – ou prova de trabalho, em português – que, no contexto da blockchain, exige que membros de uma rede utilizem poder computacional para resolver enigmas criptográficos e terem o direito de atualizar a cadeia de blocos com informações sobre as últimas transações realizadas, recebendo criptoativos nesse processo. A utilização desse sistema combinando com uma estrutura de incentivos para os validadores em uma rede ficou conhecido como "mineração" após o surgimento do Bitcoin.

1998

O cientista de computação Wei Dai revela ao mundo o b-money, um sistema de dinheiro eletrônico anônimo e distribuído. No mesmo ano, o programador Nick Szabo desenvolve o conceito do "bit gold", uma moeda digital descentralizada que é considerada por muitos como uma precursora direta da arquitetura do Bitcoin. Ambos utilizavam o modelo *proof of work* como elemento-base no seu desenvolvimento.

1999

Surge o aplicativo Napster, que permite a troca de arquivos de música entre usuários, popularizando o conceito das redes P2P, em que se viu um sistema distribuído que se beneficiava da capacidade de processamento computacional e de armazenamento de milhares de computadores.

2000

O pesquisador Stefan Konst apresenta um estudo que propõe a ideia de cadeias criptograficamente protegidas. No documento, há um modelo em que as entradas na cadeia podem ser rastreadas desde o seu início para provar a autenticidade dos registros, o mesmo modelo que vemos no Bitcoin e em outros criptoativos nos dias atuais.

2004

O criptógrafo Hal Finney desenvolve o software *reusable proofs of work* ou RPOW, baseando-se no conceito de prova de trabalho desenvolvido por Adam Back, porém, trazendo o conceito da reutilização, o que deu origem ao nome provas de trabalho reutilizáveis, em português.

2008

Satoshi Nakamoto publica o revolucionário artigo *Bitcoin: um sistema de dinheiro eletrônico peer-to-peer*, que se vale de vários conceitos elaborados nas três décadas anteriores para a formulação de sua tese.

2009

No início desse ano, Satoshi prova sua tese, transformando o conceito em realidade ao implementar a primeira blockchain, um livro-razão público para transações feitas com bitcoin. O primeiro bloco de transações (conhecido como "bloco gênese") é minerado, gerando 50 bitcoins como recompensa.

Aqui cabe uma distinção para esclarecimento relativo à grafia da invenção de Satoshi, conforme explicado no site bitcoin.org:

- **Bitcoin:** quando começar em letra maiúscula, é usado para descrever o conceito, ou a própria rede por completo. Por exemplo: "Eu estava aprendendo sobre o protocolo do Bitcoin hoje."

- **bitcoin:** com letra minúscula é usado para descrever a unidade de bitcoins na conta. Por exemplo: "Eu enviei dez bitcoins hoje". Existe também as abreviações BTC ou XBT.

A análise dessa linha do tempo é imprescindível para nos lembrar que importantes feitos científicos são uma construção coletiva, uma soma de vários aprendizados que são aprimorados e recombinados ao longo do tempo, não uma proeza atingida por um indivíduo apenas, detentor de todas as respostas e de uma genialidade superior à de todos os demais mortais. Esse pensamento é muito bem transcrito na humilde e profunda frase do físico Isaac Newton: "Se vi mais longe foi por estar sobre os ombros de gigantes".[6]

Assim, vimos o surgimento, na prática, de um dos ativos digitais mais famosos do mundo, acumulando milhões de usuários ao longo dos anos enquanto se provava como uma solução financeiramente viável e uma alternativa a tudo que havia sido desenvolvido anteriormente pela humanidade. Essa inovação também revelou o conceito da blockchain ao mundo, algo que foi vital para o florescimento da criptoeconomia, conforme se estabeleceu como infraestrutura fundamental dentro deste contexto.

Antes de prosseguirmos discutindo detalhes relativos à blockchain, teremos uma visão geral do Bitcoin, seus elementos e características, pois acredito que essa é uma importante base para outros conceitos derivados que veremos depois.

OS ELEMENTOS BÁSICOS DO BITCOIN (COM INICIAL MAIÚSCULA)

Software:[7] a **blockchain** do Bitcoin é gerenciada por um software de código aberto (podendo ser facilmente encontrado na internet) que roda em computadores que se comunicam uns com os outros, formando uma rede. Embora existam múltiplas versões desenvolvidas em cima do código de referência de Satashi Nakamoto, a versão mais comumente utilizada chama-se "Bitcoin Core". Esse software possui toda uma gama de funcionalidades que permitem a existência dessa rede, o que inclui:

- Conexão com outros participantes na rede Bitcoin;
- Armazenamento da blockchain;
- Detecção de novas transações;
- Validação de transações;
- Arquivamento das transações;
- Retransmissão de transações válidas para outros "nós" na rede;
- Detecção de novos blocos;
- Armazenamento de novos blocos como parte da blockchain;
- Retransmissão de blocos válidos;
- Criação de novos blocos;
- Mineração de novos blocos;
- Gerenciamento de endereços;
- Criação e envio de transações.

O software do Bitcoin funciona 24 horas por dia, todos os dias, tornando seu sistema disponível a todo momento, enquanto tiverem computadores – **também conhecidos como "nós"** – conectados à rede, executando-o. Os nós validam, transmitem, processam e armazenam transações com bitcoin.

Criptografia: elemento fundamental para a existência de um criptoativo (tal qual o próprio nome já diz), seja ele qual for. Diferentes técnicas criptográficas, como as várias descritas na linha do tempo apresentada anteriormente, são intrínsecas ao sistema do Bitcoin e estão presentes no software e na maneira como as operações são realizadas. **Isso garante a segurança e anonimidade das transações e dos participantes da rede.**

Participantes da rede (nós) e estrutura de incentivos: outro elemento vital do Bitcoin (e dos criptoativos de modo geral) é a estrutura de incentivos econômicos existentes, sendo esses elaborados conforme os preceitos estabelecidos na teoria dos jogos – que, como explicado anteriormente, é o ramo da matemática aplicada que estuda situações estratégicas, nas quais jogadores escolhem diferentes ações na tentativa de melhorar seus benefícios dentro de um sistema com regras e recompensas claras previamente estabelecidas.

No caso do Bitcoin, isso fica bem retratado no papel dos mineradores e na utilização do sistema *proof of work* (PoW), mecanismo de validação de consenso que exige o emprego do poder computacional dos usuários da rede, com uma remuneração atrelada em bitcoins para o minerador que criar e propor blocos válidos que sejam acrescentados à blockchain. Esse é um processo competitivo que exige maquinário potente, no qual o minerador vencedor (que acrescentou o novo bloco na blockchain) recebe não só os bitcoins recém-criados nesse processo, mas também as taxas denominadas em bitcoin para todas as transações contidas naquele bloco.

Os mineradores são agentes importantes para o funcionamento dessa engrenagem, mas são apenas um dos tipos de "nós" participantes da rede Bitcoin. Para termos mais clareza dos diferentes papéis desempenhados nesse ecossistema, cabe um exercício de diferenciação entre os três principais nós existentes:[8]

- **Nós completos (*full nodes*):** esses nós armazenam todo o histórico da blockchain e são responsáveis por coletar as transações quando elas acontecem, posteriormente verificando a legitimidade delas usando como ferramentas os parâmetros e normas do software e o próprio registro histórico da blockchain. Se a transação for legítima, eles a propagam para outros nós que também a verificam. Quando vários nós completos concordam que a transação é válida, ela é adicionada a um grupo de transações válidas chamado de *pool*;

- **Nós de mineração (*mining nodes*):** os mineradores coletam transações de um *pool* e as compactam em blocos, seguindo normas especiais do software Bitcoin. Eles competem para criar o próximo bloco e, quando acreditam ter criado um bloco válido, o transmitem para outros nós na rede. Os nós completos coletam esse bloco e verificam a sua legitimidade; se algum nó o considerar legítimo, ele o adiciona à sua cópia da blockchain e a transmite aos demais. Quando o consenso é alcançado e o bloco é validado por um número suficiente de nós, as transações são processadas, todos os nós atualizam o seu histórico e uma nova corrida começa para criar o próximo bloco. O processo de criação de blocos se dá, em média, a cada dez minutos.

Em suma, mineradores recebem uma recompensa por criar blocos válidos, composta por bitcoins minerados e taxas de transações em bitcoins. Eles competem na mineração e são desencorajados a propor blocos inválidos, pois não seriam recompensados e teriam gastado dinheiro (energia, processamento e tempo) em vão. Por outro lado, nós completos não podem criar blocos e não recebem recompensas. A mineração é uma atividade cara que requer hardware especializado, enquanto nós completos podem ser executados em dispositivos simples (ainda assim, contribuindo para a rede, mas com menos "esforço").

- **Nós leves (*light nodes*):** esse tipo de nó usa uma versão especial do software Bitcoin, que armazena uma versão compactada da blockchain contendo apenas cabeçalhos de bloco. Isso permite que eles transacionem na rede Bitcoin sem armazenar todo o histórico, mas também significa que não podem verificar as normas da rede de modo independente e precisam se conectar aos nós completos. Carteiras móveis (*mobile wallets*) são exemplos comuns de nós leves, permitindo que os usuários enviem e recebam BTC sem a necessidade de executar um nó completo ou minerar. Se você já realizou transações de BTC em seu celular, por exemplo, seu dispositivo é considerado um nó na rede Bitcoin.

Carteira (*wallet*): o último elemento básico do Bitcoin é a carteira, um software que utilizamos para interagir com a rede, comandar operações (como o envio ou recebimento) e realizar a guarda dos bitcoins. Existem diferentes tipos de carteiras, mas, antes de falarmos sobre isso, é importante entender alguns conceitos atrelados a elas:

- **Chave privada (*private key*):** código secreto que permite que um usuário gaste os bitcoins armazenados em um determinado endereço. É importante manter a chave privada segura para evitar que outros acessem seus bitcoins;
- **Chave pública (*public key*):** código que pode ser compartilhado com outras pessoas para receber bitcoins. Ela é gerada a partir de uma chave privada;

- **Hash**: de maneira simplificada, é um código alfanumérico que representa um conjunto de dados. Na rede Bitcoin, *hashes* são usados para identificar transações, blocos e outras informações;

- **Frase de recuperação (*seed phrase*):** sequência de 12, 18 ou 24 palavras, que serve como backup da carteira Bitcoin. Essa sequência de palavras é gerada aleatoriamente pela carteira e deve ser armazenada em um local seguro, pois permite que os usuários recuperem seus fundos em caso de perda ou danificação da carteira (sobretudo no caso de carteiras físicas, como veremos em seguida).

De maneira ampla, temos duas grandes categorias de carteiras:

- **Carteira fria (*cold wallet*):** é um tipo de carteira de armazenamento de bitcoins (ou outros criptoativos) que não está conectada à internet. Geralmente, as *cold wallets* são **dispositivos físicos de hardware** que armazenam as chaves privadas de forma segura e off-line, tornando-os menos vulneráveis a ataques cibernéticos. Nessa categoria, existem também as chamadas carteiras de papel (*paper wallets*), que basicamente são chaves privadas impressas em papel ou em outra forma física, que devem ser armazenadas em local seguro;

- **Carteira quente (*hot wallet*):** carteira que está conectada à internet. As *hot wallets* podem ser **carteiras de software em desktops, dispositivos móveis ou navegadores da web**. Elas são mais convenientes para uso diário, como transações regulares de criptomoedas, mas estão mais expostas a possíveis ataques cibernéticos.

AS CARACTERÍSTICAS BÁSICAS DO BITCOIN (COM INICIAL MINÚSCULA):

Oferta limitada: a oferta de bitcoin é limitada a 21 milhões de unidades, o que significa que é um ativo deflacionário, ou seja, ganha valor com o passar do tempo pelo fato de sua emissão seguir uma curva decrescente. Isso se deve a um mecanismo embutido no código do Bitcoin, no qual, a cada 210 mil blocos minerados, a remuneração cai pela metade. Esse "evento" é chamado de **halving**, e aconteceu pela primeira vez em 2012, reduzindo a recompensa de 50 bitcoins por bloco (como era desde 2009) para 25 bitcoins. É esperado que o último bitcoin seja emitido por volta do ano 2140[9]. A partir daí, os mineradores ainda receberão recompensas, mas essas serão compostas apenas das taxas de transações.

Divisibilidade: o bitcoin é um ativo que pode ser fracionado até a oitava casa decimal, ou seja, sua menor unidade, também conhecida como **Satoshi**, é equivalente a 0,00000001.

Portabilidade: característica intrínseca ao fato de o bitcoin ser um ativo digital e incorpóreo, levando a uma fácil movimentação, inclusive em escala global.

Anonimidade (parcial): embora as transações realizadas na rede sejam públicas e possam ser vistas na blockchain (existem diferentes soluções on-line que permitem essa visualização, sendo chamadas de "exploradores de blockchain"), as informações pessoais dos usuários não são requisitadas em nenhum momento, e as transações são geralmente consideradas mais anônimas do que aquelas que acontecem por meio de bancos tradicionais. No entanto, a **pseudonimidade** do bitcoin não é uma garantia de privacidade total, pois as transações podem ser vinculadas a endereços específicos e, em alguns casos, os usuários podem ser identificados por meio de técnicas de análise de blockchain.

Resistente a interferências externas: por ter arquitetura distribuída e descentralizada, o bitcoin é resistente a interferências que normalmente afetam outros ativos tradicionais, como censura, confisco e questões políticas. Mesmo com a proibição em alguns países, isso não impede que bitcoins sejam transacionados por pessoas de tais países.

Transações irreversíveis: uma vez realizada a operação, ela não pode mais ser desfeita. Isso tem a ver com a característica de imutabilidade da rede, na qual um registro não pode ser alterado após ser

Importantes feitos científicos são uma construção coletiva, uma soma de vários aprendizados que são aprimorados e recombinados ao longo do tempo.

validado e adicionado à blockchain. Por esse motivo, os usuários do bitcoin precisam ter atenção redobrada ao utilizar seus ativos.

Algumas das características citadas acima também são comuns a outros criptoativos, mas o Bitcoin foi o primeiro a apresentar essas possibilidades ao mundo. Aqui cabe uma reflexão relevante sobre o Bitcoin e a tecnologia blockchain, abordada neste capítulo.

Durante um tempo, o mercado tradicional renegou o Bitcoin e alçou o blockchain como a "única parte relevante" dessa inovação. Parecia um discurso ensaiado, no qual muitos diziam a mesma coisa: "vemos potencial na blockchain, mas não no Bitcoin". A verdade é que chega a ser injusto minimizar o impacto de uma solução tão elegante, transformadora e resiliente como o Bitcoin. Entendo que, em um momento da história, muitas entidades (sobretudo instituições financeiras) não tinham clareza, nem um plano, sobre como trabalhar com o Bitcoin, restando apenas entender melhor um de seus mecanismos e tentar desenvolver algo que atendesse a seus interesses daí em diante.

O grande ponto é que não tem como falar de blockchain sem antes falar do Bitcoin e explorar a genialidade de uma invenção que provou uma tese inovadora e criou um caminho alternativo possível para o mundo financeiro (e não só ele). Também vale lembrar que não há nenhuma menção específica à palavra "blockchain" no artigo original de Satoshi Nakamoto. Mesmo assim, a mídia nos lembra a todo momento que o Bitcoin foi construído em cima dessa tecnologia. A criação de um mecanismo que envolve uma cadeia de blocos não foi o propósito buscado pelo Bitcoin, mas, sim, uma construção feita para se atingir um objetivo. Ou seja, uma solução para um problema. A conclusão, de fato, é que não haveria blockchain sem o Bitcoin, pois uma coisa só foi criada em função da outra.

A partir dessa experimentação bem-sucedida, vimos o emprego desse mecanismo de maneiras diferentes em variados contextos, o que fez que a blockchain ganhasse espaço como uma plataforma de desenvolvimento ampla, habilitando múltiplas inovações e destravando possibilidades que vão além da sua aplicação para resolver um problema no contexto aplicado ao Bitcoin. O que veremos nas próximas páginas são as diferentes cores e sabores da blockchain, que foram derivados a partir de sua criação.

Aspectos gerais e tecnológicos da blockchain e das DLTs

Com a crescente pesquisa acadêmica e corporativa, vimos muitas experimentações com a tecnologia blockchain, o que levou a um refinamento de conceitos, multiplicidade de aplicações e desdobramentos de formatos a serem utilizados em diferentes casos de negócios e situações, a depender do objetivo a ser atingido.

Uma visão interessante sobre as variações da blockchain foi descrita pelo autor William Mougayar:[10]

A blockchain é parte banco de dados, parte plataforma de desenvolvimento, parte viabilizador de rede, então, consequentemente, precisamos de muitas instâncias e variações dela. Como uma camada acima da internet, as blockchains podem ter muitas formas de implementação. Elas podem ser vistas como camadas de confiança, um mediador de troca, uma conexão segura, um conjunto de capacidades descentralizadas e muito mais.

Antes de ilustrarmos as diferentes configurações e formatos de blockchains, cabe uma distinção entre conceitos que muitas vezes se misturam dentro da temática: a diferença entre blockchain e a tecnologia de registro distribuído, também conhecida como **Distributed Ledger Technology (DLT).**

Quando nos referimos à DLT, estamos abordando, de maneira ampla, qualquer tipo de sistema que armazena e gerencia dados usando um banco de dados distribuído em diferentes computadores (ou nós). A blockchain é um tipo de DLT com características específicas como o encadeamento de blocos de modo linear e cronológico, além de outros mecanismos que descrevemos anteriormente.

Contudo, as DLTs podem ter diferentes características, incluindo o fato de os dados não estarem necessariamente conectados em uma ordem específica (como a cronológica) e o formato da conexão entre os dados poder não seguir o aspecto de "corrente de blocos", em alguns casos lembrando uma árvore, uma teia ou uma malha (com diferentes relações de vínculo entre si).

Essas variações podem tornar as DLTs mais adequadas e eficientes em situações específicas, como gerenciamento de dados em uma cadeia de suprimentos, registros de saúde, identidade, serviços públicos, entre outros. Assim, apesar de usarmos ambos os termos como sinônimos, devemos nos atentar para o fato de que **todas as blockchains são DLTs, mas nem todas as DLTs são blockchains.**

Veremos abaixo alguns formatos de DLT presentes no mercado:[11]

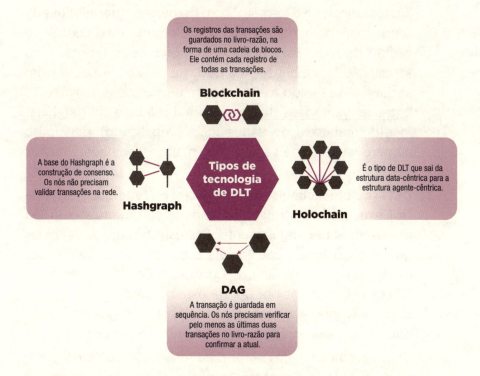

Analisando mais detalhadamente as DLTs (ou as blockchains, dependendo do caso), podemos observar alguns grandes grupos com características específicas. Cada opção pode ser mais adequada para determinados tipos de aplicações possíveis. Veja alguns exemplos abaixo:[12]

1. **DLTs (ou blockchains) públicos:** redes abertas que funcionam por meio de acesso "sem permissão" (***permisionless***). Isso implica que qualquer pessoa em qualquer lugar pode participar do sistema, não sendo necessária a permissão de nenhuma autoridade centralizada. Blockchains públicos são o que ativos digitais como o Bitcoin utilizam.

   Entre suas vantagens, temos: maior transparência na rede; custos de manutenção da rede mais baixos, pelo fato de ela se organizar por si só entre seus participantes; nível avançado de imutabilidade;

2. **DLTs (ou blockchains) privados:** redes com um autorizador restrito que muitas vezes é de responsabilidade de algumas pessoas. Seguem o formato "com permissão" **(permissioned)**, sendo que, geralmente, uma única organização controla a gestão da rede. Esse tipo de DLT oferece um mecanismo simplificado de manuseio de dados e geralmente possui um sistema mais rápido e eficiente em termos de energia.

   Entre as vantagens, temos: maior facilidade de gerenciamento (manuseio de dados mais simplificado); devido ao número limitado de validadores, maior velocidade e custos mais baixos;

3. **DLTs (ou blockchains) de consórcio, ou federados:** sistema DLT executado por múltiplas startups ou organizações. São governados por regulamentações estruturadas e definidas que impulsionam a eficiência e a transparência dentro das redes. Bancos centrais e o Consórcio Corda (da empresa R3) são conhecidos por utilizar este modelo.

   Entre as vantagens, temos: muito escalável; grande velocidade; grau aprimorado de privacidade e transparência;

4. **DLTs (ou blockchains) híbridas:** redes que combinam elementos de DLTs privadas e públicas. Nos sistemas híbridos, parte dos dados é pública e outra parte é mantida privada. Um dos exemplos desse sistema é a rede Hyperledger (da empresa IBM).

   Entre as vantagens, temos: melhora a flexibilidade no manuseio de dados; a natureza híbrida impulsiona a escalabilidade, pois nem todos os nós precisam autorizar alterações; a maioria dos DLTs híbridos podem ser facilmente regulamentados.

O gráfico abaixo ajuda a termos uma melhor visão de cada proposta.[13]

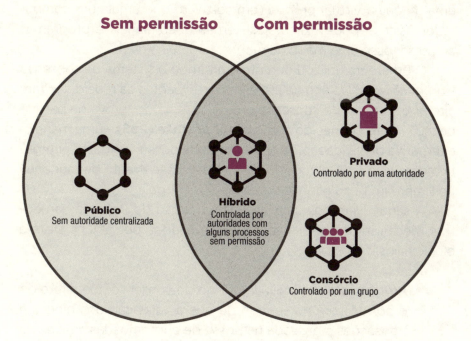

Com exceção das DLTs públicas (que não possuem restrições e são acessíveis a qualquer um), as demais possuem variados provedores no mercado. Cada caso de negócio no qual se imagina a utilização dessa tecnologia deve ser avaliado particularmente, para que seja possível ter uma ideia mais clara de qual caminho se deve seguir ao analisar e selecionar um formato específico que atenda às suas necessidades.

Ainda falando dos aspectos técnicos e olhando especificamente para o mundo das blockchains, é importante termos uma visão das perspectivas trazidas com o surgimento da **rede Ethereum**. Essa foi uma blockchain lançada oficialmente em 2014 (falaremos mais a respeito dessa rede e do criptoativo que faz parte dela, o ether, no próximo capítulo) e que alguns especialistas gostam de chamar de Blockchain 2.0, por ser uma inovação em comparação à rede do Bitcoin, trazendo algumas novidades.

Uma das principais novidades implementadas no Ethereum foi a possibilidade de validação e criação de **smart contracts**, os contratos inteligentes autoexecutáveis que já citamos em capítulos anteriores, além de aplicativos descentralizados (chamados de dApps). Isso é possível, entre outras coisas, graças à existência de uma máquina virtual própria (um software que emula um computador físico e pode executar sistemas operacionais e programas como se fosse uma máquina real).

O Ethereum utilizou durante um tempo o sistema de consenso – *proof of work*. No ano de 2022, os participantes da rede decidiram alterar o formato de consenso para o sistema de "prova de participação" – mais conhecido como **proof of stake (PoS)** – uma maneira alternativa de validação de operações que possui um gasto energético drasticamente menor do que o PoW. Esse evento de mudança no Ethereum ficou conhecido como *The Merge*.

A seguir, veremos uma descrição não só do PoS, mas de outros mecanismos alternativos que são usados por alguns DLTs e blockchains:[14]

- **Proof of stake (PoS):** algoritmo de consenso que difere do *proof of work* no sentido de que a validação dos blocos e transações é baseada na posse de criptomoedas em vez de no poder computacional. Nesse caso, não há disputa entre mineradores, e os validadores (chamados de *stakers*) depositam seus criptoativos como garantia para validar blocos; em troca, recebem recompensas em criptoativos da rede. O PoS é considerado mais eficiente em termos de consumo de energia do que o PoW;

- **Proof of capacity (PoC):** neste método, os nós da rede usam seu espaço de armazenamento disponível para competir pela oportunidade de adicionar novos blocos à cadeia. Os nós pré-carregam seu espaço de armazenamento com informações aleatórias, e o primeiro a encontrar a solução para um desafio criptográfico específico é recompensado. Ao contrário do PoW, em que a potência de computação determina a probabilidade de validar uma transação, os mineradores competem entre si usando dados armazenados da rede PoC. Portanto, um hardware com processamento poderoso não oferece benefícios na mineração PoC;

- ***Proof of elapsed time* (PoET):** neste método, os nós da rede usam um temporizador aleatório para determinar quem terá permissão de adicionar novos blocos à cadeia. A cada nó da rede é designado aleatoriamente um tempo de espera, e o primeiro a completar o tempo de espera é escolhido para adicionar um novo bloco;

- ***Proof of authority* (PoA):** neste método, um conjunto de nós autorizados (conhecidos como "validadores") é responsável por validar as transações e adicionar novos blocos à cadeia. Os validadores são selecionados com base em sua reputação e credibilidade na comunidade, e não há competição entre os nós. No PoA, em vez de contribuir "depositando" seus tokens, aqueles na rede "depositam" sua própria reputação ou autoridade. O princípio subjacente sugere que, se os nós se mostrarem não confiáveis, perderão sua autoridade e não poderão mais validar blocos. Esse método usa menos validadores de blocos e provou ser mais rápido do que PoW e PoS. É adequado para blockchains "com permissão", já que não precisa necessariamente depender de um mecanismo de recompensa. Alguns projetos de CBDCs consideram essa dinâmica de funcionamento.

Vários outros métodos estão sendo criados e testados no mercado neste exato momento (alguns tão novos que não foram abordados neste livro), sendo que cada um tem suas próprias vantagens e desvantagens e pode ser mais adequado para diferentes aplicações e casos de uso. O PoC é eficiente em termos de energia, mas requer um grande espaço de armazenamento. O PoET é escalável, mas menos seguro do que o PoW. O PoA é rápido e escalável, mas é menos descentralizado e pode ser vulnerável a ataques de 51%.

O ataque de 51% é um ataque potencial à blockchain em que um grupo de mineradores controla mais da metade do poder de processamento da rede. Isso lhes dá o controle da validação de novos blocos e a capacidade de reverter transações anteriores, causando um duplo gasto. Esse ataque pode ser prejudicial à segurança e à confiabilidade da rede, e é considerado uma das maiores ameaças à blockchain.

Essa, inclusive, é uma das ameaças que o sistema pode enfrentar, mas não é a única. A seguir, discutiremos sobre mais alguns riscos e sobre outros desafios existentes no horizonte para as DLTs e blockchains, bem como analisaremos situações nas quais essas tecnologias podem não ser a melhor alternativa para a solução de um problema ou para a otimização de um processo.

Principais desafios no horizonte

Existem inúmeros casos nos quais o emprego dessa tecnologia pode levar empresas de diferentes segmentos a ter uma maior eficiência na resolução de problemas, aumentar o grau de confiança e segurança em seus processos e inovar em seu campo de atuação (citamos algumas possibilidades no capítulo 2). Contudo, **não podemos afirmar que essa é uma alternativa interessante e viável em todos os casos**, pois, em muitas situações, uma abordagem centralizada para um determinado desafio pode atender muito bem – dadas as condições do universo de negócios atual.

Digo "dadas as condições do universo de negócios atual" pois, em um futuro próximo, talvez vejamos um movimento mais amplo de empresas se adaptando ao contexto do novo formato da internet (que tem sido chamado de Web3, no qual a criptoeconomia é um dos alicerces), o que pode exigir uma gradual e continuada mudança de vários modelos de negócios (ou parte deles) para um contexto descentralizado. Retomaremos esse ponto em capítulos futuros, inclusive sobre a parte da transição.

Voltando para as condições do mundo dos negócios até o momento, pensaremos sobre modelos que, hoje, podem não se beneficiar da adoção das DLTs e das blockchains. Por exemplo, enquanto as redes de pagamento existentes, como as da Visa, podem lidar com milhares de transações por minuto, as redes de blockchain não podem processar mais do que algumas transações por segundo. Portanto, há uma enorme diferença nas escalas de operações que são possíveis usando blockchain e as alternativas existentes, com características centralizadas. Esse caso nos leva ao primeiro ponto da lista abaixo de desafios a serem superados pelas blockchains:

1. **Escalabilidade:** a capacidade de lidar com uma grande quantidade de transações simultaneamente é um desafio encontrado hoje em muitas tecnologias de blockchain e DLTs. A própria natureza dos algoritmos de consenso (que permitem a descentralização, mas exigem o processamento de todas as operações que ocorrem na rede) traz também a dificuldade de escalabilidade. Como uma maneira de tentar resolver esse problema, algumas soluções técnicas estão sendo trabalhadas pelos desenvolvedores, como o uso de *sharding* e a implementação de *sidechains*.

   - *Sharding*[15] é uma técnica que divide a blockchain em fragmentos menores, chamados *shards*, para que os nós da rede possam processar transações simultaneamente nesses diferentes pedaços da cadeia, aumentando a capacidade de processamento e reduzindo o tempo de confirmação das transações. Assim, cada nó não tem que lidar com toda a carga transacional da rede. Pelo contrário, cada nó mantém apenas dados sobre sua própria divisão ou *shard*, distribuindo melhor a carga de processamento;

   - *Sidechain*[16] é uma "cadeia paralela" que roda junto à blockchain, sendo uma extensão que amplia sua capacidade. Para visualizarmos melhor, é importante ter em mente que uma blockchain possui uma primeira camada (layer-1) ou camada base, sendo essa a responsável pela validação de transações, criação de blocos, mineração e consenso. Para fins de escalabilidade, pode ser implementada uma segunda camada (layer-2) ou camada de aplicação, que permite a criação de aplicativos e contratos inteligentes personalizados (por exemplo) ou ampliar a velocidade e eficiência de transações ao processar operações nessa cadeia paralela (sem utilizar a capacidade de processamento da primeira camada). No Bitcoin, foi criada uma segunda camada chamada *lightning network* para possibilitar pagamentos instantâneos nessa rede;

2. **Segurança:** apesar de serem consideradas seguras, tais redes não são infalíveis, podendo sofrer ataques de 51%, falhas de segurança de contratos inteligentes e vulnerabilidades de software. Outra questão que tem sido discutida atualmente é se algumas dessas redes poderá ter sua criptografia quebrada quando a computação quântica for disseminada. Esse novo modelo computacional possui a capacidade de executar cálculos muito mais rapidamente do que os computadores clássicos, colocando em xeque as premissas utilizadas hoje em alguns modelos criptográficos. Alguns projetos de DLTs mais novos têm sido construídos de modo a serem resistentes à tecnologia de computação quântica;

3. **Sustentabilidade:** o gasto energético de algumas redes blockchain, sobretudo daquelas que utilizam o modelo de consenso PoW, tem sido muito criticado atualmente. Para endereçar essa questão, algumas redes estão migrando para modelos de consenso, que são mais eficientes energeticamente, como o PoS. Isso aconteceu no caso do Ethereum, quando aconteceu o evento *The Merge*. Mais formatos de consenso estão sendo desenvolvidos para resolver esse desafio de maneiras alternativas. É importante lembrar que o modelo de consenso é o que torna a descentralização possível, e esse também é um ponto sensível quando falamos sobre desafios nesse ambiente;

4. **Interoperabilidade:**[17] várias blockchains e DLTs não são compatíveis entre si, o que dificulta a transferência de valor entre diferentes redes. Para solucionar essa questão, vemos o uso de *sidechains* para criação de "pontes" entre blockchains e o surgimento dos "protocolos de interoperabilidade", redes que podem se comunicar umas com as outras. Como exemplos de protocolos encontrados no mercado

hoje, temos Polkadot, Cosmos e Avalanche, nos quais é possível realizar transferências de ativos entre redes de modo seguro e com baixo custo.

Em 2017,[18] um dos criadores da rede Ethereum, Vitalik Buterin, cunhou o termo "blockchain *trilemma*" (ou o trilema blockchain), ilustrando como é difícil conciliar três das suas características: segurança, escalabilidade e descentralização.

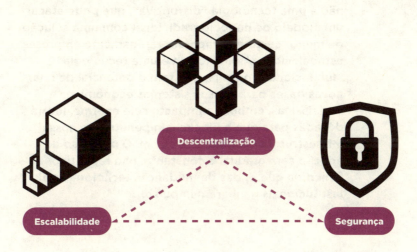

De acordo com o trilema blockchain, é impossível ter essas três características de maneira simultânea e em seu melhor nível, sendo necessário sacrificar um atributo em função do outro. Isso significa que, por exemplo, uma blockchain altamente escalável pode comprometer a segurança e a descentralização, enquanto uma blockchain altamente descentralizada pode sacrificar a escalabilidade e a segurança.

Para tentar resolver esse problema de maneira alternativa, o mercado tem buscado refinar algumas das abordagens que mencionamos anteriormente: *sharding*, mecanismos de consenso alternativos e soluções de segunda camada (*layer*-2).

É importante lembrar que a blockchain é uma tecnologia recente e que ainda segue sendo aprimorada e testada em variados contextos, nas suas mais diferentes formas. A evolução vem acontecendo, mas temos diferentes opiniões quanto à sua velocidade. Em 2017, os pesquisadores Marco Iansiti e Karim R. Lakhani publicaram um artigo para o Harvard Business Review chamado *The truth about blockchain*[19] [A verdade sobre a blockchain, em tradução livre]. Nesse documento, eles defendem que:

> A verdadeira transformação de negócios e governos liderada pela blockchain ainda está muitos anos à frente. Isso ocorre porque a blockchain não é uma tecnologia "disruptiva", que pode atacar um modelo de negócio tradicional com uma solução de menor custo e ultrapassar rapidamente empresas estabelecidas. A blockchain é uma tecnologia "fundacional", ou seja, que tem o potencial de criar novas bases para nossos sistemas econômicos e sociais. Mas, embora o impacto seja enorme, levará décadas para que a blockchain penetre em nossa infraestrutura econômica e social. O processo de adoção será gradual e constante, não repentino, à medida que ondas de mudanças tecnológicas e institucionais ganharem impulso.

Quer você acredite em um avanço mais rápido, quer acredite em um mais demorado, é impossível negar que essa infraestrutura já está, nos dias de hoje, viabilizando a "internet do valor" e sedimentando as bases para o futuro do mercado financeiro e da sociedade. Diferentes fatores estão se combinando e criando o timing perfeito para essa nova realidade eclodir – e eu julgo que estamos muito próximos disso.

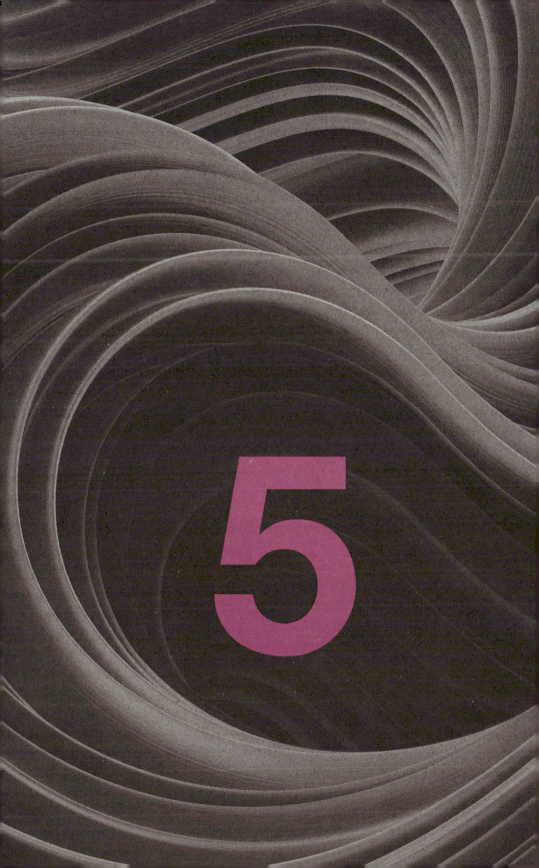

A ASCENSÃO DOS CRIPTOATIVOS – UMA NOVA GERAÇÃO DE ATIVOS INTELIGENTES

"O dinheiro foi criado muitas vezes, em muitos lugares. Seu desenvolvimento não exigiu nenhum progresso tecnológico: foi uma revolução puramente mental. Envolveu a criação de uma nova realidade intersubjetiva que existe apenas na imaginação coletiva das pessoas. Dinheiro não se resume a moedas e cédulas. Dinheiro é qualquer coisa que as pessoas estejam dispostas a usar para representar sistematicamente o valor de outras coisas com o propósito de trocar bens e serviços. O dinheiro permite que as pessoas comparem de maneira fácil e rápida o valor de diferentes mercadorias (como maçãs, sapatos e divórcios), troquem uma coisa pela outra com facilidade e armazenem riqueza de modo conveniente."

YUVAL NOAH HARARI, AUTOR DO BEST-SELLER *SAPIENS: UMA BREVE HISTÓRIA DA HUMANIDADE*[1]

O dinheiro foi de tudo: desde sal, passando por conchas, grãos, até cigarros em prisões e tempos de guerra – que eram aceitos em transações até mesmo por quem não era fumante, pois havia uma concordância coletiva no uso desse ativo para tal. Assim, é possível considerar que **o dinheiro é uma construção social, uma abstração criada pelo homem ao longo da**

história, que se adapta a contextos e é convencionada por grupos e comunidades que interagem entre si em relações de troca.

De acordo com um ramo da economia chamado de teoria monetária, conceitualmente falando, o dinheiro (ou a moeda) deve possuir três características básicas para ser, assim, definido:

- **Meio de troca (ou meio de pagamento):** primordialmente, o dinheiro serve como um método de intercâmbio de bens e serviços entre indivíduos. Ele simboliza o valor do item negociado e não necessita ser um elemento físico ou ter respaldo em metais preciosos para ser reconhecido como um instrumento de troca. Basta que seja aceito pelos envolvidos na transação para cumprir seu propósito;

- **Reserva de valor:** o dinheiro serve para armazenar valor para uso futuro, permitindo a previsibilidade em um processo de planejamento financeiro. Em outras palavras, precisa guardar poder de compra no tempo. Para isso, sua estabilidade é crucial, evitando perdas rápidas, como no caso da inflação, que causa a desvalorização do dinheiro devido ao desequilíbrio entre emissão monetária e produção – tal qual foi na hiperinflação que vivenciamos no Brasil décadas atrás. Seu valor é determinado por fatores como reputação, aceitação, estabilidade e confiabilidade, algo que, hoje, é encontrado em moedas como dólar, libra esterlina e euro, por exemplo;

- **Unidade de conta:** uma moeda deve ser capaz de ser medida de maneira que as pessoas possam determinar preços de ativos e serviços e realizar cálculos financeiros. Considerando essa característica, **possuir a capacidade de ser dividida em partes menores**, preferencialmente de maneira padronizada (ou partir de uma unidade mínima, no caso de não possuir fracionamento, como acontece com o iene japonês), **é um fator que contribui no cumprimento desse requisito.** Outro elemento nesse tópico é a fungibilidade, propriedade que permite que um bem ou ativo possa ser trocado por outro da mesma espécie sem prejuízo, por serem considerados iguais.

Ainda seguindo os preceitos da teoria monetária, vemos as moedas se separando em dois tipos:

- **Moeda-mercadoria:** aquelas que são percebidas como algo que possui valor em si, podendo ser aceitas em transações entre pessoas de modo natural. Geralmente são escassas e/ou são enxergadas como itens que possuem utilidade dentro de um grupo. Ao longo da história, sal, metais preciosos e até cigarros tiveram essa função;

- **Moedas fiduciárias (ou moedas de curso forçado):** não possuem valor intrínseco, não sendo lastreadas em nenhum tipo de mercadoria, de tal modo que sua circulação e aceitação é garantida por decreto governamental. Assim, seu funcionamento depende da confiança (também conhecido como fidúcia, daí seu nome) das pessoas nessa moeda e nas instituições que a impuseram. Ou seja, ela não terá mais valor caso o governo determine (como já ocorreu nas várias transições de moeda que aconteceram no Brasil, em que o Cruzado deu lugar ao Cruzado Novo, por exemplo) ou caso as pessoas não confiem mais nela (como em processos inflacionários intensos ou falência das instituições). Em inglês, a expressão para designá-la é *fiat currency*, sendo que o termo *fiat* é bastante usado no mundo cripto para se referir a esse tipo de moeda.

O real, dólar e euro, por exemplo, se enquadram na categoria de moedas fiduciárias, tendo como característica comum o monopólio do Estado em sua produção – com a quantidade controlada por uma autoridade central, como o banco central – algo que não se aplica às moedas-mercadoria.

Fugindo a essa regra do monopólio estatal, vimos que, em setembro de 2021, El Salvador, pequeno país da América Central, adotou o bitcoin como moeda de curso forçado. Esse movimento ainda é observado pela comunidade internacional como um "experimento", diferente de tudo o que se viu na história monetária. Contudo, esse "laboratório de testes" realizado em El Salvador poderá experienciar formas alternativas de abordagem a elementos fundamentais da economia (como o papel do banco central, por exemplo) e preparar as bases para uma nova fase da criptoecomia, com o bitcoin sendo peça integrante em uma sociedade, influenciando, inclusive, políticas soberanas.

Até o momento, entidades como o Fundo Monetário Internacional (FMI) e o Banco Mundial são críticas de tal movimento, alegando que o país deveria "contemplar o risco do bitcoin para a sustentabilidade fiscal e proteção dos consumidores locais", considerando que existe uma "natureza especulativa" nesse ativo.[2]

Após essa visão geral sobre **moedas**, cabe uma contextualização sobre o que são **ativos** e, mais especificamente, **ativos financeiros** – conceito que se conecta diretamente com este capítulo.

Um ativo é um recurso com valor econômico que uma pessoa, corporação ou país possui ou controla, com a expectativa de que ele fornecerá benefício econômico futuro.[3] Nesse caso, podemos dividi-los em **ativos tangíveis** (que inclui bens como imóveis, carros, mercadorias etc.), **ativos intangíveis** (como direitos, marcas, softwares e licenças, por exemplo) e **ativos financeiros**. Esse último é composto por subgrupos de diferentes **classes de ativos**, as quais representam conjuntos específicos que compartilham características comuns entre si e se comportam de maneira similar no mercado. Nessa esfera, encontramos as ações, os títulos de renda fixa, os derivativos, os fundos de investimentos, as moedas – sim, elas mesmas, como um subgrupo pertencente ao universo dos ativos financeiros, formando uma classe específica de ativos – entre outros.

A realidade da criptoeconomia trouxe os ativos criptográficos – ou criptoativos – como uma nova classe de ativos financeiros, possuindo propriedades únicas, como programabilidade e descentralização (em muitos casos), sendo particularmente adequada à realidade digital na qual vivemos – que demanda alternativas desmaterializadas e usa a programação e a instantaneidade das redes para movimentar ativos de maneira barata, inteligente e desintermediada ao redor do globo.

Até este ponto da leitura você já deve ter se perguntado: e as criptomoedas? São a mesma coisa que criptoativos?

Seguindo a lógica exposta até aqui, os criptoativos são uma categoria mais ampla da qual as criptomoedas fazem parte, assim como ocorre com os ativos e as moedas. Resumidamente, **toda cripto-moeda é um criptoativo, mas nem todo criptoativo é criptomoeda.**

Olhando para o rol das criptomoedas, identificamos o bitcoin como a principal delas – visto que nasceu com o intuito de ser uma "nova versão digital do dinheiro", sendo empregado em pagamentos entre diferentes partes sem o intermédio de nenhuma instituição financeira. Outras iniciativas também vieram ao mundo buscando objetivos semelhantes (porém com algumas características diferentes em relação à privacidade e velocidade, por exemplo), como as redes Litecoin, Ripple, Zcash, Dash e Monero (discutiremos mais a respeito delas adiante).

Contudo, alguns estudiosos não concordam com a utilização do termo "criptomoedas", pois entendem que certos ativos criptográficos populares, como o bitcoin, não se enquadram em todos os requisitos necessários para serem considerados "moeda", conforme vimos no começo do capítulo. Um dos argumentos defendidos é que tais ativos (ainda) não podem ser considerados uma **reserva de valor** adequada devido à sua volatilidade (sobretudo quando comparamos com outras moedas fiduciárias como o dólar ou euro) e pelo fato de não serem "amplamente aceitos e adotados". Com o tempo, talvez vejamos uma estabilização da volatilidade em função de uma crescente adoção por parte da população – sendo que um elemento é fator chave para a resolução do outro. Quando enfim chegarmos lá, será possível ver uma maior concordância em toda essa questão relativa à nomenclatura.

Outro grupo vê bitcoin e demais ativos criptográficos como uma espécie de investimento apenas. Essa poderia ser uma definição bastante limitada, tendo em vista a arquitetura tecnológica elegantemente construída e o amplo potencial desses ativos dentro da nova economia. No Brasil, a Receita Federal considera apenas o termo "criptoativo", ao qual, de modo amplo, atribui a seguinte definição:[4]

> Criptoativo é a representação digital de valor denominada em sua própria unidade de conta, cujo preço pode ser expresso em moeda soberana local ou estrangeira, transacionado eletronicamente com a utilização de criptografia e de tecnologias de registros distribuídos, que pode ser utilizado como forma de investimento, instrumento de transferência de valores ou acesso a serviços, e que não constitui moeda de curso legal.

Desde 2016, a posse de criptoativos deve ser realizada junto à Receita Federal, via preenchimento da declaração de imposto de renda.

No final de 2022,[5] houve a aprovação de um projeto de lei que criou o marco regulatório nacional dos criptoativos. Colocado inicialmente para discussão em 2015, o projeto mencionava o termo "moedas virtuais" no seu texto. Quando da sua aprovação, o termo foi modificado para "ativos virtuais". A comunidade cripto entende que o termo "virtual" não é muito adequado dentro do contexto amplo dessa classe de ativos. Em alguns meios de comunicação, vemos também o uso da terminologia "ativos digitais", que, a meu ver, podem entrar em uma seara ampla demais. Por fim, o termo "token" também é amplamente empregado nesse ambiente, referindo-se a representações digitais de valor ou direitos gerados e gerenciados em uma plataforma DLT.

Para normalizar a terminologia, tais ativos serão referidos como criptoativos ou tokens na maior parte do tempo neste capítulo (e no restante do livro), sobretudo para capturarmos a essência dessa nova classe e abrangermos ao máximo seus participantes – que se uniram por premissas fundamentais comuns.

A seguir, exploremos sua taxonomia, características específicas de análise dos diferentes projetos nesse espaço (também conhecido pelo termo tokenomics) e as possibilidades abertas no mercado financeiro a partir do seu desenvolvimento.

Os diferentes tipos de criptoativos existentes e suas classificações

Nos últimos anos, testemunhamos a evolução do ecossistema cripto desde sua origem com o Bitcoin, expandindo-se à medida que aspectos de seu conceito e tecnologia foram testados e aplicados com diferentes propósitos. Surgiram, então, diversos criptoativos que ficaram conhecidos como *altcoins*, por serem moedas alternativas ao bitcoin, explorando variados casos de uso e soluções de problemas.

Contudo, muitos projetos de *altcoins* não perduraram por diferentes motivos, seja por não conseguirem cumprir adequadamente suas propostas iniciais ou por não conseguirem suficiente adoção, por exemplo. Apesar disso, essa tendência desempenhou um papel crucial no avanço e difusão da noção de criptoativos globalmente.

Em 2011 – pouco tempo após o surgimento do Bitcoin – foi lançada a primeira *altcoin* de que se tem notícia, a Namecoin (NMC). Ela se baseava no código do Bitcoin e usava o modelo de consenso PoW, buscando criar um sistema de domínios de internet (DNS – Domain Name System) baseado em blockchain (sendo denominado ".bit", em alternativa ao ".com" e demais), trazendo características como maior privacidade, segurança e resistência à censura para esse mercado – nos dias de hoje, ela perdeu bastante relevância, mas já foi o quarto maior criptoativo em 2013.[6]

Naquele mesmo ano, veio a Litecoin, criada pelo ex-desenvolvedor do Google, Charlie Lee, que buscou ser uma versão mais rápida e leve do Bitcoin. Nesse projeto, também é usado o modelo de PoW de consenso, sendo que os blocos são liberados quatro vezes mais rápido que na rede Bitcoin, e o volume total máximo de ativos que serão liberados ao longo do tempo é de 84 milhões de unidades (sim, número quatro vezes maior que as 21 milhões de unidades de bitcoin). Seu criador sempre quis posicionar o litecoin não como um competidor, mas como um complemento ao bitcoin, "assim como a prata está para o ouro",[7] em suas próprias palavras.

Em 2012, o Peercoin (PPC) – criado por uma pessoa, ou grupo de pessoas, que usa o pseudônimo Sunny King – apresentou ao mundo o mecanismo de consenso *proof of stake*, no intuito de ser uma alternativa ecológica ao *proof of work*. Ainda em 2012, nasce o Ripple (XRP), para simplificar e acelerar as transações internacionais entre instituições financeiras. Não há um processo de mineração para a criação de unidades de seu criptoativo, sendo que a empresa responsável pelo projeto, chamada Ripple Labs Inc, emitiu 100 bilhões de unidades de XRP logo no seu lançamento, detendo a maior parte desse volume – algo que a fez ser duramente questionada por parte do ecossistema cripto na época, e o é até hoje.

No ano de 2013, a Primecoin (XPM) – também desenvolvida por Sunny King, que criou a Peercoin – surge com a incorporação de um algoritmo no seu processo de mineração, que utiliza poder computacional para descobrir novas cadeias de números primos (chamadas cadeias de Cunningham), tema de interesse de ramos da ciência, como a matemática e a física. Também naquele ano foi criada a Dogecoin (DOGE), inspirada pelo meme do cachorro Shiba Inu, ganhando popularidade para pequenas transações e gorjetas on-line, ao mesmo tempo em que ampliava a sua leal comunidade de usuários. Esse criptoativo inaugurou uma subclasse que ficou conhecida como *memecoins*. Várias outras *memecoins* foram criadas a partir daí, como a Shiba Inu (também inspirada no meme do cachorro) e a Pepecoin (inpirada no meme Pepe, o sapo).

Já em 2014, vimos o lançamento de dois criptoativos que tinham foco em privacidade, o Dash (DASH), que também buscava trazer mais velocidade às transações; e o Monero (XMR), que se destacava pelo anonimato em suas operações, ocultando os rastros de sua utilização pelos usuários do ativo criptográfico via endereços secretos e um mecanismo chamado de *ring signature* (ou assinatura em anel). Esse mecanismo combina a assinatura digital do remetente com assinaturas de outras transações aleatórias na blockchain, criando um anel de prováveis assinaturas, tornando impossível identificar qual delas pertence ao remetente real, protegendo sua identidade.

Essas inovações prepararam o terreno para a rede Ethereum, lançada em 2015, que revolucionou a criptoeconomia, sendo a primeira rede em blockchain que nasceu com o intuito de ser uma infraestrutura para o desenvolvimento de aplicações descentralizadas dentro do contexto cripto.

Devido a sua capacidade de rodar aplicações através de um computador virtual (chamado de EVM – Ethereum Virtual Machine) com escala global e que pode ser compartilhado por inúmeros usuários, vimos surgir a viabilidade necessária para o desenvolvimento de todo um ecossistema de contratos inteligentes programáveis (os famosos *smart contracts* que mencionamos diversas vezes nesta obra). Para que essas aplicações rodem (e demais transações aconteçam) na rede Ethereum, é necessário pagar uma taxa à rede, chamada comumente de *gas* – combustível que, nesse ambiente, garante que a rede se mantenha íntegra e saudável e que as aplicações ali desenvolvidas tenham qualidade e sejam sustentáveis do ponto vista técnico e de negócios, já que há um custo envolvido para executá-las.

O custo do *gas* é expresso em unidades de *gwei* (*gigawei*), que é uma fração de ether (ETH), o criptoativo nativo dessa rede. Nela, o *wei* é a menor parte divisível de um ether, encontrando-se na décima oitava casa decimal (1 ether é igual a $1x10^{18}$), enquanto o *gwei* está na nona (1 ether é igual a $1x10^{9}$). Os usuários determinam a quantidade de *gas* e o preço em *gwei* que estão dispostos a pagar por transação ou operação, impactando diretamente a velocidade com que ela será processada na rede – sendo que, pelo princípio básico da oferta e demanda, as transações com taxas de *gas* mais altas tendem a ser processadas mais rapidamente.

Vitalik Buterin, um jovem programador brilhante que figura entre os principais criadores do Ethereum, desenvolveu o projeto ao longo de 2013 e fez um anúncio à comunidade cripto a respeito dele no começo de 2014, lançando-o efetivamente ao público em 2015. Vitalik foi apresentado ao Bitcoin em 2011, quando tinha 17 anos, e rapidamente se tornou um grande entusiasta daquela inovação, inclusive sendo um dos fundadores do site especializado *Bitcoin Magazine*.

Nos anos de 2012 e 2013, a comunidade Bitcoin começou a discutir possibilidades de expandir a blockchain do Bitcoin para além das transações de seus criptoativos, como havia sido originalmente proposto pelo artigo de Satoshi Nakamoto. A partir dessas discussões, foi desenvolvido um protocolo de código aberto chamado *colored coins*, que permitia associar informações adicionais (metadados) sobre as transações do Bitcoin marcando – ou colorindo – endereços no Bitcoin com tais dados. Vitalik se envolveu intensamente com essa ideia, mas logo percebeu que o Bitcoin não tinha as capacidades necessárias (de maneira otimizada) nem a escalabilidade para avançar naquela época rumo à direção que ele almejava. **Seu interesse era que existisse um sistema que possuísse flexibilidade e que se posicionasse "mais como um computador do que uma calculadora de débitos e créditos de saldos de bitcoin."[8]**

A criação de uma comunidade de desenvolvedores e usuários engajada foi fator decisivo no processo de tirar a rede Ethereum do papel, garantindo que ocorressem vários testes antes do seu lançamento oficial. Durante um ponto da jornada, em 2014, foi feita até uma pré-venda de ether para ajudar no custeio dos desenvolvedores que estavam ligados mais diretamente à construção do projeto, sendo que o equivalente a 18 milhões de dólares foi levantado nesse processo, sendo pagos via bitcoin para o endereço da Ethereum Foundation, entidade sem fins lucrativos estabelecida na cidade de Zug, na Suíça, dedicada a suportar o projeto.

A rede Ethereum obteve grande êxito, atraindo mais iniciativas com um propósito semelhante, oferecendo suporte a contratos inteligentes e aplicativos descentralizados (dApps). Como exemplo, temos Cardano (ADA), Polkadot (DOT), Solana (SOL), Tezos (XTZ), Avalanche (AVAX), Algorand (ALGO), entre outros. Cada uma dessas redes apresenta características únicas, com distintos mecanismos de consenso, capacidades de escalabilidade e sistemas de governança. No entanto, todas elas são unidas por um objetivo comum: transcender as limitações das transações de criptoativos e explorar mais facetas do potencial da tecnologia blockchain.

Dentro do universo dos criptoativos, cabem algumas distinções fundamentais que precisamos abordar antes de seguirmos adiante. Trata-se de uma categorização geral, simples e ampla relativa aos principais tipos de tokens existentes no mercado atualmente. O quadro a seguir foi criado pelo Bank of International Settlements (conhecido como BIS) que é o "banco central dos bancos centrais", sediado em Basiléia, na Suíça:[9]

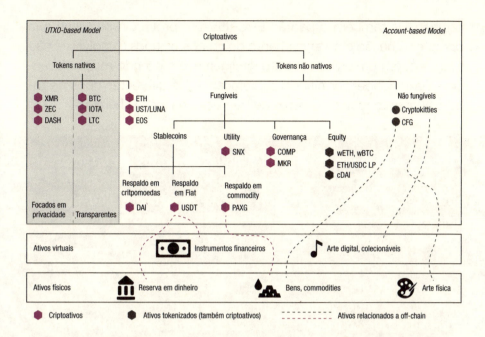

Aqui, vemos DLTs que seguem um modelo de construção semelhante ao Bitcoin (conhecido como UTXO – *unspent transaction output* [transação de saída não gasta, em tradução livre]) ou ao Ethereum, com a presença de máquinas virtuais e possibilidade expandida de transações, conforme discutido anteriormente.

Ambas DLTs suportam tokens nativos referentes às respectivas redes, por exemplo: bitcoin/BTC e ether/ETH. Tokens nativos podem ser divididos entre aqueles focados em **privacidade** (Monero/XMR) ou **transparentes** (bitcoin/BTC).

Redes baseadas em estruturas similares à Ethereum suportam a implementação de tokens não nativos personalizados usando contratos inteligentes. Isso é viabilizado através de um protocolo chamado ERC (*Ethereum request for comments* [solicitação de comentários do Ethereum, em tradução livre]), que estabelece um padrão para criação de novos tokens nessa rede, sendo capazes de se comunicar entre si.

Esses tokens podem ser **fungíveis** (padrão ERC-20) – têm a capacidade de serem trocados por outro da mesma espécie, sem prejuízo – ou **não fungíveis** (padrão ERC-721) – possuem características únicas, sendo chamados de NFTs tipo específico, que abordaremos no próximo capítulo. Há também o padrão ERC-1155, um protocolo de token que permite a criação e gerenciamento de ambos os tipos (fungíveis e não fungíveis) em um único contrato inteligente, oferecendo maior eficiência e flexibilidade, permitindo a interação entre diferentes tipos de tokens enquanto reduz os custos de transação na rede Ethereum.

Antes de prosseguir, vale abordar alguns conceitos importantes para entender as relações entre o mundo cripto e o mundo dos ativos físicos e ativos financeiros – o que também nos ajudará a ter uma melhor visão do gráfico anterior. Para tal, é importante nos familiarizar com os termos on-chain e off-chain.

No contexto cripto, on-chain refere-se a transações e atividades que ocorrem diretamente na blockchain, registradas e validadas pelos nós da rede. Já off-chain refere-se a transações e atividades que ocorrem fora da blockchain, sem registro direto na rede, como acordos privados ou soluções de escalabilidade de segunda camada.

O conceito de tokenização, por exemplo, está relacionado aos termos on-chain e off-chain, pois envolve a representação digital de ativos no formato de tokens na blockchain. Ao tokenizar um ativo, seja ele físico ou virtual, ele pode ser negociado, rastreado e gerenciado no ecossistema cripto. A tokenização pode ajudar a conectar o mundo off-chain (ativos e transações tradicionais) com o mundo on-chain (ativos e transações baseadas em blockchain), permitindo maior liquidez, eficiência e transparência.

Como um exemplo interessante de tokenização na rede Ethereum, vemos a possibilidade e emissão dos chamados tokens embrulhados (*wrapped tokens*), ou seja, versões compatíveis com ERC-20 de outros criptoativos. O *token wrapped* BTC (wBTC) é um bom exemplo disso, permitindo que os usuários utilizem bitcoin na DLT do Ethereum. Ele é respaldado 1:1 com o bitcoin. Como os tokens embrulhados geralmente derivam seu valor de algum outro ativo, pode-se argumentar que os ativos existentes que foram tokenizados são uma forma de derivativo.

Stablecoins são tokens fungíveis lastreados por outros criptoativos ou ativos não cripto, como moedas fiduciárias, uma cesta de moedas ou commodities (como o ouro). Esse ativo criptográfico surgiu em meados da década de 2010 como uma alternativa para escapar da volatilidade de criptoativos, como o próprio bitcoin e demais *altcoins* (servindo como instrumento de *hedge,* ou proteção), bem como para facilitar a transferência de saldo entre corretoras.

Uma das primeiras stablecoins criadas foi o theter, que a princípio mantinha uma paridade de 1 para 1 com o dólar americano, sendo negociada inicialmente na corretora Bitfinex em janeiro de 2015.

Apesar de ter sido envolto em diversas polêmicas, que incluem a acusação de não possuir reservas suficientes em dólar como lastro, o theter é uma das maiores stablecoins do mundo, juntamente com a USD Coin (USDC) e o true USD (todas também indexadas ao dólar americano). Os três exemplos anteriores são de stablecoins centralizadas, ou seja, sua emissão e resgate on-chain correspondem a transações fiduciárias, executadas off-chain. Assim, sua emissão não é automatizada e depende de bancos comerciais para acontecer, onde estão depositados os ativos que compõe o lastro. Stablecoins descentralizadas como DAI, por outro lado, são respaldadas por outros criptoativos (ETH, USDC, por exemplo) e são totalmente automatizadas e não custodiais.

Por fim, algumas stablecoins se baseiam em abordagens algorítmicas, sendo projetadas para manter um valor estável, geralmente vinculado a uma moeda fiduciária ou outro ativo, usando algoritmos e mecanismos automáticos de ajuste de oferta e demanda para estabilizar seu preço, em vez de depender de reservas de garantia.

Essa é uma abordagem mais recente, possuindo alguns grandes casos de fracasso conhecidos, como os tokens Terra UST e Luna. Esses projetos ruíram devido à perda de confiança no mecanismo de estabilização algorítmica e à pressão do mercado, o que resultou em uma espiral negativa de vendas, que levou a uma corrida de stablecoin (análoga a uma corrida bancária) e, por fim, ao seu colapso.

Continuando a linha evolutiva desse ativo criptográfico, presenciamos em 2019 o anúncio da Libra, um criptoativo capitaneado pelo Facebook que representava uma evolução do modelo de stablecoins até então. Em um primeiro momento, o projeto contava com gigantes da tecnologia e do mundo financeiro como apoiadores dessa stablecoin lastreada em uma cesta de ativos financeiros globais. Contudo, devido a seu escopo e grandiosidade das empresas apoiadoras (e do projeto em si), muitos bancos centrais mundo afora passaram a questionar os potenciais impactos da Libra na economia, pois era uma iniciativa financeira global de uma *bigtech* muito relevante.

Assim, alguns países condenaram o seu desenvolvimento, algo que acabou por tirar força do projeto e promoveu uma debandada de seus principais apoiadores (empresas como Visa, Master, Paypal, entre outros) que temiam criar indisposições com reguladores. Por fim, o projeto foi descontinuado.

Seguindo dentro dos tokens fungíveis, há outros três tipos (além das stablecoins) que merecem atenção:

- *Utility tokens* **(tokens de utilidade):** fornecem acesso a um produto ou serviço específico dentro de um ecossistema ou plataforma. Funcionam como um meio de interação entre os usuários e a plataforma. Podemos fazer uma analogia às fichas usadas para acionar brinquedos em um parque de diversões, ou seja, ativar uma solução provendo uma "utilidade" dentro de um ambiente específico;

- *Governance tokens* **(tokens de governança):** permitem que os detentores participem do processo de tomada de decisão e governança de um projeto ou protocolo, concedendo direitos de voto e influência nas decisões;

- *Equity/security tokens* **(tokens de participação):** representam a propriedade de uma fração de um ativo subjacente ou empresa, como ações ou direitos a dividendos. Estão sujeitos a regulamentações mais rígidas, pois são considerados valores mobiliários em muitas jurisdições.

Essa é uma taxonomia simplificada do BIS, que pode nos ajudar a ter uma visão geral sobre a temática, nos situando nesse mundo tal qual se olhássemos o globo terrestre a partir do espaço, um exercício que nos faz ter noção da estrutura geológica do planeta e seus principais continentes observáveis a olho nu – e que possibilita uma percepção inicial do nosso planeta azul.

Até este ponto da leitura, é possível compreender o quão vasta é a criptoeconomia quando consideramos a multiplicidade de ativos criptográficos existentes. Para se ter uma ideia, considerando o ano de 2023, encontramos mais de 23 mil diferentes criptoativos no mercado – segundo dados do portal especializado Coinmarketcap – e a lista não para de crescer. Para endereçar o desafio de navegar nesse amplo espectro de alternativas e possibilidades, o banco de investimentos Goldman Sachs, a Coin Metrics (companhia focada em organizar dados e métricas no segmento cripto) e a MSCI (empresa sediada em Nova York e especializada em prover dados para a indústria financeira) criaram o **Datonomy**, um modelo de classificação de ativos digitais que consegue estabelecer uma taxonomia específica para esse complexo e crescente mercado. **Aqui encontramos uma estrutura que considera a divisão desses ativos em 4 classes, contendo 14 setores e 41 subsetores** – o suficiente para prover profundidade e precisão na identificação e análise das diferentes iniciativas existentes. Vejamos a explicação a seguir para compreensão do modelo:

- **Classe:** descreve o propósito fundamental de um ativo. Isso inclui orquestrar transferências de valor ponto a ponto, apoiar infraestrutura e protocolos descentralizados, facilitar produtos e serviços distintos ou fornecer derivativos on-chain de outro ativo;
- **Setor:** separa os ativos com base em especializações gerais ou áreas de foco dentro do nível classe;
- **Subsetor:** delineia os ativos dentro do nível setor por seu produto específico, serviço ou função que fornecem aos seus usuários.

Continuando a analogia feita quando abordamos a iniciativa do BIS, vemos o Datonomy como um mapa-múndi detalhado, mostrando os países contidos nos continentes e suas particularidades de terreno e território – bem como o papel de cada um no contexto global. Visualize o modelo a seguir para entender na prática o mecanismo:[10]

Classe	Setor	Subsetor
Moedas digitais	Moedas de transferência de valor	• Moedas de transferência de valor
	Moedas especializadas	• Memecoins • Moedas de privacidade (Privacy coins) • Moedas de remessa (Remmitance coins)
Infraestrutura blockchain	Plataformas de contratos inteligentes	• Plataformas de contratos inteligentes
	Utilitários para blockchain (*Blockchain utilities*)	• Interoperabilidade *cross-chain* • Escalonamento de rede • Rede blockchain
	Aplicações utilitárias (*Application utilities*)	• Oráculos (*Oracles*) • Identidade digital • Ferramentas de governança • Desenvolvimento de software
Aplicações em ativos digitais	Finanças decentralizadas	• Exchanges descentralizadas • Negociação de derivativos • Empréstimos descentralizados • Emissores de stablecoin • Mercados de previsão • Gerenciamento de ativos • *Crowdfunding* • Seguro
	Finanças intermediadas	• Empréstimo intermediado • Plataformas de pagamento • Exchanges privadas
	Serviços para negócios	• Serviços profissionais • Empresas
	Tecnologia da informação	• Marketplace de dados • Computação, armazenamento e privacidade • Carteiras e mensagens • Internet das coisas
	Metaverso	• Mundos virtuais • Jogos • Ecossistemas de NFT
	Serviços de mídia	• Propaganda • Conteúdo e streaming

Classe	Setor	Subsetor
Derivativos on-chain	Stablecoins	• Respaldo *Fiat* de stablecoins • Respaldo cripto de stablecoins • Stablecoins algorítmicas
	Ativos tokenizados	• Tokens respaldados por ativos • Tokens sintéticos
	Tokens de reivindicação (Claim tokens)	• Tokens de provedores de liquidez • Ativos bloqueados em operações de staking

Note que esse modelo cobre inclusive conceitos de tokens que ainda não abordamos até este ponto do livro, mas que serão devidamente explicados adiante. Contudo, como estamos falando de criptoativos, seus diferentes tipos e funções, o momento ideal para mostrar modelos de taxonomia utilizados no mercado (do mais simples ao mais abrangente) é nesta seção da obra.

Considere esta tabela como uma fonte de referência e consulta, para ser revisitada em outros momentos, conforme expandimos sua visão relativa à criptoeconomia.

Tokenomics: alinhando incentivos, parâmetros e características em um token para geração de valor econômico

Neste capítulo, até o momento, tivemos a chance de entender melhor o universo dos criptoativos (também chamados de tokens), suas múltiplas classificações, subclassificações e objetivos gerais. Esse é um conhecimento importante do ponto de vista macro, nos mostrando o potencial da criptoeconomia e algumas rotas possíveis nesse meio nos dias de hoje.

Isolando um projeto e olhando mais de perto – como quem analisa algo com uma lente de aumento – percebemos que dentro de cada token há um microcosmo formado por fatores específicos que o fazem parar em pé do ponto de vista econômico – e que dependem de diferentes características, parâmetros e incentivos e de como tais elementos interagem entre si.

Já mencionamos no começo do livro que o termo criptoeconomia, quando traduzido a partir da palavra *cryptoeconomics* se refere ao amplo ramo de estudos que explica os princípios econômicos e incentivos por trás dos sistemas de blockchain e criptoativos em geral. Ele combina teorias econômicas, criptografia, teoria dos jogos e ciência da computação para analisar e projetar sistemas descentralizados robustos e seguros.

Aprofundando essa temática até chegar ao nível individual de um criptoativo, encontramos um conceito chamado tokenomics que se tornou muito popular a partir de 2017, ano no qual vários projetos cripto inundaram o mercado na chamada onda dos ICOs (*initial coin offerings* [oferta inicial de moedas, em tradução livre]), processo no qual um novo criptoativo é lançado no mercado, levantando recursos de investidores interessados – o termo lembra o conceito do IPO (*initial public offering*, conhecido em português como oferta pública inicial), em que empresas abrem o capital na bolsa de valores emitindo suas primeiras ações para um grupo restrito de investidores.

Tokenomics é um termo que nasce da junção das palavras token e economia, em inglês, e diz respeito ao ramo que estuda sistemas econômicos envolvendo tokens criptográficos dentro de um ecossistema ou plataforma blockchain específica. Essa é uma ciência que envolve a análise de como os tokens são gerados, distribuídos, utilizados, mantidos e gerenciados. Para tal, é necessário alinhar diferentes incentivos (e desincentivos, como punições) visando construir um ecossistema equilibrado que estimule um determinado comportamento em seus usuários, mantendo assim sua sustentabilidade ao longo do tempo.

Um fato curioso é que a primeira menção a respeito da expressão *token economy*,[11] que é similar ao termo tokenomics, aconteceu em 1972, no contexto de um programa de terapia utilizado para tratamento de criminosos e pacientes com distúrbios mentais, desenvolvido por Burrhus Frederic Skinner (ou B.F. Skinner), psicólogo e professor da Universidade Harvard.

A técnica consistia em utilizar um modelo econômico baseado em fichas de plástico (ou tokens de plástico) para criar uma situação de aprendizagem estruturada, na qual as pessoas dentro de um grupo pudessem ganhar fichas baseadas em situações que reforçassem um determinado comportamento apropriado definido pelo psicólogo. Trazendo para os dias atuais, encontramos algumas premissas fundamentais similares, mas saem de cena as fichas de plástico e entram as fichas digitais – representando uma variedade de itens e ideias expandidas dentro de uma realidade digital mais complexa e intrincada.

Dentro desse tópico (considerando a criptoeconomia como pano de fundo), existem alguns importantes aspectos que precisam ser observados e que compõe a base dos tokenomics:[12]

Utilidade dos tokens (*token utility*): analisa-se o propósito para o qual o token foi criado e sua função dentro de um ecossistema ou plataforma blockchain. Talvez esse seja o elemento mais crítico e fundamental entre todos os que veremos a seguir. O autor William Mougayar desenvolveu, em 2017, um modelo de utilidade de tokens baseados em seu papel, propósito e funcionalidades. O quadro[13] a seguir nos ajuda a visualizar alguns exemplos:

Papel	Propósito	Funcionalidades
Direito	Engajamento	Uso do produto, governança, voto, contribuições, acesso ao produto, propriedade.
Troca de valor	Criação de economia	Recompensas de trabalho, compra, venda, gastos, trabalho ativo/passivo, criar um produto.
Pedágio (ou taxas)	Dar a cara a tapa (*skin in the game*)	Executar contratos inteligentes, garantias, taxas de uso.
Função	Aprimorar a experiência	Ingressar em uma rede, conectar usuários, incentivo para usuários.
Moeda	Transações sem atrito	Unidade de pagamento, unidade de transação, reserva de valor.
Ganhos	Distribuição de benefícios	Participação nos lucros, repartição de benefícios, benefícios inflacionários.

Diversas outras utilidades adicionais foram abordadas após o lançamento desse quadro (e podem ser vistas no modelo Datonomy, por exemplo), mas ele nos ajuda a refletir sobre algumas das principais utilidades. Vale dizer que, após a febre dos ICOs (que resultou em uma bolha no mercado cripto) vimos a popularização de um modelo chamado *dual token*, no qual um projeto possui dois tipos de tokens: um utilizado para levantar recursos para o projeto em si (sendo um *equity/security token*) e outro para ativar funcionalidades dentro da rede (caracterizando-o como *utility token*). A principal razão para o uso desse modelo é evitar problemas de *compliance* em algumas jurisdições, sobretudo após uma maior vigilância dos reguladores após a febre dos ICOs em 2017.

Em suma, o aspecto de utilidade bem definido e entendido pelo mercado afeta diretamente, e positivamente, a demanda pelos tokens (em uma matriz de oferta x demanda).

Oferta dos tokens (*token supply*): nessa dimensão, observam-se características que também remetem à lei da oferta e da demanda, sobretudo à estratégia desenvolvida em relação à oferta (fornecimento) dos tokens. Devem ser considerados:

- **Oferta em circulação (*circulating supply*):** número de tokens que se encontram em circulação no mercado, disponíveis para negociação;

- **Oferta total (*total supply*):** quantidade de tokens em circulação somados aos que foram gerados, porém ainda não estão disponíveis no mercado. Ao se multiplicar esse dado pelo preço do token, encontramos o **valor total de mercado** (*market cap*) do projeto;

- **Oferta máxima (*maximum supply*):** número máximo de tokens que serão emitidos ao longo de toda a vida do projeto, sendo que essa dinâmica está (por vezes) já definida no código. No caso das redes Bitcoin e Litecoin, por exemplo, esses números são, respectivamente, 21 milhões e 84 milhões de unidades de ativos criptográficos.

Alocação, emissão e distribuição dos tokens (*token allocation, emission and distribution*): esses elementos também se relacionam com fatores ligados à "oferta" dentro de um modelo econômico.

A **alocação** diz respeito a como os tokens são divididos para diferentes grupos que compõem o ecossistema do projeto, como os fundadores, a equipe desenvolvedora, os investidores privados (tais como fundos de *venture capital*), a fundação sem fins lucrativos criada para fomentar o projeto (caso exista, como no caso do Ethereum), o público em geral (via ICOs, por exemplo) e demais incentivos voltados à adoção da rede (como os *airdrops*, prática de distribuição gratuita de um determinado token). No caso dos tokens alocados para investidores privados e membros da equipe, geralmente há um **período de carência** (chamado de *vesting period* ou *lock-in period*) no qual as partes interessadas não podem movimentar seus tokens, tanto para alinhamento de longo prazo em relação ao projeto quanto para evitar a manipulação de preços.

A **emissão** se refere ao ritmo e frequência na qual os tokens serão lançados na rede (ou, na linha contrária, tirados de circulação através de um processo conhecido como queima. Essa dinâmica determina a característica inflacionária ou deflacionária do ativo criptográfico ao longo do tempo. Ainda dentro do tema, **é importante definir quais são os mecanismos de consenso utilizados na rede**, algo que defina o sistema de geração de tokens, e se esse processo tem algum mecanismo de ajuste com o passar do tempo (como no caso do Bitcoin que sofre o processo de *halving*).

Por fim, a **distribuição** define o modo como os tokens chegam até os participantes do seu ecossistema, algo essencial para que uma rede possa florescer, visto que afeta a circulação desses tokens e o engajamento dos usuários. Processos de mineração, mecanismos de validação e consenso diversos (para além do PoW), *airdrops*, entre outras formas criativas baseadas em ações e atividades executadas pelos usuários são algumas das formas usadas para distribuição.

Projetar um bom tokenomics é vital no desenvolvimento e na construção de um projeto no contexto da criptoeconomia, sendo fator determinante para impulsionar a adoção e, consequentemente, o sucesso de uma iniciativa.

Para manter o projeto ativo, o interesse público vivo e os usuários engajados **é muito importante que seja feito um trabalho de construção e fomento da comunidade que faz parte do ecossistema do projeto**. Ouvir o que os usuários têm a dizer sobre o projeto, estimular que eles proponham melhorias, promover encontros (on-line e off-line) entre membros da comunidade, gerar atividades que movimentem o ecossistema, comunicar ativamente os fatos e novidades relacionadas aos tokens (via diferentes canais, ferramentas de comunicação e redes sociais) são algumas das ações que podem ser implementadas para fortalecer a comunidade ao redor de um token. As pessoas acabam criando vínculos profundos com aquilo em que acreditam e com tribos das quais se sintam parte. Essa é uma característica humana que nos conecta e que transcende aspectos puramente técnicos – você certamente já deve ter visto isso quando falamos de clubes esportivos, por exemplo.

Olhando para o mundo cripto, temos o exemplo emblemático da Dogecoin (famosa memecoin que mencionamos anteriormente), um projeto que possui tokenomics questionáveis (por terem nascido como uma brincadeira, sem um plano claro de desenvolvimento para o ativo e a rede que o suporta), mas, por outro lado, possui uma grande comunidade de seguidores fervorosos que mantiveram o projeto vivo ao longo dos anos, o que acabou trazendo desenvolvedores interessados e comprometidos com sua continuidade e perpetuidade.

Até aqui você já deve ter percebido que analisar (e, sobretudo, desenvolver) tokenomics é uma atividade nova e, em certa medida, complexa. Contudo, é uma habilidade fundamental para profissionais que desejem atuar na criptoeconomia.

O papel dos criptoativos em um novo mercado financeiro (e em uma nova sociedade)

Os criptoativos já fazem parte da vida de milhões de pessoas nos dias de hoje, provendo soluções para diferentes problemas e abrindo novas possibilidades para seus usuários de acordo com o seu tipo e utilidade específica – as quais tivemos a chance de explorar amplamente neste capítulo. É esperado que esse processo se intensifique nos próximos anos, conforme a criptoeconomia se populariza e ganha força.

Além das novas empresas que são nativas da realidade cripto (com modelos de negócio que surgiram do zero dentro desse ambiente), veremos várias empresas "tradicionais" abraçando o potencial da infraestrutura blockchain em seus processos e, em alguns casos, desenvolvendo tokens próprios para ativar o seu ecossistema

Andreas Antonopoulos, autor de origem grega especializado no mercado cripto, disse em seu livro *The internet of money* algo que sumariza as possibilidades existentes hoje neste sentido:[14]

A moeda, no fim das contas, é uma forma de linguagem. É uma linguagem pela qual comunicamos nossas expectativas e desejos a respeito de "valor", e agora que podemos fazer isso em uma escala tão massiva, na qual qualquer um pode criar sua moeda, nossas escolhas realmente importarão. Não tem a ver com quem adota o bitcoin ou criptomoedas primeiro, e sim com o fato de que a internet está adotando as criptomoedas, e a internet é a maior economia do mundo.

O Bitcoin inaugurou uma nova era ao viabilizar a criação de diversos tipos de ativos digitais inteligentes, incluindo tokens de companhias privadas e moedas digitais de bancos centrais (CBDCs). Essa inovação e a multiplicidade de rotas para a adoção e uso dos tokens por diferentes grupos que confiam nessas formas comuns de linguagem carrega consigo o potencial para revolucionar o sistema financeiro mundial, proporcionando aos usuários uma ampla gama de alternativas.

Ao olhar para o movimento das empresas, talvez um dos maiores desafios seja combinar o potencial dos tokens com demais ferramentas na resolução de problemas reais, fazendo-os impulsionar

possibilidades em seus modelos de negócio que façam sentido e parem de pé, por meio da adoção de tokenomics sólidos.

Diferentes empresas estão avançando em suas estratégias de criação de ativos digitais próprios. Companhias como Nubank e Mercado Pago lançaram as suas iniciativas (respectivamente batizadas como nucoin e mercado coin) com a ideia inicial de que esses tokens fossem uma espécie de recompensa para o engajamento dos usuários nos seus ecossistemas, por meio de programa de fidelidade das instituições, para serem usadas em seus respectivos ambientes (como um *utility token*).

Começando como parte dos seus programas de fidelidade, existe a possibilidade de tais tokens evoluírem e serem negociados no futuro em exchanges, por exemplo, e até serem utilizados em operações que envolvam finanças descentralizadas. Nos antigos planos do Facebook com a stablecoin Libra, poderíamos ver um ativo que seria combustível para as diferentes soluções do seu amplo ecossistema ao redor do mundo (incluindo a possibilidade de movimentação transfronteiriça). Os planos acabaram não indo para frente, mas um grande precedente foi aberto na mente de milhares de empreendedores.

Os criptoativos são, certamente, um novo e poderoso instrumento, um meio a ser usado no mercado financeiro e na sociedade, e não um fim. À medida em que mais profissionais e empresas compreenderem o tema e seu potencial transformador, mais veremos a criação de valor e de inovações que impactarão a vida de milhões de pessoas em todo o mundo – facilitando o dia a dia, aumentando a eficiência e criando riqueza.

NFTS – UM VEÍCULO PARA A ARTE NO MUNDO DIGITAL, E MUITO MAIS

A ciência descreve as coisas como são; a arte descreve-as como são sentidas, como se sente que são. O essencial na arte é exprimir; o que se exprime não interessa."

FERNANDO PESSOA, POETA PORTUGUÊS.[1]

No capítulo anterior, abordamos os criptoativos de uma maneira ampla, mostrando o histórico do seu desenvolvimento a partir do bitcoin (e de sua rede), fato que é considerado um marco inicial que inspirou diversos outros projetos e mecanismos de funcionamento, com diferentes características, utilidades, estrutura de incentivos específicos e tokenomics (de modo geral). Além disso, exploramos alguns modelos de classificação de ativos digitais criptográficos, como o que foi desenvolvido pelo BIS e a estrutura Datonomy – criada pelo banco Goldman Sachs em conjunto com a MSCI e a Coin Metrics –, que davam bastante ênfase na categorização e comparação de tokens que possuem o atributo de **fungibilidade**, ou seja, que têm a capacidade de ser trocados por outro da mesma espécie, sem prejuízo.

Contudo, ainda dentro do vasto universo dos criptoativos, uma interessante possibilidade surgiu com o nascimento dos **tokens não fungíveis**, comumente conhecidos como **NFTs**, que possuem características únicas e podem representar a posse de um ativo singular e específico no ambiente digital. **Em suma, podemos afirmar que tais tokens são insubstituíveis, não intercambiáveis e únicos.** Esses atributos presentes nos NFTs acabaram por se tornar viabilizadores para a arte em uma realidade desmaterializada, replicando agora (de certa maneira) a inerente escassez presente em obras que encontramos no mundo físico.

Assim, abre-se caminho para que possamos cunhar inúmeros itens moldados para fazer parte do universo da criptoeconomia, gerando tokens capazes de exprimir ideias, conceitos, especificações, enfim, praticamente qualquer conjunto de dados, nas suas mais diversas formas, que uma pessoa possa criar.

Isso adiciona mais uma camada à criptoeconomia. Uma camada abstrata, humana, capaz de engajar, impulsionar e transmitir informações e itens que possuam valor para certos indivíduos do meio digital. E tudo isso pode ser integrado ao contexto de programabilidade que vemos nessa realidade, sendo objeto de contratos inteligentes e outras integrações com aplicações desenvolvidas a partir da tecnologia blockchain, agregando funcionalidades interessantes ao token.

Talvez você já tenha uma ideia do que são NFTs com base no que foi noticiado na mídia: casos de coleções de imagens valendo milhões de dólares, sendo ostentadas por ricaços e personalidades famosas. De fato, será importante abordar essa faceta artística, baseada em casos conhecidos de uso desse tipo de ativo digital, até por fazer parte da história de seu desenvolvimento e popularização. Porém, devemos expandir os nossos horizontes e compreender as possibilidades abertas no mundo dos artefatos colecionáveis, certificados, documentos, ingressos e diversos outros itens com atributos específicos que habitem o contexto digital. E também o que pode existir fora dele, no caso de um NFT que represente uma versão tokenizada de um item, conferindo direito de posse sobre ele (detalharemos melhor alguns casos de uso neste capítulo).

Gary Vee, especialista expoente no mercado de mídia e NFTs, uma vez explicou sua visão sobre os tokens não fungíveis em uma entrevista concedida à CNBC[2]:

Eu acho que os NFTs são grosseiramente mal compreendidos. As pessoas pensavam que as obras do Andy Warhol e Jackson Pollock não deveriam ter valor. As pessoas pensavam que os *cards* esportivos não deveriam ter valor. As pessoas achavam que um tênis não deveria ter valor. A ideia de ver as pessoas decidindo, com base em suas opiniões, sobre o que deve ou não ter valor tem me feito rir a minha vida inteira e se mostrado historicamente incorreto. O mercado é quem decidirá se algo tem valor.
Acho que o mais importante é entender por que as pessoas compram NFTs. É pela mesma razão que compram bolsas Chanel, tênis da Nike e carros da Mercedes-Benz, é por causa da marca. Se você analisar o comportamento dos jovens abaixo dos 15 anos, temos marcas como Fortnite, Roblox e Minecraft, por exemplo. É a mesma razão pela qual as pessoas se importam com selos de verificação no Instagram, ou quantos seguidores no TikTok você tem.
Estamos vivendo cada vez mais em um cenário digital, e os NFTs são um ativo para comunicar quem você é. Os humanos fazem isso desde sempre. Os NFTs serão a versão escalável disso.

A visão de Gary Vee sobre o potencial dos tokens não fungíveis vai ainda mais longe, quando ele declara para diferentes veículos de mídia que em quinze anos praticamente toda pessoa será dona de múltiplos ativos digitais sob a forma de NFTs. É bem mais fácil explicar essa visão para as novas gerações – que estão acostumadas a deter itens digitais em jogos de vídeo game, por exemplo, tal como roupas para um personagem, armas etc. – e como tal visão se encaixa em uma realidade na qual o ativo digital é, realmente, único dentro de uma infraestrutura blockchain, servindo como expressão dos seus gostos e interesses.

Gerações mais antigas ainda têm dificuldades para entender como algo digital pode ter tanto valor quanto algo físico (ou até mais), talvez por não interagirem com itens digitais escassos de uma maneira frequente ou por entenderem que todo ativo nesse ambiente é replicável de algum modo, como sempre foi com os arquivos de MP3 ou JPG. Em último caso, não percebem que, além da premissa da escassez, podemos ver utilidade atrelada a tais tokens, seja distribuindo royalties de um projeto ou conectando grupos afins e comunidades neste novo tecido da realidade composta por *bits* e *bytes*.

Para além dos casos de uso ligados à arte e expressão individual (de maneira ampla), existe um grande oceano de possiblidades quando observamos o que está sendo feito em termos de soluções que envolvam autenticação, verificação, registro e transferência de titularidade de ativos digitais. Mercados como imobiliário, saúde, certificados digitais, ingressos para eventos, cadeia de suprimentos e tantos outros já têm testado soluções utilizando essa inovadora tecnologia.

A seguir, veremos um histórico da evolução dos tokens não fungíveis, os principais casos de negócio desenvolvidos hoje no mercado, a maneira como as empresas estão utilizando os NFTs para reforçar sua marca e a comunidade ao redor dela e algumas considerações sobre os aspectos legais e os desafios existentes que precisam ser endereçados para que haja crescimento dessa tecnologia.

Surgimento e primeiros experimentos

O surgimento e a evolução das NFTs na criptoeconomia segue uma linha do tempo própria dentro de um pano de fundo maior – que é a história do desenvolvimento dos criptoativos ao longo dos anos. Pontuaremos aqui algum dos momentos-chave desta jornada – que está apenas começando.

Seu marco inicial acontece quando, em março de 2012, o CEO da fintech de investimentos eToro, Yoni Assia, publica um artigo chamado "Bitcoin 2.X (aka Colored Bitcoin)"[3] no qual propõe uma especificação inicial para construir uma nova estrutura em cima da rede Bitcoin, o que envolve um modo de colorir (ou marcar) certos bitcoins oriundos das primeiras transações realizadas na rede.

Nos meses que seguiram, a comunidade de entusiastas do bitcoin debateram a ideia em fóruns on-line, o que culminou, em dezembro daquele ano, na publicação de um artigo chamado *Overview of Colored Coins*, escrito por Meni Rosenfeld.[4] Outro artigo, agora explorando as possibilidades criadas a partir deste tema, foi escrito por Yoni Assia, Meni Rosenfeld, Lior Hakim e Vitalik Buterin (sim, um dos criadores do Ethereum), em 2013.[5]

Em suma, as *colored coins* são precursores dos NFTs, baseando-se no conceito de marcar unidades de bitcoin (que são tokens fungíveis) com códigos adicionais, atribuindo-lhes funções ou casos de uso específico e, assim, aumentar sua utilidade enquanto reduziam sua fungibilidade. A ideia inicial era que esses bitcoins coloridos pudessem ser usados para desenvolver "moedas alternativas", ou replicar certificados de commodities, títulos de propriedade inteligente ou outros instrumentos financeiros, como ações e títulos de renda fixa na rede Bitcoin – gerenciando ativos do mundo real, e seu direito de posse, naquela blockchain.

Em maio de 2014, o artista digital Kevin McCoy cunhou o primeiro NFT do qual se tem notícia, chamado *Quantum*, na rede blockchain Namecoin. *Quantum* é uma imagem digital de um octógono pixelizado que muda de cor e pulsa de uma maneira que lembra um polvo.[6] Nesse mesmo ano, vimos bastante experimentação por parte dos desenvolvedores na criação de plataformas que permitissem o desenvolvimento de ativos digitais diversos (incluindo os tokens não fungíveis) em cima da blockchain do Bitcoin. Uma dessas plataformas se chamava Counterparty, sendo um importante sistema na história do desenvolvimento dos NFTs, utilizada na produção de alguns casos de uso iniciais emblemáticos – como a coleção *Rare Peep* que surgiu em 2016, composta por imagens que fazem referência ao personagem Pepe, o sapo, um famoso meme da internet.

O ano de 2015 representou um ponto de inflexão para os tokens não fungíveis. Foi quando surgiu a rede Ethereum, criada por Vitalik Buterin (que trabalhou no desenvolvimento das *colored coins*) juntamente com outros programadores. Eles sabiam que redes como a do Bitcoin, e outras que se baseavam em seu código, se mostraram limitadas para esse tipo de uso à época, visto que não haviam sido desenvolvidas para funcionar como um banco de dados descentralizado para desenvolvimento de tokens que pudessem representar a propriedade de ativos.

Ainda em 2015, no mês de novembro, aconteceu a primeira DEVCON, uma conferência voltada para desenvolvedores da plataforma Ethereum, em Londres, ocasião na qual foi apresentado o projeto Etheria, um mundo virtual descentralizado, no qual os usuários podem comprar, vender e comercializar terrenos virtuais em formato de blocos, chamados *tiles*. Cada *tile* é um ativo digital único e indivisível, representado por um token não fungível na rede Ethereum. Os usuários podem interagir com seus *tiles*, construir ou modificar a paisagem, sendo que cada alteração é registrada na blockchain, garantindo, assim, um histórico público e imutável das interações. Etheria é frequentemente considerado o primeiro experimento em metaverso baseado em blockchain e um precursor de projetos mais populares que surgiram anos depois, como CryptoVoxels, em 2018, e Decentraland, em 2020 – mais detalhes serão abordados no capítulo que trata sobre metaverso.

Já em 2017, a experimentação com NFTs se popularizou na rede Ethereum, sobretudo a partir do lançamento do padrão ERC-721, específico para geração de tokens não fungíveis na rede – algo que fez, também, com que o termo NFT passasse a ser mais amplamente difundido desde então. Naquele ano, vimos surgir importantes projetos como o CryptoPunks, lançado pela Larva Labs, que era composto por dez mil personagens digitais únicos em formato *pixel art* com características determinadas via algoritmo, de maneira aleatória. Inicialmente, os CryptoPunks foram gerados e distribuídos gratuitamente pelos criadores (os interessados só precisavam pagar o *gas* para transferir para suas carteiras), sendo atualmente considerados algumas das NFTs mais valiosas e importantes devido à sua oferta limitada e reconhecimento pela comunidade de apreciadores e "primeiros detentores" de ativos digitais não fungíveis.

Outro importante marco foi o lançamento dos CryptoKitties em 2017 pela Dapper Labs, fato que impulsionou ainda mais os NFTs junto a uma crescente base de usuários. Tratava-se de um jogo baseado em blockchain que permitia aos usuários criarem gatos digitais e gerar novos gatos através da combinação (ou cruzamento) entre eles, originando novos mascotes com diferentes graus de raridade – permitindo que qualquer pessoa, não apenas especialistas ou programadores, criassem NFTs a partir dessa mecânica.

Isso adiciona
mais uma camada
à criptoeconomia.
Uma camada abstrata,
humana, capaz de
engajar, impulsionar e
transmitir informações
e itens que possuam
valor para certos
indivíduos do
meio digital.

Após terem contato com o projeto CryptoKitties e entenderem o potencial do mercado, os empreendedores Alex Atallah e Devin Finzer se convenceram a criar a startup OpenSea, marketplace pioneiro de NFTs, naquele mesmo período. A plataforma tornou mais fácil o processo de publicação e descobrimento de NFTs entre empresas, criadores e consumidores desses ativos, desenvolvendo também um mercado secundário organizado para compra e venda após o lançamento de novas coleções ou itens isolados. Empresas como a OpenSea e concorrentes que surgiram depois (SuperRare, KnownOrigin, MakersPlace, entre outros) cobram comissões sobre os ativos transacionados em seus ambientes digitais, sendo essa uma das bases do seu modelo de negócio.

Outro lançamento emblemático no campo dos colecionáveis foi o *Spells of Genesis*, primeiro jogo de cartas on-line para celular desta categoria. Ele usava a tecnologia blockchain e a possibilidade aberta pelos NFTs para emular características que só existiam em outros projetos físicos, como o mundialmente famoso jogo *Magic: The Gathering*. A escassez e a raridade das cartas, algo que passa a trazer valor para tais itens no formato digital, torna possível sua venda ou troca com amigos e entusiastas do gênero.

A exploração de novos e interessantes casos de uso, indo além dos jogos, dos colecionáveis e da arte, também foi vista nesse período. Conectando o mundo físico e o digital, a startup Propy realizou a primeira transação imobiliária utilizando NFTs de que se tem notícia, em 2017. A transação envolveu a compra de um apartamento em Kiev, na Ucrânia, por Michael Arrington, fundador do portal de notícias TechCrunch.

Para operacionalizar esse processo de tokenização, a Propy criou uma LLC (Limited Liability Company) – um tipo de entidade jurídica constituída sob a forma de sociedade limitada nos Estados Unidos – e a tornou dona do apartamento. Toda a documentação de incorporação e titularidade da LLC em solo americano foi transformada em NFT e, no caso de transferências futuras, o novo dono da NFT passaria a se tornar, legalmente, um novo proprietário da LLC – que contém a propriedade localizada em solo ucraniano. Esse foi o modo encontrado, naquela época, para realizar essa prova de conceito em um momento em que não havia regras específicas para tokenização imobiliária, separando a titularidade do ativo imobiliário da cidade onde ele se encontra, submetendo, assim, as transações de compra e venda futuras às leis dos Estados Unidos.

Como próximo passo na validação desse modelo de tokenização imobiliária, a NFT do apartamento foi leiloada em meados de 2021, com lances começando a partir de um valor equivalente a 20 mil dólares. Inclusos na NFT estavam o acesso à documentação de transferência da propriedade (dando direitos sobre a LLC), a foto do apartamento e uma obra de arte digital exclusiva em NFT do artista Chizz, de Kiev. O leilão acumulou 43 lances, e o vencedor arrematou o ativo não fungível por 36 ethers (equivalente a US$ 93.429,72 na época). A Propy desenvolveu os contratos inteligentes e o arcabouço legal adequado para o mercado americano. Para esse leilão específico, foi feita uma parceria com a Seen Haus (uma plataforma de leilões de NFT) e a Helio Lending (fintech focada em empréstimos via criptoativos) para garantir financiamento para os interessados em se tornarem proprietários daquele NFT "imobiliário".

Em 2018, aconteceu mais um marco com o lançamento do *Axie Infinity*, um jogo on-line, desenvolvido pelo estúdio vietnamita Sky Mavis, que permitia que seus usuários criassem criaturas chamadas *axies* (representadas por NFTs), as quais podiam ser colecionadas, combinadas entre si – via cruzamento – e utilizadas em batalhas contra outros usuários ou contra a inteligência artificial do jogo. O game, que parece uma combinação entre Pokémon e CryptoKitties, possuía economia própria baseada em dois tipos de token: o AXS – *axie infinity shards*, seu token principal, que podia ser utilizado internamente (como na criação dos *axies*) e também tinha funções de governança, dando poderes para decidir aspectos sobre o futuro do jogo (podendo, futuramente, distribuir os lucros do ecossistema Axie Infinity com seus detentores); e o SLP – *smooth love potions*, um *utility token* secundário usado como pagamento para que se efetue a procriação dos *axies*, como recompensa coletada em batalhas e demais micro transações.

De maneira geral, o *Axie Infinity* aparentava ter interessantes tokenomics que regiam as bases do seu universo transacional e gerava bons incentivos para o engajamento contínuo dos usuários, combinado com um modelo de jogo conhecido como *play-to-earn* (P2E), no qual os jogadores são recompensados por evoluir, avançar e cumprir objetivos. Como resultado, vimos florescer um modelo de negócios que, em um dos seus picos de utilização em agosto de 2021,[7] atingiu mais de um milhão de usuários únicos diários. Eram esses usuários que, diretamente, movimentavam a economia do game via transações e ganhavam tokens no processo – que podiam ser convertidos em outros criptoativos ou moeda fiduciária (tal qual o real ou o dólar) em corretoras, servindo como fonte de renda para muita gente.

Surgiram também modelos de negócios ao redor do seu ecossistema, como a própria compra e venda dos *axies* (que em essência são NFTs) – sendo que a Sky Mavis coletava uma taxa de 4,25% sobre as transações realizadas em seu marketplace – e até um modelo de programas de bolsas (*scholarship programs*) para jogadores que não possuíam *axies* e tinham interesse em jogar e ganhar recompensas.

Como era necessário possuir três *axies* para começar a jogar (e havia um custo crescente envolvido na sua aquisição), criou-se um mercado paralelo para dar acesso a jogadores através desses programas, sendo que os patrocinadores das bolsas – pessoas que possuíam as NFTs dos *axies* e estavam dispostas a recrutar e treinar outros jogadores que as utilizariam na plataforma – ficavam com parte dos recursos ganhos pelos bolsistas que jogavam com seus NFTs e distribuíam uma outra parte para eles.

Após alguns anos de existência, o *Axie Infinity* passou por vários períodos, desde o seu ápice em 2021 – que também foi o ápice da febre das NFTs, como veremos adiante – até um ataque hacker[8] que roubou cerca de 625 milhões de dólares em tokens do jogo e das carteiras digitais de seus jogadores, em março de 2022. A Ronin, empresa que leva o nome da carteira digital (*wallet*) utilizada no jogo e desenvolve a *sidechain* (ponte) que conecta as redes do AXS e do Ethereum, informou que vulnerabilidades na rede permitiram que invasores empregassem chaves privadas hackeadas para realizar saques fraudulentos. O sistema de Sky Mavis opera com nove pontos de verificação, conhecidos como "nós de validação" (ou simplesmente *nodes*), dos quais pelo menos cinco são necessários para confirmar uma transação, permitindo que os recursos sejam movimentados. Os criminosos conseguiram manipular artificialmente quatro desses nós na rede Ronin, além de outros três pertencentes à Axie DAO, uma organização autônoma descentralizada associada ao jogo, completando o roubo.[9]

No começo de 2023, após o desaquecimento do mercado de NFTs globalmente, vimos os preços dos *axies* e os valores do AXS e SLP despencarem, combinado também com uma queda vertiginosa do engajamento dos usuários. Alguns especialistas chegaram a dizer que, além dos fatores ligados ao mercado de NFTs como um todo, o *Axie Infinity* sofreu com o ciclo natural de perda de interesse dos jogadores quando a mecânica deixa de ser uma novidade – algo que se acentuou quando a diversão passou a não ser o principal objetivo do jogo. De todo modo, é inegável a importância desse game para história dos NFTs e dos modelos *play-to-earn* baseados em blockchain.

Ao retomar a linha do tempo para o ano de 2019, vemos alguns fatos significativos, começando pelo nascimento do projeto *Decentraland*, um mundo virtual no qual é possível comprar terrenos digitais (cuja unidade se chama LAND) e outros itens que podem ser usados pelo avatar criado por você. A economia local é movimentada por um token próprio chamado MANA que pode ser utilizado para comprar os itens e terrenos sob a forma de NFTs. Houve, também, o lançamento da versão beta do jogo de cartas digitais colecionáveis *Gods Unchained*, que estava em produção desde o ano anterior, quando seus desenvolvedores já começaram a vender alguns NFTs.

Por fim, vimos o início das colaborações entre marcas famosas e estúdios especializados, na tentativa de gerar projetos pioneiros capazes de engajar uma grande base de novos usuários nesse novo momento de interação dentro da criptoeconomia. Um caso que ficou famoso nesse ano foi a parceria entre a Fórmula 1 e a Animoca Brands, empresa de games baseada em Hong Kong, resultando no jogo *F1 Delta Time*, que permitia aos usuários colecionar e negociar carros e pilotos licenciados como NFTs.

Esse caso foi emblemático, pois foi a primeira vez que uma grande marca de apelo mundial se envolveu no licenciamento de uma iniciativa desse tipo; porém, em abril de 2022 o projeto foi simplesmente encerrado,[10] fazendo com que a comunidade de jogadores que se envolveu com o jogo e investiu tempo e dinheiro visse seus recursos virarem pó. A justificativa dada na época era que o contrato de licenciamento com a Fórmula 1 havia expirado, algo que enfureceu os usuários e levantou questionamentos no ecossistema quanto aos direitos dos detentores dos ativos digitais em casos como esse (quando um acordo de licenciamento cai e as marcas precisam ser desvinculadas) e quando há o encerramento do suporte relativo a uma iniciativa. O caso nos leva a refletir que, em ambas as situações, vemos fragilidades onde os NFTs não são capazes de garantir a propriedade de itens digitais "por todo o sempre".

O ano de 2020 foi um período no qual o mercado de arte digital começou a ganhar tração, fazendo vários artistas de diferentes partes do mundo começarem a transpor suas obras para o blockchain através do uso de diferentes plataformas que surgiram no mercado, realizando uma ação que ficou conhecida por aqui como mintar – um estrangeirismo que se refere ao processo de geração de NFTs, termo que vem do verbo *to mint*, que pode ser traduzido como cunhar.

O contexto de pandemia acabou sendo um impulsionador desse movimento, o que fez que muitos artistas e consumidores de arte passassem a compreender esse novo formato e realizassem seu primeiro contato prático com ele – produzindo, comprando ou vendendo NFTs. No mesmo ano, o estúdio Dapper Labs, responsável pelo projeto CryptoKitties, realizou uma parceria com a NBA e lançou a plataforma Top Shot, que permitia que os usuários colecionassem, comprassem e vendessem momentos e jogadas exclusivas da NBA em forma de NFTs.

O ano de 2021 foi marcado por uma explosão de interesse e atividade no universo dos tokens não fungíveis, com rápido crescimento na curva de adoção, situações intrigantes e recordes em vendas. Começando pelo lançamento da coleção de NFTs intitulada *Bored Ape Yatch Club* (também chamada de BAYC ou *Bored Apes*), composta por dez mil desenhos de macacos com características únicas geradas por um algoritmo. Como diferencial desse projeto, a Yuga Labs, empresa desenvolvedora da coleção, prometeu agregar uma série de vantagens para os detentores dos *Bored Apes*, como eventos presenciais exclusivos, direitos de propriedade intelectual sobre o personagem de seu NFT e um grupo fechado on-line.

A Yuga Labs seguiu crescendo nos anos seguintes, lançando mais coleções – como a *Bored Ape Kennel Club* e a *Mutant Ape Yacht Club* –, além de adquirir, em março de 2022, a propriedade intelectual do projeto CryptoPunks, cedendo posteriormente os direitos comerciais sobre as imagens contidas nesses NFTs aos seus donos.

Em abril do mesmo ano, seus desenvolvedores deram um próximo passo com o projeto BAYC ao criar a ApeCoin (APE), um token nativo desse ecossistema, focado em governança e que possui utilidade dentro do metaverso que está sendo desenvolvido pela empresa. Várias celebridades adquiriram NFTs dessa coleção, incluindo Snoop Dogg, Neymar, Justin Bieber, entre outros, **sendo um dos casos mais bem-sucedidos nesse espaço, tanto pelo componente midiático quanto pelos esforços da construção de uma comunidade forte e na criação de ações periódicas que movimentem e engajem os detentores dos tokens.**

Em função da euforia generalizada desse mercado, vimos naquele ano diversas experimentações se materializando, como a transformação de dados inusitados em NFTs, por exemplo, a do código-fonte original da World Wide Web (sim, da internet) pelo seu inventor, Tim Berners-Lee, item que foi leiloado na tradicional casa de leilões Sotheby's e acabou vendido por 5,4 milhões de dólares. Outro caso foi o primeiro tweet postado na história (escrito por Jack Dorsey, co-fundador do Twitter), transformado em NFT no ano de 2020 e leiloado em 2021, sendo vendido pelo equivalente a 2,9 milhões de dólares – os valores obtidos por Jack Dorsey no processo foram doados para uma instituição de caridade.[11]

Esses foram movimentos que buscavam transformar componentes históricos da era digital (como códigos e posts) em itens não fungíveis que pudessem ser mantidos por colecionadores ou trocar de dono, assim como as antiguidades em outros tempos.

Passado esse momento de euforia, talvez vejamos uma mudança de percepção das pessoas em relação à raridade dessas NFTs, visto que em abril de 2022 o comprador do tweet de Dorsey abriu um leilão livre no OpenSea e recebeu uma oferta máxima de 280 dólares – sendo que o item ficou um tempo à venda na plataforma pelo equivalente a 48 milhões de dólares, não atraindo nenhum interessado.[12]

No campo das obras de arte digitais, vimos artistas como Beeple e Pak levantarem vultosas somas no leilão das suas peças. Beeple emplacou a venda da obra *Everydays: the First 5000 Days* – uma colagem de diversas imagens produzidas pelo artista – sendo esse o primeiro NFT leiloado pela tradicional casa de leilões Christie's, atingindo um valor equivalente a 69,3 milhões de dólares. Já Pak quebrou o recorde de NFT mais caro do mundo em 2021 com a venda do item *The Merge* composto por três esferas brancas de diferentes tamanhos, por um valor equivalente a 91,8 milhões de dólares.[13]

Várias celebridades e artistas de diferentes mercados aproveitaram sua base de usuários (e o momento propício) para lançarem suas próprias coleções de imagens em NFT, incluindo Paris Hilton e os músicos Grimes e Steve Aoki. Outros artistas da música foram além e lançaram seus próprios álbuns em formato NFT, como foi o caso da banda Kings of Leon, que foi pioneira nesse sentido. Foram criados três tipos de tokens dentro desse projeto,[14] apelidado de *NFT yourself*.

Uma das categorias de token utilizados pela banda foi um álbum digital exclusivo com arte original, já um outro tipo garantia benefícios especiais aos detentores, como ingressos vitalícios para shows e acesso ao *backstage* (esse se chamava *golden ticket*, sendo que seis desse tipo foram leiloados). O terceiro tipo incluía artes audiovisuais, combinando música e arte digital em versões limitadas que foram leiloadas ao público. A empresa YellowHeart, que busca usar a tecnologia blockchain para promover relacionamentos diretos entre artistas e fãs, foi responsável por desenvolver o conceito e a parte técnica (como os contratos inteligentes). Esse foi um interessante precedente que abriu novos caminhos para a música nessa nova realidade.

O ano de 2022 foi marcado por uma grande redução na euforia existente no mercado dos NFTs, sobretudo com a queda de valor de vários tokens e perda de engajamento em games que os tinham como diferencial. Parte da explicação para o ocorrido está no fato de aquele ano ter simbolizado o início de um período considerado por muitos como "inverno cripto", no qual diversos criptoativos perderam valor, despencando das máximas alcançadas no ano anterior.

Isso ocorreu devido a diversos fatores, entre eles a crise global que se iniciava, e que acabou resvalando na criptoeconomia de modo geral e em mercados com maior percepção de risco, como o de ações. Esse momento de estresse foi um grande teste para o mercado dos tokens não fungíveis, colocando os muitos projetos que se proliferaram até então à prova, sendo um momento de "seleção natural" que soterrou iniciativas inconsistentes, com nível fraco de suporte e com baixo compromisso de longo prazo. Como resultado, vimos a descontinuidade de projetos como o *F1 Delta Time*

138 A ERA DA CRIPTOECONOMIA

(já mencionado), o *CryptoCity* – composto pelos jogos *CryptoCars*, *CryptoPlanes* e *CryptoGuards* –, que foi mal desenvolvido e não entregou as possibilidades que vendeu, entre outros.

Mas nem tudo foi negativo nesse cenário. Vimos o amadurecimento de várias iniciativas sobreviventes, o que incluiu o anúncio e a implementação de planos de crescimento delas, como foi o caso da coleção BAYC ao lançar sua ApeCoin, por exemplo. Até no Brasil, mesmo diante do panorama cinzento, vimos surgir novos casos de êxito como o lançamento da coleção *Brazuera*,[15] feita pelo humorista Danilo Gentili e o empreendedor Angelo Whosoever.

O projeto, que é composto por várias artes que fazem alusão a um mundo digital povoado por monstros e seres fantásticos, do qual Gentili é o presidente, esgotou em menos de dez horas, estabelecendo um novo recorde no mercado nacional para coleções de arte digital desse tipo.

Em 2023, como parte do plano de longo prazo do projeto, foi lançado um jogo de aventura chamado *Brazuera Roleplay*, visando gerar novas experiências e ampliar o engajamento com a comunidade formada a partir da coleção de NFTs.

Ainda no Brasil, surgiram companhias especializadas em desenvolver soluções e estratégias corporativas inovadoras para marcas usando os tokens não fungíveis como instrumento viabilizador. É o caso da Lumx, empresa baseada no Rio de Janeiro e fundada pelos empreendedores Caio Barbosa e Gabriel Polverelli, responsáveis por casos de sucesso junto a grandes empresas como a Reserva, o banco Bradesco, a cervejaria Ambev, entre outros.

O projeto *ReservaX*,[16] um dos primeiros realizados pela companhia, consistia em uma coleção de avatares animados chamados *pistol birds* – trajados com tênis da marca –, que traziam uma série de benefícios exclusivos aos seus detentores. Foi faturado mais de 1 milhão de reais em doze horas pela Reserva com a primeira edição da coleção de NFTs, lançada em abril daquele ano.

Outra startup brasileira que atraiu grandes marcas para o mundo das NFTs foi a goBlockchain, que, em parceria com a consultoria de inovação Três Ponto Zero, desenvolveu projetos para empresas como a Campari e a Stock Car. No primeiro caso, foi criado uma espécie de "clube de fidelidade" para fãs da bebida, conectando bartenders e artistas a essa comunidade, no desenvolvimento de ações e experiências únicas que têm o NFT como ferramenta habilitadora. Já no caso da Stock Car, foram criados colecionáveis digitais exclusivos, em edição limitada, que davam acesso a benefícios e experiências no mundo real (como posters autografados, credenciais para corridas etc).

Talvez um dos fenômenos mais interessantes vistos a partir de 2022 foi a entrada consistente de várias empresas no mundo dos tokens não fungíveis, fazendo com que marcas gigantes – tais como Starbucks, Nike, Coca-Cola, Gucci, Adidas e tantas outras – entendessem que existe um enorme campo de possibilidades nesse terreno, praticamente um novo passo evolutivo na relação interativa digital entre elas e seus consumidores.

Para se ter uma ideia do movimento de adoção corporativa, houve um total de 315 marcas lançando 526 projetos relacionados a NFTs entre o ano de 2022 e o primeiro trimestre de 2023,[17] um número que, por si só, já mostra que não estamos diante de uma moda passageira.

Entendo que nos encontramos em uma fase de construção a partir de 2023, com estratégias mais robustas e maior clareza do potencial desse instrumento como uma poderosa ferramenta na construção de comunidades, na ampliação de engajamento, na fidelização e criação de novas experiências que podem gerar pontes interessantes entre o mundo físico e o mundo digital. Sem dúvidas, existem várias outras fronteiras prontas para serem exploradas – e ainda estamos no começo de uma jornada promissora!

A seguir, apresento uma ilustração para termos uma ideia mais visual dos principais NFTs que foram tratados até aqui.[18]

Desde 2014, as NFTs evoluíram bastante

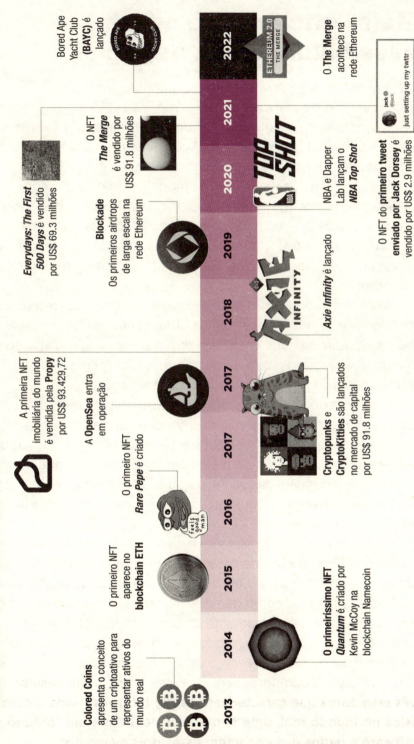

NFTS – UM VEÍCULO PARA A ARTE NO MUNDO DIGITAL, E MUITO MAIS 141

Maior eficiência e novas possibilidades de negócios

Até este momento da leitura, eu acredito que você já deve ter compreendido o potencial transformador dos tokens não fungíveis, bem como sua instigante jornada de experimentação e crescente adoção por empresas e pessoas. Agora, veremos alguns caminhos já delineados (e possíveis) em termos de aplicabilidade em negócios existentes e criação de novos modelos de negócio após uma década de desenvolvimentos nesse campo. Vale lembrar, porém, que novas iniciativas com variadas possibilidades de uso estão sendo trabalhadas a todo momento – portanto, vamos nos ater aos principais exemplos e rotas existentes até o momento da publicação desta obra.

Veremos a seguir diferentes casos de uso, com suas respectivas descrições e os nomes de projetos atualmente em funcionamento. Será dado enfoque nos casos em que é possível ver aplicação no mundo dos negócios, seja aumentando a eficiência em diferentes setores ou abrindo modelos de negócio inéditos.

Vale notar que algumas dessas possibilidades também foram vistas anteriormente neste livro, na parte que cita o que pode ser feito utilizando a infraestrutura blockchain. Veja que, agora, percebemos que muitos daqueles casos de uso são operacionalizados via utilização dos NFTs, mostrando o quanto esse instrumento é importante na construção de soluções inovadoras dentro da criptoeconomia.

Outra estrada promissora que vem sendo explorada, e que estabelece uma ponte interessante entre o mundo físico e digital por meio dessa tecnologia, é a criação e utilização de *digital twins*, também conhecidos como gêmeos digitais, pelas empresas e consumidores. Trata-se basicamente de uma cópia digital de um ativo existente no mundo real, de modo que ambos compartilhem dados e características entre si (como aparência, dimensões em escala, funcionalidades, comportamentos, entre outros). **Em resumo, há três elementos que caracterizam os *digital twins*:[19] uma entidade física no mundo real, uma cópia dessa entidade em formato de software e dados que conectem esses dois elementos.**

Usos	Descrição	Projeto
Arte digital	Permitindo que artistas vendam suas obras como ativos únicos, garantindo a propriedade e a origem do trabalho. É possível, inclusive, codificar no NFT a possibilidade de recebimento de comissão percentual toda vez que sua obra é revendida no mercado secundário.	SuperRare
Coleções virtuais	Possibilitando a criação e negociação de diferentes coleções de itens, como cartas, imagens, fotografias, dentre outros.	CryptoPunks, VeeFriends
Domínios	Registrando propriedades de domínios em ambientes virtuais ou metaversos.	ENS, Decentraland
Jogos	Tornando-se itens raros, personagens ou recursos que os jogadores possam comprar, vender ou trocar em jogos que utilizem a tecnologia blockchain como infraestrutura.	Axie Infinity
Identidade digital	Representando identidades digitais, de modo a garantir a autenticidade e propriedade dos dados pessoais de um usuário.	Microsoft ION, GlobaliD
Música	Sendo utilizados como veículo para lançar músicas, álbuns ou edições especiais, dando aos artistas maior controle sobre a distribuição e a remuneração, permitindo inclusive a distribuição de recursos provenientes de royalties para seus detentores ou mesmo experiências exclusivas.	Audius, Anotherblock
Vídeos e filmes	Representando edições limitadas de filmes ou vídeos, proporcionando valor de colecionador, exclusividade ou, até mesmo, acesso a conteúdo exclusivos.	Eluvio
Propriedade intelectual	Possibilitando registrar e transferir patentes, marcas registradas e direitos autorais.	IPwe
Bilhetes e ingressos	Representando os ingressos para eventos, ajudando a garantir a autenticidade, evitando fraudes. Além disso, tais itens podem também possibilitar experiências exclusivas ou mesmo se tornarem um item colecionável.	GET Protocol
Certificados e diplomas	Emitindo certificados e diplomas digitais, garantindo sua autenticidade e rastreabilidade.	Learning Machine
Programas de fidelidade e recompensas	Criando e gerenciando programas de fidelidade, oferecendo recompensas exclusivas aos clientes.	Starbucks Odyssey
Esportes	Criando e comercializando itens relacionados a esportes, como cartões de jogadores, momentos memoráveis e itens exclusivos para equipes e atletas.	NBA Top Shot
Livros e publicações	Representando edições limitadas e exclusivas de livros, revistas ou outros materiais impressos, garantindo sua autenticidade e propriedade.	Bookchain
Fracionamento de ativos	Representando frações de um ativo maior, permitindo a divisão de propriedade e investimento em itens de alto valor, como imóveis, colecionáveis ou obras de arte.	NFTFY
Cadeia de suprimentos	Aumentando a transparência e a eficiência em todas as etapas de uma cadeia de suprimentos, garantindo também a origem dos produtos e ampliando a capacidade de rastreabilidade em tempo real.	Origintrail
Saúde	Gerenciando dados relativos à saúde, registrando progressos e propondo melhorias diárias.	Go! by Health Hero, AiMedis
Tokenização de ativos físicos	Representando a propriedade de itens físicos, como imóveis, carros ou obras de arte.	Propy, Netspaces

NFTs

O conceito não é novo,[20] e foi descrito pela primeira vez no livro *Mirror Worlds*,[21] de 1991, escrito por David Gelernter. Em 2002 o Dr. Michael Grieves ficou conhecido por aplicar esse conceito em processos de manufatura, desenvolvendo um software para tal. O termo *digital twin* surge, de fato, em 2010, empregado por John Vickers, funcionário da NASA.

Avançando no tempo, vemos o precedente dos tokens não fungíveis pegar esse conceito e exponencializá-lo no contexto atual, permitindo que empresas como a Nike, por exemplo, conseguissem desenvolver modelos de tênis que possam ser usados não só no mundo físico, mas no mundo digital pelo avatar do seu usuário. Esse caso, inclusive, já é algo explorado não só pela Nike como por outras empresas que produzem artigos esportivos e de luxo.

Há também a possibilidade de desenvolver gêmeos digitais muito mais complexos, como modelos de aviões, carros e outros projetos de engenharia, permitindo múltiplas aplicações que vão além do simples uso de um item por um avatar. É importante ressaltar que esse é um processo que lembra uma tokenização, mas é mais complexo do que isso, já que podemos ter não só os direitos de propriedade no NFT, mas uma série de informações adicionais quando falamos de um gêmeo digital.

Para além do que já pode ser feito hoje, algumas inovações recentes de cunho técnico prometem abrir ainda mais possibilidades no mundo das NFTs. Entre elas se destacam:

- **NFTs dinâmicos (dNFTs):** a maioria dos NFTs de hoje em dia são estáticos, ou seja, a informação gravada no momento em que são mintados permanece inalterada ao longo do tempo. Os NFTs dinâmicos, ou dNFTs, mudam essa lógica ao permitir que esses tokens mantenham certos identificadores únicos durante toda sua existência, mas que também possam ser capazes de atualizar parte dos seus metadados ao longo do tempo, baseado em algum gatilho ou condições externas. Isso é particularmente útil em jogos baseados em blockchain nos quais há uma evolução de personagens ou itens. Outra possibilidade bastante interessante é a atualização dos metadados de um item tokenizado (como casa ou carro), registrando informações como o histórico de manutenções, data de vendas passadas e seus respectivos preços ao longo do tempo. Usando a imaginação, é possível derivar centenas de casos de uso a partir dessa inovação;

- **Soulbound tokens (SBT):** em tradução livre, podemos chamar essa de NFT de token com alma, sendo um conceito[22] proposto por Vitalik Buterin, pela advogada Puja Ohlhaver e pelo economista E. Glen Weyl[23] em um artigo que propunha as bases para uma sociedade descentralizada e as credenciais que poderiam ser utilizadas nesse contexto. Os *soulbound tokens* são tokens intransferíveis que simbolizam a identidade de uma pessoa na blockchain, podendo incluir registros médicos e histórico de trabalho. As carteiras que armazenam esses registros são chamadas *souls*. Indivíduos podem possuir várias carteiras, representando diferentes informações de sua vida. *Souls* e SBTs possibilitam a construção de uma reputação digital verificável na realidade da criptoeconomia. Usando esse conceito, entidades como empresas e clubes digitais também podem atuar como *souls*, emitindo SBTs para funcionários ou membros, gerando, assim, identificadores únicos em seus ecossistemas. Depois que um usuário recebe um SBT, o token não pode ser vendido/transferido e só pode ser queimado/revogado pelo emissor;

- **Semi fungible tokens (SFT):** aqui temos uma categoria relativamente nova de tokens que são semifungíveis, inovação que abre uma centena de novos caminhos. Tais tokens inicialmente se comportam como fungíveis, podendo ser trocado por outro SFT do mesmo tipo sem prejuízo. Após o acontecimento de algum fato externo que o faça perder valor nominal (como seu resgate, utilização ou por ter expirado), ele se torna não fungível. Talvez o melhor exemplo para ilustrar esse caso seja um ticket para um show em formato SFT, que antes da data do evento possui um dado valor e pode ser trocado livremente por outro do mesmo tipo, mas após a realização do evento vira um item colecionável único. O uso do padrão de tokens ERC-1155 na rede Ethereum possibilita a criação desse tipo de token.

Com o passar do tempo, a combinação entre casos de uso, novas tecnologias e novos padrões técnicos tem ajudado no desenvolvimento de soluções que possam endereçar os mais variados problemas de uma maneira cada vez mais eficiente e inovadora via NFTs na criptoeconomia.

Uma ferramenta para amplificar as relações com comunidades

Atualmente, talvez uma das formas como os NFTs mais têm sido usados é como ferramenta para diferentes marcas engajarem de maneira mais profunda e interativa o seu público, fortalecendo, assim, suas próprias comunidades de usuários, aumentando a fidelidade e retenção com o passar do tempo, enquanto comunicam os elementos e valores que as tornam únicas.

No contexto de uma empresa com uma marca que tem os valores claros e bem comunicados, a comunidade pode ser vista como um ecossistema próprio ao redor dessa entidade, com seus embaixadores, fãs e admiradores – indivíduos que propagam seu sentimento em relação à marca para outras pessoas, indicam seus produtos e os tornam parte de sua identidade. Eles também percebem valor nos itens e ações produzidas pela empresa, podendo perpetuar essa percepção tanto no meio físico quanto no digital, desde que entendam que estão sendo constantemente nutridos, estimulados e bem cuidados (jamais abandonados) por aquela marca.

Nos tokens (e, nesse caso específico com os NFTs) encontramos uma plataforma única para desenvolver e operacionalizar ações inovadoras e fomentar múltiplas maneiras de amplificar as relações junto às comunidades, através da entrega de meios que possibilitem novas formas de expressão para o usuário, experiências agradáveis e recompensas estimulantes.

Muitas empresas têm seguido esse caminho de experimentação na criptoeconomia, mas se há uma que tem sua comunidade como pilar principal – inclusive dependendo do engajamento dela para existir – é o Reddit, startup que se define como "uma rede de comunidades onde as pessoas podem mergulhar em seus interesses, hobbies e paixões". A empresa lançou um projeto envolvendo NFTs que tem sido considerado um case de sucesso.[24]

Em julho de 2022, o Reddit apresentou seu programa de avatares colecionáveis, edição limitada de imagens para perfil na rede baseados no mascote da plataforma, chamado Snoo. Esses avatares foram criados por artistas independentes que fazem parte da comunidade Reddit, sendo utilizada a rede Polygon como infraestrutura. Os detentores dos avatares ganham também alguns benefícios na rede (como prioridade das suas ações e comentários) e podem customizá-los, mantê-los, vendê-los ou trocarem com outros usuários. Diferente de coleções como BAYC, que dá amplos direitos sobre a propriedade intelectual contida no NFT, essa coleção é mais limitada, permitindo apenas o seu uso de modo não comercial.

Além do envolvimento ativo da comunidade na criação e utilização dos itens, há alguns outros elementos que foram determinantes no sucesso do projeto, que atraiu 4,25 milhões de participantes em apenas seis meses:[25]

- **Manter o conceito simples, sem citar que se tratava de NFTs:** a empresa omitiu intencionalmente a palavra NFT, dando foco na ideia central e objetivo do projeto, enquanto usava a tecnologia blockchain nos bastidores. Nesse momento da curva de adoção e da percepção do público ainda turva, talvez tenha sido uma boa ideia;

- **Jornada de aquisição simplificada:** o processo de compra dos colecionáveis, via interface chamada *collectible avatar shop*, era simples e também aceitava pagamentos tradicionais (não apenas criptoativos, como muitas iniciativas) o que retira uma grande fricção do processo. Até a carteira – chamada aqui de *vault*, ou cofre, em português – era criada de modo automático para guardar o avatar, sendo impossível usá-lo sem criá-la;

- **Gerar engajamento emocional com os usuários, permitindo que eles se expressassem de uma nova maneira na plataforma:** a posse de um avatar representava uma conquista dentro da rede, um próximo passo na relação com a marca e no status do usuário dentro da comunidade. A possibilidade de personalizar esse avatar e mostrá-lo com orgulho ao mundo também reforçava o vínculo;

- **Gerar valor para os criadores via fortes incentivos:** os artistas independentes da comunidade Reddit eram convidados a participar e ficavam com 95% dos lucros das vendas primárias e 5% dos *royalties* de revenda. Através dessa estrutura de pagamento, a plataforma reconhece e impulsiona sua dedicada base de usuários, ao mesmo tempo que oferece fortes incentivos financeiros.

No novo momento da internet, chamado por muitos de Web3, será fundamental para as empresas utilizarem esses diferentes recursos para criar, desenvolver e nutrir comunidades ao redor das suas marcas, garantindo, assim, sua perenidade na era da descentralização e da colaboração.

Considerações legais e desafios

Mesmo com todos os benefícios proporcionados por esse instrumento, ele ainda segue em fase de desenvolvimento, sendo que alguns aspectos (sobretudo regulatórios) enfrentam desafios em diferentes jurisdições.

Em momentos de grande euforia, como em 2021, vários golpes foram arquitetados utilizando os tokens não fungíveis como pano de fundo. O mesmo já ocorreu (e continua ocorrendo) com os tokens fungíveis, visto que o tema é novo, não existe muita regulamentação estabelecida e há um grande desconhecimento por parte das pessoas em relação ao tema – impedindo uma análise crítica mais aprofundada para identificação dos golpes e fraudes. O envolvimento de personalidades da mídia, pagas para endossar e fazer propaganda de projetos que acabam se revelando fraudulentos, também tem sido um modo de criminosos agirem para conquistar a confiança do público e levantar recursos rapidamente.

Em casos envolvendo expressões artísticas, em que o valor intrínseco é subjetivo e difícil de avaliar, há um substancial incentivo para lavagem de dinheiro – seja envolvendo obras de arte físicas ou não. Somado a isso, muitas plataformas operam com baixos requisitos de *compliance* (com fracas políticas de conheça o seu cliente e prevenção à lavagem de dinheiro), o que deixa uma enorme porta aberta para ações ilícitas.

Adicionalmente, é possível ver situações de manipulação de mercado, também pela natureza subjetiva do valor do item não fungível. A prática pode ser feita não só para tentar obter grandes lucros – como em operações de *pump-and-dump*, em que um grupo infla artificialmente o preço de um ativo para aumentar sua demanda e depois vende suas posições, derrubando o preço – ou mesmo no intuito de reportar prejuízo em uma operação para não pagar ganho de capital ao fisco, via venda de ativos para si mesmo ou para laranjas. Vale lembrar que, no Brasil, a Receita Federal criou o código 88 para declaração dos NFTs no imposto de renda a partir de 2022, considerando-os como criptoativos – sujeitos, assim, a recolhimento de imposto sobre ganho de capital em caso de venda com lucro.

Outra importante consideração a ser feita reside no âmbito da propriedade intelectual e no direito de posse sobre o ativo não fungível, visto que os entendimentos do ponto de vista regulatório podem variar dependendo da jurisdição discutida ao redor do mundo. Nesse ponto, um alinhamento de interpretações tem sido trabalhado em diferentes localidades, à medida que convergimos para regulamentos mais atualizados e capazes de operar considerando as novas formas de interações dos indivíduos no contexto digital, impulsionadas pela tecnologia blockchain.

Desafios relativos à segurança também se fazem presentes, como no caso de invasões a redes mantidas pelos criadores do projeto. Isso ocorreu em algumas ocasiões, sendo o caso do jogo *Axie Infinity* um dos mais emblemáticos. Técnicas como *phishing* – em que os fraudadores induzem a vítima a realizar uma transação aparentando ser uma iniciativa legítima – também já foram usadas para roubar NFTs dos usuários, como aconteceu com detentores de itens da coleção BAYC.

Por fim, elementos como experiência do usuário simplificada – desde a aquisição até a guarda e a utilização do ativo – e a interoperabilidade dos NFTs em diferentes redes, ou seja, tornando-os capazes de serem transferidos (em algum nível) entre diferentes plataformas, são importantes e capazes de garantir uma maior adoção e apelo para utilização mais frequente (e – por que não? – cotidiana) no longo prazo.

Os desafios no caminho fazem parte da jornada, sendo que a cada dia milhares de pessoas trabalham para minimizar os riscos e tangibilizar casos que tragam benefícios e oportunidades para os usuários, sem abrir mão da segurança jurídica e tecnológica do processo.

DEFI – O PRÓXIMO PASSO EVOLUTIVO DAS TRANSAÇÕES FINANCEIRAS

> A arte é a eliminação do desnecessário."
> **PABLO PICASSO**[1]

No Natal de 1945, o pintor Pablo Picasso criou a obra *El Toro*,[2] uma série de onze ilustrações que mostravam a desconstrução da figura de um touro, indo desde um aspecto complexo e mais realista até sua representação essencial. Como se descrevesse o espírito do animal, Picasso usou poucas linhas para assemelhar os desenhos a uma pintura rupestre – tal qual aquelas feitas pelos primeiros seres humanos na era pré-histórica.

O que observamos no processo de desenvolvimento da obra, imagem após imagem, é um belíssimo exercício de simplificação feito pelo artista, com a progressiva retirada do supérfluo até se chegar à expressão mais pura do significado universal e simbólico do que é um touro. Algo que é facilmente reconhecível por qualquer pessoa, de praticamente qualquer cultura.

Essa arte é frequentemente citada como estudo de caso em aulas de design ao redor do mundo, pois os vários estágios de sua criação exemplificam, de maneira prática, o conceito de redução e abstração. Transcendendo as salas de aula, a lição de Picasso encontrou eco também no mundo corporativo. Empresas como a Apple utilizam as ideias contidas nessas ilustrações para ensinar seus colaboradores a prezarem pela simplicidade no desenvolvimento de produtos, em um trabalho incansável para transmitir sua mensagem e apresentar soluções produzidas da maneira mais concisa possível.

Essa visão é tão clara que em uma aula da Apple University[3] (a universidade corporativa da empresa), intitulada *O que faz a Apple, Apple*, foi mostrada aos alunos, como exemplo prático de execução desta premissa, a imagem de um controle remoto do Google

TV, com 78 botões, e o da Apple TV, que tem apenas três. É um contraste brutal que traduz não só a cultura da empresa da maçã, evidencia a identidade da marca conquistada ao longo dos anos, pela qual ela é facilmente reconhecida pelos seus consumidores e entusiastas.

Trazendo a desconstrução do touro de Picasso para o mundo financeiro (que, por acaso, tem esse mesmo animal como um dos seus símbolos), conseguimos traçar diversos paralelos, ainda mais pela perspectiva evolutiva. Já vimos esse processo de simplificação acontecer pelo ponto de vista de experiência do usuário, a qual por décadas era permeada por atritos que tornavam a jornada do consumidor bastante dolorosa. Mas isso deu lugar a um caminho mais fluido e leve introduzido pelas fintechs em um momento que podemos descrever como "digitalização das finanças", ou fase Fintech 1.0 – tornando-se depois um padrão de entrega de serviços para esse setor.

Em um momento seguinte, conhecido como "embutimento das finanças" ou fase Fintech 2.0, vimos mais um avanço em termos de experiência do usuário. Ele trazia a possibilidade de inserir soluções financeiras digitais nas mais diferentes jornadas do consumidor em diversos mercados (como telefonia, varejo etc.), gerando mais uma camada de conveniência e acessibilidade ao mesmo tempo que fazia os serviços financeiros chegarem mais longe.

Nesse período, houve avanços interessantes em termos de infraestrutura, permitindo que praticamente qualquer empresa pudesse, de maneira descomplicada, prover novas possibilidades aos seus clientes ao se conectar e utilizar um provedor de *banking as a service* – que domina os aspectos tecnológicos e regulatórios do mundo financeiro, viabilizando todo um processo que poderia demandar muitos recursos e levar bastante tempo para acontecer.

Agora, na era da criptoeconomia, estamos em um momento em que as bases sobre as quais o mercado se apoia – ou seja, sua infraestrutura – ganha uma nova capacidade de desintermediação e facilitação do ponto de vista lógico e técnico que nos levará a uma realidade bem mais enxuta, direta e programável. A transição que está em curso nesse sentido será capaz de mudar muito o jogo, trazendo para o setor elementos que promoverão a "descentralização das finanças", também conhecida como fase Fintech 3.0.

Como produto dessa nova fase do mercado financeiro, temos as finanças descentralizadas, já mencionadas anteriormente. O DeFi utiliza o potencial da blockchain e dos contratos inteligentes construídos a partir desta tecnologia para reduzir a quantidade de agentes envolvidos nas transações mais típicas do segmento (como empréstimos e investimentos, por exemplo). Isso encurta a distância entre os participantes do mercado financeiro devido à interação direta por meio do uso de uma nova capacidade de programabilidade da economia introduzida pelos contratos inteligentes – tudo isso de maneira elegante, lógica e ágil.

No DeFi, encontramos a recriação do sistema atual através do enxugamento, da condensação e da otimização dos esforços e recursos por meio de um novo olhar, tal qual vimos no exemplo artístico de Picasso, descrito no início do capítulo. Apesar de o precedente tecnológico já existir, e ser poderoso e transformador, ele ainda está em processo de desenvolvimento – como, comparativamente, se encontrava a obra do famoso pintor alguns passos antes da sua versão definitiva.

Além disso, existem outros aprimoramentos importantes que precisam ser feitos, sobretudo quando falamos de experiência do usuário nesse novo momento, aspecto que vem prevenindo um processo de adoção mais intenso do DeFi nos dias de hoje.

Passados esses desafios e os ajustes regulatórios que invariavelmente terão de ocorrer em breve, nos aproximaremos de uma versão "essencial" – barata, rápida, simples e abrangente – dos produtos e serviços financeiros em um contexto aprimorado de consumo. Em resumo, vivenciaremos seu "estado da arte" sob todos os ângulos, e presenciaremos o acompanhamento do ecossistema financeiro como um todo, dando sustentação, segurança e constância na disponibilização de soluções e no funcionamento do sistema como um todo, de modo harmônico.

Ao longo deste capítulo, exploraremos os elementos básicos das finanças descentralizadas, as possibilidades existentes nesse ambiente, os participantes dessa realidade e os desafios que precisaremos vencer daqui por diante para que esse novo momento possa ser amplamente vivenciado na sociedade – ao mesmo tempo em que entendemos as oportunidades e impactos futuros para os negócios que povoam o mercado financeiro dos dias atuais.

Contratos inteligentes, protocolos e dApps: os componentes fundamentais do mundo DeFi

A infraestrutura blockchain do Bitcoin (a primeira do tipo que surgiu no mundo) trouxe um grande avanço ao mercado quando propôs uma "forma de dinheiro eletrônico *peer-to-peer*", conforme descrito no artigo de Satoshi Nakamoto.[4] Em cima dessa inovação, um outro passo evolutivo foi dado quando Vitalik Buterin e equipe desenvolveram a rede Ethereum, tendo como objetivo ser uma infraestrutura que permitisse o desenvolvimento de aplicações descentralizadas (ou dApps) dentro da recém-criada realidade cripto. O que é possível porque a rede funciona como um grande computador virtual capaz de processar e executar os softwares que habitam esse ambiente – que, nesse contexto, se chamam *smart contracts*, ou contratos inteligentes – de maneira contínua e ininterrupta (24 horas por dia, todos os dias), à medida que o *gas* (a taxa paga à rede para execução dessas operações) é utilizado.

Atualmente, existem múltiplas plataformas que se inspiraram no modelo introduzido pelo Ethereum – tais como Cardano, Solana, Avalanche, Tezos – capazes de suportar o funcionamento dos contratos inteligentes. Esses contratos trazem a tão mencionada programabilidade para a criptoeconomia, uma vez que permitem que seus criadores codifiquem regras e parâmetros para diferentes tipos de acordos e operações autoexecutáveis, sendo ativadas com base no cumprimento de algumas condições específicas definidas via código. Na rede Ethereum (e em diversas outras com capacidades similares) a principal linguagem de programação utilizada se chama Solidity.

Os casos de uso são quase infinitos quando olhamos as automações possíveis em praticamente qualquer mercado e em múltiplas situações que envolvam o acordo entre diferentes partes. Contratos de aluguel, operações de comércio exterior, doações de caridade e muitos outros casos podem ser abarcados pelos contratos inteligentes. A combinação com outros elementos básicos da criptoeconomia que vimos até aqui (incluindo os tokens fungíveis e não fungíveis) inserem uma dinâmica transacional única para viabilização de tais cenários.

No contexto das soluções DeFi, essa capacidade permite que os desenvolvedores criem instrumentos financeiros sofisticados, como corretoras de criptoativos (conhecidas como exchanges) descentralizadas, plataformas de empréstimos, produtos de investimentos, alternativas em seguros e assim por diante. Quando tudo isso é comparado com o que temos no mercado tradicional, vemos algumas atividades dos "agentes de confiança" – como bancos, corretoras, processadoras de pagamentos, entre outros intermediários – sendo substituídas por código. Paralelamente, a "máquina virtual" da plataforma blockchain em que os contratos estão hospedados garante que essas transações sejam executadas de maneira segura e transparente em todos os nós da rede.

Assim, podemos viabilizar operações entre pessoas que não se conhecem, mas concordam em ter um código – com seus "termos e condições" programados de modo claro e objetivo – como "figura" imparcial e autônoma que mediará essa relação, reduzindo custos gerais de transação, riscos de fraude e demais situações que possam envolver assimetria de informação.

Assim, a expressão "o código é lei" se popularizou entre os entusiastas da criptoeconomia, que acreditam que o futuro das relações comerciais entre diferentes partes será regido pela lógica da programação, via mecanismos que utilizem *smart contracts*. Uma curiosidade interessante é que o termo "contrato inteligente" e o seu conceito foram criados em meados dos anos 1990 (bem antes da criação das blockchains) pelo programador Nick Szabo, especialista em criptografia já citado em capítulos anteriores. Sua visão só conseguiu se materializar quase duas décadas depois, a partir da criação das bases tecnológicas desenvolvidas por Vitalik Buterin e equipe.

Para cumprir sua função, um contrato inteligente pode se valer de informações on-chain, ou seja, que estejam disponíveis em uma determinada blockchain ou que possam ser definidas dentro desse ambiente fechado. Um exemplo disso é a troca de um ou mais tokens por outros que estejam em uma mesma rede, ou empréstimos entre pessoas, em que as taxas são determinadas automaticamente com base nas condições de oferta e demanda.

Existe também a possibilidade de um contrato inteligente utilizar dados off-chain, ou seja, que estejam fora da blockchain, para desempenhar uma tarefa. Casos como esses adicionam um nível de complexidade extra à operação, pois requer que o contrato confie em informações do "mundo exterior" para executá-la.

Para que isso seja possível, surgem as figuras dos oráculos, que são as fontes de dados off-chain confiáveis, que trazem essas informações para o "mundo interior", alimentando os contratos e deflagrando suas próximas ações. Alguns exemplos de informações incluem condições meteorológicas, índices financeiros, cotação atual de mercado de um ativo específico, resultados de eleições, entre outros resultados de eventos. Uma das mais famosas plataformas que atua como oráculo no mercado é a Chainlink, que opera na rede Ethereum.

Outra ferramenta que ganha cada vez mais importância com o crescimento da criptoeconomia são as *blockchain bridges* [pontes de blockchains, em tradução livre], que permitem conectar diferentes redes e transferir ativos entre elas. Essas pontes podem ser do tipo *trusted* (que possuem algum elemento de centralização) ou *trustless* (operadas estritamente com base em contratos inteligentes, de forma descentralizada). A Chainlink também possui uma solução descentralizada chamada *cross-chain interoperability protocol* (ou CCIP) que possui esse objetivo.

Um outro importante conceito que surge a partir dos contratos inteligentes é a definição do que são os protocolos. Enquanto um **contrato inteligente** é uma espécie de programa de computador individual e autônomo que reside em uma blockchain e executa ações específicas quando as condições pré-definidas são atendidas, um **protocolo** é um conjunto abrangente de regras e padrões que define como os nós em uma rede interagem entre si na entrega de uma solução mais complexa, podendo ser composto por vários contratos inteligentes e outras ferramentas que trabalham em conjunto. Os protocolos geralmente são *open-source* (ou seja, possuem código aberto) e podem ser utilizados por programadores para construir uma infinidade de aplicativos descentralizados, ou **dApps**, com diferentes finalidades e interfaces para o usuário final.

Um grande diferencial das finanças descentralizadas é a existência de uma **infraestrutura com arquitetura aberta**. Ela contém um importante atributo conhecido como **componibilidade**, que é a capacidade de combinar diferentes protocolos para gerar novas possibilidades, em termos de soluções financeiras, de maneira mais rápida, flexível e eficiente – sobretudo do ponto de vista de desenvolvimento – quando comparada à realidade do mercado financeiro tradicional.

Muitos chamam a arquitetura do mundo DeFi de "lego financeiro", justamente por ser possível construir soluções sofisticadas a partir da união de várias capacidades (ou peças) específicas, porém conectáveis. As peças fundamentais deste lego costumam ser chamadas de *DeFi primitives* (ou primitivos DeFi), unidades simples que desempenham muito bem uma atividade financeira descentralizada básica – como empréstimos, troca de tokens, derivativos etc.

Como exemplo, vejamos a figura abaixo, que mostra a combinação de múltiplos protocolos que geram outras soluções inovadoras. Serão mencionados os nomes dos protocolos e suas funcionalidades de maneira bem resumida, visto que nos aprofundaremos em suas dinâmicas mais adiante.

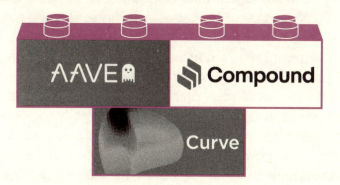

Aqui, vemos a **Yearn Finance**, uma plataforma DeFi que aproveita os protocolos primitivos de empréstimo e investimento existentes, como a **Aave** e o **Compound**, e um protocolo de troca de tokens (o **Curve**, que funciona como uma corretora descentralizada), para otimizar automaticamente os rendimentos dos usuários.

Em vez de apenas agregar as funcionalidades desses protocolos, a Yearn Finance oferece uma estratégia de investimento automatizada chamada *vaults* (ou cofres). Os *vaults* aplicam algoritmos inteligentes para mover automaticamente os fundos dos usuários entre diferentes protocolos DeFi, a fim de obter a melhor taxa de rendimento possível. Os usuários depositam seus ativos nos *vaults* e, em troca, recebem tokens de yVault que representam sua participação no cofre.

As possibilidades não param por aí, visto que uma solução originada a partir da junção de primitivos DeFi pode ser usada como ingrediente para a criação de outros dApps. Um exemplo é o **Alchemix**, que combina o Yearn Finance com outros protocolos para gerar uma plataforma de "empréstimos autoamortizáveis", ou seja, aqueles em que os juros gerados pela garantia depositada são usados para pagar automaticamente o empréstimo ao longo do tempo. Isso permite que os usuários tomem empréstimos sem ter que se preocupar em pagá-los manualmente, já que o próprio sistema se encarrega disso.

Como podemos ver, existem possibilidades incríveis na montagem de produtos e serviços em uma realidade que já é possível nos dias de hoje e que tem muito ainda para se desenvolver e evoluir ao longo dos anos. Contudo, neste momento, você pode estar refletindo a respeito das possibilidades já existentes agora, em um mundo que vive uma **nova lógica financeira** que permite combinarmos e plugarmos capacidades financeiras em empresas (e até mesmo em bancos e fintechs) expandindo os horizontes e o alcance de uma solução, bem como inovando com ofertas diferentes encaixadas nas jornadas dos consumidores.

De fato, de uns tempos para cá, passamos a ver essa possibilidade, em certa medida, no mercado financeiro tradicional, com a popularização do *banking as a service*. Contudo, as peças de lego, nesse caso, se baseiam em elementos legados – ou seja, tecnologias e sistemas inseridos em um contexto mais antigo (na maioria das vezes bastante modernas, mas que não possuem as características encontradas na criptoeconomia).

Em DeFi, estamos falando de uma infraestrutura nova que conta com as várias capacidades de programabilidade, descentralização e estrutura enxuta que tanto exploramos até aqui, neste livro. Esse, sem sobra de dúvidas, é o futuro da infraestrutura financeira, e estamos, hoje, em um processo de transição em direção a essa realidade. Certamente, os impactos para a estrutura do mercado atual serão gigantescos e precisam ser mapeados,

estudados e entendidos por todas as organizações inseridas no sistema financeiro.

Os desafios de escalabilidade e vários outros que citamos por aqui ainda previnem esse avanço, mas existem várias instituições trabalhando nesse processo de convergência entre o mercado tradicional e a criptoeconomia, tema que exploraremos em mais detalhes no próximo capítulo.

Antes de seguirmos detalhando as possibilidades trazidas pelos protocolos, bem como nos aprofundando no entendimento dos demais termos pertencentes ao mundo DeFi, exploraremos o conceito das organizações autônomas descentralizadas (*descentralized autonomous organizations*, ou DAOs). O tema se relaciona com esse novo paradigma financeiro, mas é, também, mais amplo como componente de uma nova realidade descentralizada.

As organizações autônomas descentralizadas (DAOs) e o futuro da governança

As DAOs são mais um fascinante exemplo do que é possível criar a partir da infraestrutura blockchain e dos instrumentos programáveis existentes no contexto da criptoeconomia. Essas entidades organizacionais são construídas por meio do uso de contratos inteligentes – o que confere uma série de aspectos automatizados em sua gestão e operação – e geralmente se valem de mecanismos de votação via utilização de tokens de governança (detidos pelos seus participantes) para a tomada de algumas decisões críticas dessa organização.

O conceito das DAOs (similar ao que conhecemos hoje) surgiu em 2013,[5] quando Stan Larimer e seu filho, Daniel Larimer, propuseram a ideia do que chamaram de corporação autônoma descentralizada (*decentralized autonomous corporation*, ou DAC), uma empresa que funcionasse sem envolvimento humano, através de códigos e de maneira incorruptível. Contudo, foi apenas em 2016, após o lançamento da rede Ethereum, que a primeira grande DAO – chamada The DAO – foi lançada na rede criada por Vitalik Buterin.

O projeto The DAO buscava ser um fundo de investimento descentralizado, no qual seus investidores poderiam – de maneira direta e baseado na proporção dos seus tokens – votar para ajudar a decidir quais projetos receberiam investimento. Foram arrecadados mais de 150 milhões de dólares em ether de vários interessados, porém, The DAO foi hackeado devido a uma vulnerabilidade no código do seu contrato inteligente, situação na qual o equivalente a 60 milhões de dólares em ether foram roubados.

Essa situação, inclusive, motivou uma bifurcação na rede Ethereum – que ficou conhecida como *hard fork*, que é uma mudança radical no código – invalidando blocos de transações gerados pós-invasão hacker. Isso exigiu que todos os nós de rede atualizassem a versão do software para uma versão mais recente que considerava essa mudança. Na prática, era como "voltar" os registros da blockchain à data anterior ao ocorrido e seguir a partir dali.

Visto que a rede ainda estava em sua infância, e o valor roubado foi bastante substancial na época, vários dos seus usuários apoiaram a ação. Porém, houve uma parte que não concordou, pois acreditavam que isso ia contra a premissa básica de imutabilidade das redes blockchain. Por fim, a rede acabou se bifurcando, com suas próprias versões dos criptoativos a partir daí: a Ethereum Classic (que considerava o fato ocorrido) e a Ethereum (a que sofreu o *hard fork* e alterou a história da blockchain).

Com esse movimento, a rede Ethereum conseguiu compensar com ether os usuários lesados pelo ataque hacker. Por fim, o projeto The DAO foi descontinuado, deixando como legado o *hard fork* e um alerta (doloroso) sobre a importância de construir contratos inteligentes mais seguros e de maneira mais diligente.

Desde então, houve várias tentativas de criar DAOs bem-sucedidas em vários segmentos, como finanças, arte, impacto social, entre outros. Especificamente no ambiente financeiro, vale ressaltar que as plataformas DeFi frequentemente implementam DAOs para gerenciar os aspectos de governança do projeto e para realizar a sua gestão de questões operacionais. Vemos vários exemplos nesse sentido nas plataformas de seguros, de empréstimo, de investimento, corretoras descentralizadas (conhecidas como *descentralized exchanges* ou DEXs), emissoras de stablecoins e assim por diante.

162 A ERA DA CRIPTOECONOMIA

Em agosto de 2022, a plataforma de análises DeepDAO apontou que as organizações descentralizadas autônomas voltadas às finanças (considerando DeFi e investimentos) representavam a maior parte das iniciativas, correspondendo a 45% do total. Veja abaixo a divisão por setor apurada na época.[6]

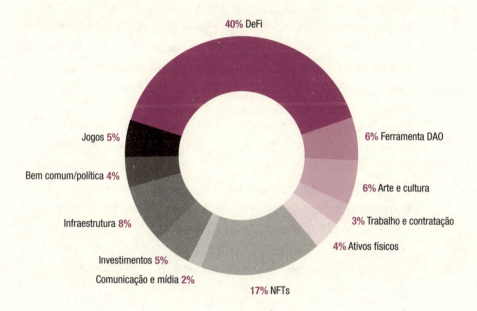

Olhando mais de perto os diferentes agrupamentos das categorias acima, temos as seguintes descrições gerais e exemplos de projetos:[7]

- **DeFi e Investimentos: 45% das DAOs**
  Conforme mencionado, a principal aplicação das DAOs acontece no setor de DeFi. Seu propósito central é servir como mecanismo de governança, gestão e propriedade para as plataformas de DeFi. Já as DAOs voltadas para investimentos atuam de maneira similar (em essência) aos fundos de investimento encontrados nos mercados convencionais.
  Exemplos: Uniswap e Curve (corretoras descentralizadas); Aave (empréstimos e investimentos); e MakerDAO (geradora da stablecoin dai, que busca estar pareada com o dólar americano);

- **Metaverso, GameFi e NFTs: 26% das DAOs**

Vemos também as DAOs sendo veículos para aquisições de NFTs por múltiplos participantes, gerindo metaversos – ambientes em que vemos mesclar elementos da vida real e experiências virtuais – e funcionando como estrutura de governança para jogos que combinam entretenimento com finanças (vertente conhecida como GameFi, que traz mecanismos como *play-to-earn*). Além disso, tais organizações também ajudam a criar uma estrutura organizada para engajar comunidades que interajam com alguma das diferentes vertentes mencionadas.

Exemplos: Axie DAO (criada com a missão de reforçar o ecossistema *Axie Infinity* e apoiar os criadores de soluções relacionadas ao jogo); Pleasr DAO (criada com o objetivo de adquirir coletivamente NFTs ou itens do mundo físico, transformando-os posteriormente em NFTs); e Decentraland DAO (organização ligada ao Decentraland, possui os contratos e ativos inteligentes mais importantes que compõem este metaverso, bem como mantém uma reserva de criptoativos nativos desse ambiente, conhecido como MANA);

- **Social e política – 15% das DAOs**

As DAOs também podem ajudar a reunir pessoas com interesses políticos ou sociais similares, o que lembra uma estrutura de associação ou clube – como os que temos no mundo físico.

Exemplos: Opolis (uma espécie de associação na qual profissionais independentes podem contribuir para fazer parte, tendo acesso a benefícios como seguro saúde, planos de aposentadoria, entre outros); e Bored Ape Yatch Club (estruturada como uma DAO na qual os donos de NFTs dessa coleção recebem tokens de governança, chamado ApeCoin, para participar de eventos e tomar decisões dentro desse "clube");

- **Infraestrutura e ferramentas – 14% das DAOs**

Com a popularização das DAOs, surgem soluções de infraestrutura e ferramentas para facilitar a criação, o desenvolvimento e o aumento de escalabilidade dessas organizações, ajudan-do-as em seus desafios cotidianos específicos.

Exemplos: Aragon (protocolo que facilita a criação de no-vas DAOs e de suas regras de governança); Coinshift (solu-ção que ajuda no gerenciamento dos recursos das DAOs); e Snapshot (ferramenta off-chain para votação em DAOs, removendo taxas que existiriam na votação on-chain).

Como você acabou de ver, em praticamente qualquer mercado existem múltiplas direções para o modelo organizacional proposto pelas DAOs, e, dentro de cada um deles, mais uma infinidade de possibilidades. A presença das organizações autônomas descentra-lizadas na criptoeconomia segue crescendo, e você, cedo ou tarde, acabará interagindo com alguma.

Do ponto de vista do desenvolvimento dessas estruturas, caso seja esse o seu interesse, é importante desenhar – de ma-neira clara, objetiva e precisa – o conjunto de regras que rege-rão o funcionamento da organização. Além disso, caso existam mecanismos de decisão que envolvam tokens de governança, é primordial uma boa estruturação e formatação dos tokenomics, contendo os aspectos gerais de incentivo, que precisam estar de-vidamente alinhados com o propósito da DAO, seu objetivo e o setor no qual está inserida.

Olhando agora para adversidades que precisam ser superadas, po-demos dizer que há um grande desafio que as DAOs enfrentam e que tem prevenido sua adoção ao redor do mundo: a incerteza regulatória.

Várias jurisdições ainda não definiram como vão regular e clas-sificar esses novos tipos de organizações, não havendo total clareza em questões como: a atribuição de responsabilidades e obrigações legais dos participantes; cumprimento de requisitos de "conheça seu cliente" e prevenção à lavagem de dinheiro (que pode abrir uma grande porta para que essa estrutura seja usada para fins ilícitos); e proteção ao consumidor e investidor em casos de falhas de segu-rança ou falta de recursos legais em casos de disputa.

Outro desafio é a governança e a tomada de decisão dentro das DAOs. Embora o objetivo seja criar um processo de tomada de decisão descentralizado e democrático, pode ser difícil alcançar consenso entre os membros com diferentes interesses e prioridades.

Deve levar tempo até atingirmos um nível de maturidade como cidadãos e participantes de um grupo para convergirmos (e até divergirmos) de maneira pacífica e respeitosa, com plena aceitação dos resultados de uma votação – sobretudo quando ele é diferente do que gostaríamos.

Sem dúvidas, essa é uma nova via para as organizações, algo que se apresenta como uma alternativa às estruturas sob as quais as entidades operam até os dias de hoje – e com as quais as pessoas interagem diariamente, muitas vezes bem afastadas das grandes decisões. Entendo que a sociedade precisará se transformar bastante, de diversas maneiras, para que tenhamos uma popularização massificada desse modelo. Contudo, é importante sabermos que ele já é usado com frequência e tem avançado bastante, sendo muito popular no mundo do DeFi, no qual a interação com DAOs é bastante comum – nem que seja consumindo as novas soluções oferecidas e operacionalizadas por eles via utilização dos seus protocolos.

Possibilidades em novos formatos de operações financeiras

O mundo das finanças descentralizadas oferece uma série de novas possibilidades e alternativas em produtos financeiros, sendo eles transparentes e acessíveis a praticamente qualquer pessoa conectada à internet. Vejamos, a seguir, exemplos gerais dos principais grupos de soluções, os novos termos associados a eles e alguns modelos de protocolos utilizados atualmente.

CORRETORAS DESCENTRALIZADAS (*DESCENTRALIZED EXCHANGES* - DEXS)

Elas permitem que seus usuários negociem criptoativos diretamente de suas carteiras digitais, sem dependerem de um intermediário centralizado, como as corretoras tradicionais. São utilizados contratos inteligentes para facilitar a execução das transações – que

166   **A ERA DA CRIPTOECONOMIA**

correm de maneira automatizada, imparcial e transparente. Como a carteira digital está diretamente conectada a um protocolo DEX, há um maior controle do usuário sobre os próprios ativos (que não estão custodiados por terceiros, mas por ele mesmo) e uma redução do risco de contraparte – referente à possibilidade de o outro agente de uma transação não cumprir seu compromisso em uma operação. Contudo, a experiência de usuário das DEXs ainda não é tão boa e intuitiva quanto o que é oferecido pelas corretoras tradicionais.

De modo geral, existem três tipos de DEXs:[8]

DEXS COM LIVROS DE OFERTAS (*ORDER BOOKS*)

Essa DEX utiliza o sistema de livro de ofertas, similar ao que se vê nas corretoras tradicionais de criptoativos, em que as negociações envolvem ordens de compradores e de vendedores organizadas em um ambiente visualmente amigável e fechadas à medida que vão encontrando preços e volumes correspondentes. Enquanto em uma corretora cripto tradicional é necessário depositar os recursos que serão transacionados (sejam criptoativos, sejam moedas fiduciárias, como o real) mantendo-os custodiados na corretora, nessa modalidade de DEX o usuário conecta a própria carteira e realiza a custódia.

Existem dois tipos de DEXs com livros de ofertas: aquelas em que o *order book* está on-chain e outra em que ele se encontra off-chain.

- No formato **on-chain**, todas as operações acontecem na blockchain, como a colocação de ordem, a combinação (*matching*) das ordens de compra com as de venda, o processamento e a liquidação. Geralmente, também são empregados oráculos para buscar cotações no mundo exterior. Como desvantagem, temos o uso mais elevado de *gas* – visto que temos uma série de operações que usam poder computacional da rede – e um processamento mais lento. Algumas DEX como a Demex (rede Cosmos) e a Serum (rede Solana) funcionam assim;

- No formato **off-chain**, a maior parte da operação do livro de ofertas acontece no mundo exterior, e a transação em si é efetivamente processada on-chain. Desse modo, há economia de *gas* (pois ele é gasto apenas no processamento final) e um aumento de velocidade na operação como um todo. A desvantagem é que o software do livro de ofertas está hospedado fora da blockchain, em um servidor centralizado, exigindo que os usuários confiem no operador do ambiente de negociações para atender às suas ordens de maneira justa. Como exemplos, vemos as DEXs: 0x, dYdX e IDEX.

No geral, DEXs com livros de oferta oferecem uma experiência de negociação com a qual os usuários de exchanges tradicionais já estão acostumados. Porém, podem ser menos eficientes em questão de liquidez quando comparados com as versões centralizadas e com as DEXs com AAMs, cujas características veremos a seguir.

FORMADORES DE MERCADO AUTOMATIZADOS (AMMS - *AUTOMATED MARKET MAKERS*)

Em vez de combinar ordens de compra e venda, tal qual o modelo de livro de ofertas, vemos os contratos inteligentes das exchanges descentralizadas trabalharem em conjunto com bolsões de liquidez (também chamados de **liquidity pools**). Esses *pools* são agrupamentos de criptoativos reunidos por indivíduos interessados em obter rendimentos através do processo de provimento de liquidez – atividade conhecida como mineração de liquidez (ou *liquidity mining*). Esses indivíduos então colocam seus tokens à disposição dos bolsões, travando-os em um contrato inteligente que gerenciará os interesses de compra e venda dos usuários da DEX e

168 A ERA DA CRIPTOECONOMIA

A presença das organizações autônomas descentralizadas na criptoeconomia segue crescendo, e você, cedo ou tarde, acabará interagindo com alguma.

realizarão as trocas dentro do próprio *pool*. As taxas de negociação geradas por ele são então divididas com os indivíduos que colocaram seus tokens lá.

Os bolsões de liquidez geralmente são compostos por pares de tokens. Por exemplo, um bolsão de liquidez pode conter uma quantidade igual em valor de ether e um token ERC-20 específico. Quando os usuários desejam trocar um token por outro, eles interagem com o *pool*, adicionando um token e removendo o outro. A taxa de câmbio entre os tokens é determinada pela quantidade relativa de cada token no bolsão de liquidez.

As DEX com AMMs geralmente utilizam oráculos para obter informações de exchanges e outras plataformas no mundo off-chain e, assim, ter uma base dos preços dos ativos. O contrato inteligente ajusta automaticamente o preço dos ativos negociados na DEX com base na oferta e na demanda, usando uma fórmula matemática conhecida como *bonding curve*. Isso significa que, quanto mais usuários comprarem ou venderem um ativo, o preço será ajustado conforme as forças de mercado.

Uma das principais vantagens dos DEXs baseados em AMM é que eles não exigem correspondência de pedidos entre compradores e vendedores. Em vez disso, os usuários podem negociar diretamente contra o próprio bolsão de liquidez, o que faz ser mais fácil para os usuários trocarem ativos ilíquidos ou ativos com baixos volumes de negociação.

No entanto, uma desvantagem potencial dos DEXs baseados em AMM é que eles estão sujeitos a perdas impermanentes (também chamado *impermanet loss*). Isso ocorre quando o preço de um ativo muda significativamente depois de ter sido adicionado a um bolsão de liquidez. Nesse caso, os provedores de liquidez podem ter perda no valor dos seus ativos. Contudo, essa situação pode ser revertida após um tempo, quando essa variação brusca for absorvida. Essa perda se chama "impermanente", pois pode ser revertida, desde que o indivíduo não retire os tokens do contrato inteligente naquele momento. Outro problema que pode acontecer é o chamado *slippage problem*, que ocorre quando não há liquidez suficiente no bolsão, levando os usuários a comprarem ativos a um preço acima do praticado no mercado.

De modo geral, essa é uma maneira inovadora de negociar criptoativos, sendo que algumas das DEXs mais famosas que operam nesse modelo são a Uniswap, SushiSwap, Curve e Balancer. Um dos elementos importantes para se analisar o nível de liquidez das DEXs é ver o valor total de tokens que estão "travados" em seus contratos inteligentes, medida conhecida como *total value locked* (TVL). Quanto maior é esse valor, mais líquida é essa DEX.

AGREGADORES DE DEX (*DEX AGGREGATORS*)

Eles empregam uma variedade de protocolos e mecanismos para lidar com questões relacionadas à liquidez. Essencialmente, essas plataformas reúnem liquidez de várias DEXs, a fim de reduzir a oscilação de preços em ordens volumosas, otimizar as taxas de troca e os valores dos tokens, buscando oferecer aos usuários o melhor preço possível no menor tempo.

Proteger os usuários dos impactos de preços e diminuir a chance de que transações falhem são metas cruciais dos agregadores de DEX. Algumas dessas plataformas utilizam liquidez de sistemas centralizados para aprimorar a experiência do usuário, ao mesmo tempo que se mantêm como soluções que não envolvem a custódia feita por terceiros, por meio da integração com determinadas exchanges centralizadas. Alguns exemplos de agregadores de DEX incluem a Rango Exchange, 1Inch, OpenOcean e ParaSwap.

PLATAFORMAS DE EMPRÉSTIMO E INVESTIMENTO

Os protocolos voltados para empréstimos, assim como as DEXs, constituem outro elemento básico no mundo DeFi e possibilitam que seus usuários possam tanto ganhar juros ao emprestar seus criptoativos quanto tomar crédito sem necessitar passar pelos processos tradicionais de análise e demais burocracias. Tudo isso sem intermediação, com contratos inteligentes automatizando e gerenciando a relação entre as duas pontas da operação.

Esses protocolos geralmente atuam em um formato conhecido como *peer-to-pool*,[9] em que os tomadores do crédito interagem, via contratos inteligentes, com bolsões de liquidez que agrupam os tokens daqueles que desejam emprestar seus ativos.

Ao contrário das operações de empréstimo no mercado tradicional, aqui as taxas de juros são definidas de modo automático via algoritmo do protocolo, baseado em condições como a demanda por empréstimos e o tamanho do bolsão de liquidez – bem como outros riscos específicos contemplados no protocolo e parâmetros definidos pelos detentores dos tokens de governança atrelados ao projeto em questão.

Existem dois tipos principais de protocolos de empréstimo: **com garantia** e **sem garantia**. Os protocolos de **empréstimo com garantia** exigem que os tomadores de crédito forneçam garantias para obter os recursos. Essa garantia é mantida em um contrato inteligente até que o tomador quite o empréstimo, momento em que a garantia é devolvida. A maioria dos empréstimos no mundo DeFi é feita através de empréstimos supergarantidos[10] por criptoativos.

Pode parecer estranho para muitas pessoas a dinâmica de tomar um empréstimo que necessite que deixe garantias que, a princípio, superam o valor que se busca pegar emprestado. Contudo, pode ser útil em situações nas quais se busca alavancagem para realizar operações de compra e venda de criptoativos, para cobrir despesas imprevistas quando não há interesse em vender seus ativos – por existir uma expectativa de que seu valor possa aumentar no futuro – ou mesmo para evitar pagar imposto sobre ganho de capital que existiria caso vendesse seus tokens (várias jurisdições cobram imposto em situações como essa).

O relatório do BIS[11] descreve bem como é a dinâmica de uma operação padrão com garantia na realidade DeFi:

Geralmente, um usuário toma empréstimo de stablecoins, oferecendo ether ou bitcoin como garantia. Como os valores de ETH e BTX são voláteis, há um risco de que a garantia possa valer menos do que o montante emprestado. Para gerenciar esse risco, os contratos inteligentes utilizam oráculos para obter preços atualizados dos criptoativos e liquidam automaticamente a posição caso a relação empréstimo-valor caia abaixo de um limite pré-definido, que pode variar entre 50% e 80%, dependendo do risco associado à garantia. Os tomadores de empréstimo pagam uma taxa de juros e podem receber uma taxa de retorno sobre a garantia. Os protocolos também cobram taxas, que são direcionadas a um bolsão controlado pelos detentores do token do protocolo. A taxa de retorno é baseada na taxa de juros do empréstimo e na utilização dos fundos. Essa taxa varia de acordo com o ativo e é ajustada pelo contrato inteligente para otimizar a utilização dos fundos, respondendo às condições de mercado.

Exemplos de protocolos nesse formato incluem MakerDAO e Compound.

Já no caso das **operações sem garantia**, vemos uma interessante inovação em DeFi que foi batizada de *flash loans* [empréstimos flash, em tradução livre], disponível no protocolo Aave (que também provê empréstimos com garantia) via rede Ethereum. Essa é uma modalidade instantânea que permite aos usuários tomar empréstimos e pagá-los na mesma transação realizada na blockchain.[12] Assim, é possível aproveitar oportunidades financeiras de curto prazo sem a necessidade de capital próprio, incluindo operações como arbitragem, refinanciamento de dívidas ou migração de contratos.

A essência dos *flash loans* é que eles eliminam o risco de inadimplência. Se o empréstimo não for pago com juros até o final da efetivação da transação na rede Ethereum, ela é revertida, pois não é gravada na blockchain e é como se nunca tivesse sido efetuada. Essa é uma tecnologia nova que ainda não está amplamente disponível ao público (sendo utilizada majoritariamente por programadores), mas que tem o potencial de revolucionar a maneira como nos relacionamos com dinheiro e gerenciamos risco no ambiente financeiro.

STABLECOINS

Stablecoins são peças importantes das finanças descentralizadas. Com elas conseguimos realizar transações sem ficarmos expostos à volatilidade existente em boa parte dos tokens fungíveis – permitindo replicarmos a essência das operações que realizamos cotidianamente no mercado tradicional, expandindo essas possibilidades com as inovações existentes na criptoeconomia. **Para a maior parte dos casos de uso na realidade DeFi, vemos basicamente três tipos principais de stablecoins: com garantia de moeda fiduciária, com garantia de criptoativos e sem garantia.**

- **Stablecoins com garantia de moeda fiduciária** têm reservas de ativos off-chain para suportar sua paridade de valor. Nesse caso, uma entidade do mundo exterior faz a custódia das reservas, como uma conta em que estão depositados dólares, por exemplo. As principais stablecoins com essa característica são a Theter e a USDC;
- **Stablecoins com garantia de criptoativos** podem ser, em termos de valor, fielmente atreladas a um ativo ou ser aproximadamente atrelada, a depender do seu mecanismo de funcionamento. Nessa categoria, a mais popular é a DAI,[13] criada pela MakerDAO e respaldada principalmente por ether, com suporte de alguns outros criptoativos. Seu valor é ajustado com mecanismos econômicos que incentivam a oferta e a demanda para manter seu preço ao redor de 1 dólar (aproximadamente atrelado). Outro exemplo é a sUSD, que faz parte da plataforma Synthetix;
- **Stablecoins sem garantia** utilizam algoritmos para expandir e contrair a oferta de moeda, ajustando assim o preço com

174 A ERA DA CRIPTOECONOMIA

o objetivo de mantê-lo estável em relação ao valor fixo (geralmente 1 dólar). Quando a demanda aumenta, a oferta de moeda é expandida, e quando a demanda diminui, a oferta de moeda é contraída. O formato lembra o mecanismo de funcionamento típico de um banco central. Sua principal desvantagem é a falta de valor intrínseco que respalde a troca de seus tokens, o que pode levar a situações de instabilidade em momentos de contração. Alguns exemplos incluem a Ampleforth e a Empty Set Dollar.

DERIVATIVOS

Os protocolos de derivativos no mundo DeFi são plataformas em que os investidores negociam posições sintéticas, ou seja, representam o valor de ativos cripto ou do mundo real. Essas posições permitem aos usuários se exporem a ativos sem possuí-los, o que pode ser útil para proteção ou especulação. Aqui expandimos ainda mais as possibilidades que vimos com as stablecoins.

Há dois tipos principais de protocolos de derivativos: **mercados de previsão** e **plataformas de ativos sintéticos**. Os **mercados de previsão** possibilitam que os usuários apostem em eventos futuros, como eleições ou jogos esportivos. As apostas são feitas com tokens que pagam conforme o resultado do evento, e são apurados com o uso de oráculos. Augur e Gnosis são exemplos de protocolos existentes nos mercados de previsão.

Já as **plataformas de ativos sintéticos** permitem criar e negociar ativos que acompanham o valor de outros ativos, como ações, commodities ou criptoativos. Esses ativos sintéticos são criados com contratos inteligentes que utilizam garantias para manter a relação com o ativo com o qual está atrelado. Synthetix e UMA são exemplos de plataformas de ativos sintéticos.

Em ambos os casos, os usuários podem negociar posições sintéticas entre si por meio de DEXs. É importante, porém, compreender que eles também apresentam riscos, como falhas em contratos inteligentes ou volatilidade de mercado, e os usuários devem estar cientes disso antes de operar com esses protocolos.

A evolução segue acontecendo, e a aproximação entre criptoeconomia e mercado financeiro tradicional está se desenvolvendo bem em alguns mercados, sobretudo no Brasil.

PLATAFORMAS DE SEGURO[14]

O seguro DeFi, ou cobertura DeFi (DeFi Cover), é uma modalidade de seguro que protege contra os riscos específicos do mundo das finanças descentralizadas. Esses riscos envolvem ataques a protocolos, perda de paridade de stablecoins e outras falhas de segurança que podem levar à perda de recursos.

Há vários tipos de seguros ou coberturas DeFi disponíveis. Abaixo há alguns dos principais:

- **Cobertura de protocolo:** proteção contra perdas causadas por ataques a protocolos ou outras falhas técnicas;
- **Cobertura para stablecoins e ativos atrelados:** proteção contra perdas com stablecoins ou outros tokens, caso percam sua relação de paridade com o ativo com o qual está atrelado;
- **Cobertura para tokens de rendimento:** proteção contra perdas relacionadas a estratégias de *yield farming* (que veremos mais adiante) ou tokens que geram rendimentos;
- **Cobertura de custódia:** proteção contra perdas causadas por má gestão da custódia dos ativos;
- **Cobertura de pontes entre blockchains:** proteção contra perdas ocasionadas por falhas em pontes entre diferentes blockchains;
- **Cobertura de auditoria:** proteção contra perdas resultantes de falhas em auditorias de contratos inteligentes;
- **Cobertura de penalizações:** proteção contra perdas causadas por eventos de penalização de validadores em redes PoS;
- **Cobertura personalizada:** permite que os usuários criem sua própria cobertura de acordo com suas necessidades e perfil de risco.

Os provedores de seguro DeFi se diferenciam em três aspectos:

1. Quanto ao processo de avaliação de sinistros, podendo envolver votação da comunidade, oráculos, painéis de especialistas ou mecanismos híbridos;

2. Quanto ao gerenciamento de riscos, que inclui diversificação de tipos de cobertura, garantia do capital de subscrição ou outras técnicas de mitigação de riscos;

3. Quanto à origem do capital para a subscrição (ou seja, o capital que garantirá o pagamento do sinistro), podendo vir de depósitos de usuários, de outras formas de garantias para financiar as reservas de cobertura (*coverage pools*), de investidores externos ou de outras fontes de capital.

Em suma, os seguros DeFi são alternativas interessantes aos seguros tradicionais transpostos para a realidade das finanças descentralizadas, o que permite uma redução na exposição aos riscos vistos nesse ambiente. Como principais plataformas, encontramos a Nexus Mutual e a Cover Protocol.

Fechando as principais possibilidades que vemos no mundo DeFi, exploraremos termos associados a diferentes atividades que permitem a geração de renda passiva com finanças descentralizadas: *staking, yield farming* e mineração de liquidez (já abordado anteriormente). Cada uma possui um mecanismo e propósito diferente, vejamos abaixo.

1. **Staking:** é o processo de travar criptomoedas (geralmente baseadas em PoS) para apoiar as operações de uma rede e, em troca, receber recompensas na mesma criptomoeda;

2. **Yield Farming:** envolve travar criptomoedas em plataformas DeFi para emprestar ou tomar empréstimos e ganhar recompensas, geralmente em tokens. O objetivo principal é maximizar o retorno sobre os ativos travados;

3. **Mineração de liquidez:** fornecer liquidez para exchanges descentralizadas (DEXs), depositando ativos em um bolsão de liquidez e, em troca, receber recompensas, geralmente na forma de tokens.

Desafios, riscos e oportunidades

Como vimos, as finanças descentralizadas constituem um vasto e crescente oceano de oportunidades, algo que transformará profundamente as estruturas do mercado financeiro e abrirá caminho para soluções mais eficientes, com menor custo e, em alguns casos, inéditas para a sociedade. Contudo, esse ambiente é hoje um grande laboratório vivo, no qual testes intensos têm ocorrido e diversos riscos e desafios ainda persistem.

Para começar, temos riscos de ordem técnica, algo que pode levar a bugs e ataques de hackers. Considerando que os protocolos DeFi dependem de contratos inteligentes para executar suas funções, caso houver falhas no código ou na segurança da plataforma, os usuários podem perder seus recursos. Dentro do aspecto técnico, vemos também a escalabilidade como um desafio significativo para muitos projetos de finanças descentralizadas, especialmente aqueles construídos em blockchains com limitações de capacidade e altas taxas de transação. Essas restrições podem causar lentidão nas transações e custos elevados, impactando o seu crescimento e adoção. Por fim, a interoperabilidade é outro elemento tecnológico fundamental que precisa ser endereçado para criar um ecossistema DeFi mais resiliente e eficiente, permitindo que projetos tirem proveito das capacidades uns dos outros, melhorando a experiência do usuário e permitindo que os participantes gerenciem seus ativos de maneira mais eficiente.

Outro desafio existente atualmente se encontra no fato de que as soluções são relativamente complexas e podem ser difíceis de usar para investidores e usuários não familiarizados com o espaço cripto.

A falta de interfaces amigáveis e a complexidade das interações com as plataformas DeFi podem desencorajar a adoção em massa. A incerteza regulatória em muitas jurisdições também previne a adoção das pessoas e a entrada de mais empresas nesse ambiente, impactando, inclusive, a viabilidade de novos produtos, os mecanismos de proteção do investidor e os modelos de operação no mundo DeFi.

Por isso, o envolvimento construtivo com reguladores e formuladores de políticas pode ajudar a moldar um ambiente regulatório favorável, que proteja os usuários sem sufocar a inovação. Estabelecer padrões e melhores práticas para projetos DeFi também pode aumentar a confiança dos usuários e investidores no ecossistema.

A evolução segue acontecendo, e a aproximação entre criptoeconomia e mercado financeiro tradicional – via DeFi e outros elementos que vimos ao longo deste livro – está se desenvolvendo bem em alguns mercados, sobretudo no Brasil. No próximo capítulo, exploraremos melhor o que tem sido feito nesse sentido, os desafios que já estão sendo contornados e os movimentos que devem acelerar o processo de convergência.

SINAIS DE CONVERGÊNCIA – INSTITUIÇÕES FINANCEIRAS, BANCOS CENTRAIS E GOVERNOS ADENTRAM A CRIPTOECONOMIA

O futuro já chegou, ele só não está uniformemente distribuído."

WILLIAM GIBSON, AUTOR DE LIVROS DE FICÇÃO CIENTÍFICA.[1]

A infraestrutura blockchain e os diferentes elementos que compõem a criptoeconomia estão passando por um acelerado processo de evolução. Novas soluções vêm sendo intensamente testadas, as quais, neste momento, são capazes de trazer inovações dignas de filmes de ficção científica. Algumas startups já oferecem produtos e serviços que são utilizados por uma gama de usuários *early adopters* (os primeiros adeptos de soluções ainda bem recentes), que conseguem ter novas experiências e já usufruir da eficiência, do maior controle, dos altos ganhos e dos baixos custos existentes na criptoeconomia. Eles têm praticamente um vislumbre do que será o novo mercado financeiro. Além deles, empreendedores e inovadores em todo mundo também conseguem, hoje, ter contato e se aprofundar nas tecnologias que serão a base para os grandes negócios do futuro, surfando ondas das quais poucos têm consciência do potencial – e até mesmo da existência, em muitos casos.

Contudo, ainda há um caminho decisivo a ser percorrido para que mais pessoas possam vivenciar os benefícios proporcionados pela criptoeconomia. Esta é uma jornada que exigirá o envolvimento do ecossistema financeiro tradicional como um todo – que está, aos poucos, se movimentando em direção a essa nova realidade, adentrando em uma infraestrutura que tem o potencial de trazer consideráveis benefícios para a sociedade.

Para dar uma ideia do estágio no qual a criptoeconomia se encontra, vejamos a seguir uma representação da Curva de Rogers, gráfico criado pelo professor Everett Rogers, que mostra a evolução de uma inovação até que ela atinja a adoção em massa – passando por diferentes percentuais de usuários ao longo do tempo, à medida que progride. Em cima desse mesmo gráfico, está adicionada a teoria do escritor Geoffrey Moore, autor do livro *Atravessando o abismo*,[2] que mostra o "abismo" existente entre os visionários adeptos iniciais e os consumidores pragmáticos (que fazem parte de um grupo mais abrangente e amplo de mercado, o qual comumente chamamos de *mainstream*).

Para cruzar o abismo rumo ao mercado *mainstream*, as inovações precisam se traduzir em soluções cada vez mais disponíveis e cotidianas que atendam às necessidades e expectativas dos clientes pragmáticos, que são mais exigentes e menos dispostos a correr riscos do que os *early adopters*. Por vezes, essa transposição não acontece, e acabamos vendo várias tecnologias interessantes que não são capazes de atingir a adoção no grande mercado.

É fundamental que as empresas entendam quais elementos podem auxiliar no processo de transição para que possam se planejar estrategicamente, executar as mudanças necessárias internamente e desenvolver soluções capazes de gerar mais eficiência e melhores resultados para companhias e consumidores – ao mesmo tempo que ajudam a guiá-los nessa jornada. No caso da criptoeconomia, pode-se chegar a um ponto no qual quem não estiver empregando os novos componentes de infraestrutura trazidos por essa realidade estará "perdendo dinheiro" em relação aos seus pares – algo que mostra que o timing para realização desses movimentos é crítico.[3]

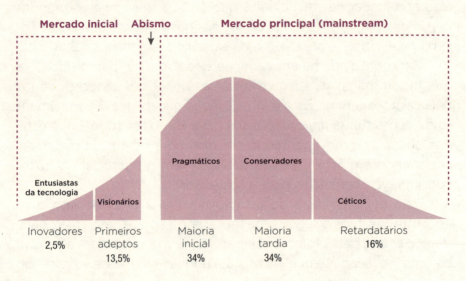

É de grande importância que os principais players do mercado financeiro – desde bancos até fintechs, passando por processadores de pagamentos, entre outros – ponderem e pautem internamente discussões sobre como a criptoeconomia impactará os seus negócios e toda a cadeia de valor do setor. Assim, eles serão capazes de planejar as mudanças que garantirão a sobrevivência e a perpetuidade do negócio quando a chave virar. É nessa virada de chave que o cenário competitivo também deverá se alterar, e as companhias nascidas na criptoeconomia poderão se tornar relevantes o suficiente para incomodar ou até mesmo tomar os seus lugares em alguns nichos.

Processos de mudança geralmente levam tempo, mas, nos dias de hoje, todo minuto conta. Nenhum player pode se dar ao luxo de não experimentar, testar e otimizar seus negócios diante da atual realidade. Existem grandes oportunidades na transição, e ela é necessária, pois se trata de uma atualização relevante no contexto dos negócios realizados no mercado financeiro – do qual ninguém sairá ileso. **O paralelo que pode ser feito é similar a quando o mercado precisou se mover, de maneira inevitável, no sentido de viabilizar novas operações, automações e interfaces à medida que a internet ganhou relevância e adoção dos usuários.**

Assim como no caso do avanço da internet, as instituições que se moverem rápido poderão aprimorar sua curva de aprendizado e se beneficiar enormemente disso antes dos demais. Ao mesmo tempo que administram a recomposição de receitas e potencial canibalismo de algumas unidades de negócios inseridas no modo antigo de se ganhar dinheiro em determinados mercados, elas também lidam com as consequências disso, pois ocorrem mudanças gerais de dinâmica nas suas operações e nos processos internos do negócio.

Neste capítulo, abordaremos como o processo de convergência entre o mercado financeiro tradicional e a criptoeconomia está acontecendo, mostrando como instituições tradicionais e bancos centrais estão se movimentando para a grande virada de chave que está por vir. Assim, cobriremos elementos que estão ajudando a superar o "abismo" atual, sendo eles: os provedores de *crypto as a service* (CaaS); as soluções do tipo DeFi Mullet e os serviços de tokenização; as CBDCs (*central bank digital currencies*, ou moedas digitais dos bancos centrais); o processo de regulamentação dos criptoativos; e as iniciativas governamentais para apoiar esse ecossistema.

Provedores de *crypto as a service* (CaaS): abrindo portas para novos mercados

Entre as entidades que participam no processo de convergência, encontramos um provedor de serviços que está ganhando cada vez mais importância no contexto atual. Esse provedor de serviços vem **contribuindo com a transição das empresas e de seus consumidores para o contexto da criptoeconomia**, apresentando novas possibilidades em termos de soluções e uma infraestrutura alternativa e mais moderna em relação ao que é utilizado no mercado financeiro atualmente.

Trata-se dos **provedores de *crypto as a service*** (por vezes chamado de *blockchain as a service*), atividade que conceitualmente lembra o provimento de infraestrutura financeira tradicional feito pelas empresas que atuam no *banking as a service* – em geral, envolve um modelo de pagamento por uso do serviço, que costuma ser baseado no volume consumido.

A principal similaridade é que, em ambos os casos, são usadas plataformas digitais e integrações via APIs (interfaces de programação) para acelerar a disponibilização de uma determinada capacidade financeira para uma empresa – sendo um grande atalho nessa jornada. **Assim, em um momento inicial, não é necessário que uma empresa interessada na criptoeconomia desenvolva toda a tecnologia e expertise sozinha para realizar esse processo de transformação, já que é possível se apoiar nos novos parceiros para tal.**

Uma das soluções mais básicas ofertadas pelos provedores de CaaS é a entrega de um acesso facilitado aos criptoativos, indo além das corretoras, até então a principal porta de entrada para a criptoeconomia.

Inicialmente, algumas fintechs mundo afora começaram a embarcar nessa oportunidade, contratando empresas de CaaS e adicionando a possibilidade de compra e venda de bitcoin entre o rol das soluções oferecidas aos seus clientes. Aos poucos, mais criptoativos (como o ether, por exemplo) passaram a ser também incorporados entre as ofertas dessas fintechs. Até que, recentemente, essa possibilidade passou a ser também considerada por bancos e empresas de diferentes setores, ávidas por participar deste crescente mercado. Esse é um movimento global e que já está se manifestando rapidamente no Brasil, conforme mostraremos a seguir.

Um dos movimentos internacionais mais emblemáticos de empresas que decidiram abraçar o mundo cripto aconteceu em 2017, quando o neobank britânico Revolut começou a oferecer um serviço de compra e venda de criptoativos para seus clientes. No ano seguinte, foi a vez da fintech Robinhood (até então focada em oferecer produtos tradicionais de investimento, como ações e opções) surfar essa onda.

No final de 2020, o Paypal anunciou o lançamento de um novo serviço, permitindo que seus clientes comprem, mantenham e vendam criptoativos diretamente de sua conta do PayPal, além de possibilitar o pagamento via cripto por compras realizadas junto aos mais de 26 milhões de comerciantes que utilizam a fintech em todo mundo.

Os casos da Revolut e do Paypal guardam algumas similaridades e nos levam a um fornecedor em comum: a Paxos, fintech especializada em CaaS que provê a tecnologia e expertise necessária para que essas empresas possam habilitar soluções cripto para os seus próprios clientes.

Como já mencionamos, a lógica é parecida com o *banking as a service*. Contudo, esse pode ser considerado um próximo passo que possibilitará embutir nas empresas uma nova geração de serviços financeiros baseados em blockchain – sendo que o ato de desbloquear a negociação de criptoativos é uma solução inicial que, consequentemente, permite a abertura de mais portas dentro desse vasto ecossistema.

A Paxos surgiu em 2012 com o nome itBit, uma corretora de bitcoin que, em 2015, recebeu do Departamento de Serviços Financeiros do Estado de Nova York sua licença de operações, o que lhe concedeu a capacidade de ser o custodiante e realizar compra e venda para clientes nos Estados Unidos.

Nos anos seguintes, a fintech se especializou no desenvolvimento de soluções reguladas baseadas em blockchain, tais como stablecoins, tokens lastreados em ouro e serviços de liquidação de negociações de ações. Ela é a primeira e única autorizada pela SEC (Securities and Exchange Commission ou Comissão de Valores Mobiliários, em português) para realizar essa tarefa usando a tecnologia blockchain.

Hoje, a fintech possui como clientes, além do Paypal e da Revolut, o Bank of America, o Societe Generale, a StoneX e, mais recentemente, o Picpay e o Mercado Pago (fintech do Mercado Livre que, inclusive, comprou uma participação na empresa). Dessa maneira, a Paxos se apresenta no mercado como a primeira plataforma de infraestrutura blockchain regulamentada, adotando uma abordagem global para modernizar o sistema financeiro.

A oportunidade existente na inserção de instituições do mercado financeiro tradicional e outras empresas no contexto da criptoeconomia é tão grande que atraiu diversos outros players para essa arena. Assim, vemos desde **empresas que iniciaram suas atividades como corretoras** e estão expandindo sua atuação para o mercado B2B de infraestrutura (Bitstamp e Bitpanda), até **players que são nativos desse espaço** (Bakkt e Ramp) e **empresas que atuavam com infraestrutura para o mercado tradicional, como *banking as a service* ou *fintech as a service***, e hoje buscam explorar esse novo nicho (Nium e Drivewealth).

Desse modo, vemos cada vez mais pessoas ao redor do mundo encontrando formas simplificadas de ingresso no universo cripto, sendo que o primeiro contato pode acontecer diretamente com múltiplas marcas (não necessariamente financeiras) com as quais nos relacionamos todos os dias – como já está acontecendo no nosso país.

Por aqui, a tendência está avançando e fez até surgir um caso bem interessante. A 99Pay, empresa ligada à startup de mobilidade 99 e que é também subsidiária da gigante chinesa Didi Chuxing, anunciou, em 2021, que seus clientes poderiam ter exposição ao bitcoin, isentos de taxas, pelo seu aplicativo a partir de R$ 10 (até o máximo de R$ 10 mil), além de obter cashback baseado nesse mesmo ativo.

Nesse caso, o cliente não consegue sacar os bitcoins, apenas negociá-los dentro da plataforma – formato comum em vários casos similares implementados no mercado, mas que costuma ser bastante criticado por vários participantes do ecossistema cripto que entendem que esse modelo vai de encontro ao ideal cripto de autocustódia e desintermediação. Todavia, olhando a situação por uma outra ótica, o formato mais facilitado de aquisição acaba ajudando vários usuários a terem seu primeiro contato e exposição aos criptoativos (mesmo que de maneira indireta e CeFi).

Segundo diretores da companhia,[4] uma das razões para adicionar essa solução ao ecossistema da 99Pay (que já contava com conta digital remunerada pagando 220% do CDI) é, sobretudo, fazer que o usuário consulte o aplicativo ao menos uma vez ao dia para ver seu saldo atualizado, ampliando, assim, o tempo de tela, o engajamento e o relacionamento com a marca. Por trás da operação encontra-se a Foxbit, tradicional corretora nacional que inaugurou uma área B2B para fornecer sua expertise acumulada ao longo dos anos em forma de serviços de infraestrutura para o mercado. Segundo o co-CEO da Foxbit, João Canhada, o processo contou com forte envolvimento da Didi que, no final, transformou a experiência em um case global para o grupo.

Além da Foxbit, outras empresas também estão colocando o pé nesse mercado, em uma dinâmica similar ao que vemos lá fora. Temos aqueles que já atuavam como corretoras (caso da 2TM, holding controladora do Mercado Bitcoin), os novos entrantes (como a Bitfy) e os players de *banking as a service* que buscam agregar novas soluções ao seu portfólio (terreno no qual encontramos a Dock).

Um crescente número de empresas vem mergulhando nesse mundo por aqui, como é o caso da Méliuz,[5] que desenvolveu um novo aplicativo com ofertas cripto em cima da tecnologia da Acesso e do Alter Bank, fintechs adquiridas em 2021; e do Nubank,[6] que criou uma divisão chamada Nubank Cripto, em parceria com a Paxos. Mais companhias estão hoje avaliando essa oportunidade e, uma vez optando por seguir em frente, se tornarão potenciais clientes para os provedores de CaaS que já estão atuando no país.

Esses players são parceiros importantes no movimento de convergência, visto que a criptoeconomia é um terreno no qual poucos possuem domínio real e em que a curva de aprendizagem e o desenvolvimento dentro de casa podem levar mais tempo do que é possível esperar para começar rapidamente com soluções e entregas sólidas.

Sem dúvidas, as empresas que atuam em CaaS representam um dos elementos que estão contribuindo para cobrir o abismo de adoção existente hoje – sobretudo na ampliação de possibilidades B2C para diferentes empresas, abrindo portas em novos mercados e trazendo soluções cripto para seus próprios clientes. A seguir, veremos outras iniciativas que também vêm auxiliando esse processo.

DeFi Mullet e tokenização: aumentando a eficiência operacional enquanto promovem a transformação interna das empresas rumo à criptoeconomia

Se por um lado os serviços de CaaS seguem a linha de habilitar empresas a darem acesso a soluções cripto para seus clientes, há também um caminho no sentido de utilizar infraestrutura baseada em blockchain para aprimorar a eficiência operacional e reduzir custos de produtos e serviços tradicionais que já são ofertados aos clientes – **situação na qual acontece a aplicação do DeFi Mullet e dos serviços de tokenização.**

Assim, vemos a transformação em direção à criptoeconomia acontecendo "da porta para dentro", preservando a experiência do usuário oferecida hoje pelo mercado tradicional enquanto se colhe os benefícios da tecnologia – realizando, assim, o processo de conversão interna, à medida em que se pavimenta o caminho para uma virada de chave total no futuro.

Afastando um pouco a lente e olhando para além da criptoeconomia, é possível ver um fenômeno similar de transição acontecendo quando saímos da internet atual (chamada de Web 2.0 ou Web2) para a próxima fronteira (conhecida como Web3) – algo que afeta diversos mercados, não apenas o financeiro. O próximo capítulo deste livro terá um enfoque maior nessa nova internet e suas características, mas vale abordarmos o tema brevemente para aproveitar a analogia.

190 A ERA DA CRIPTOECONOMIA

A Web3 é possivelmente um dos assuntos que mais tem recebido atenção da mídia e dos fundos de capital de risco hoje, movimentando bilhões de dólares na criação de veículos de investimento focados em empreendimentos relacionados ao tema.

Basicamente, estamos falando de uma visão e um conjunto de princípios que apontam para uma internet mais descentralizada, em que o indivíduo tem maior controle sobre seus próprios dados e a governança é mais aberta e transparente.

Além disso, há, de modo nativo nesse sistema, componentes transacionais e de infraestrutura próprios vindos do mundo cripto, como a programabilidade de ativos digitais, conectando e integrando todo o potencial de inovações como finanças descentralizadas (DeFi), contratos inteligentes, NFTs, entre outras.

O frenesi, sobretudo por parte dos investidores, é grande e vem inflando o valor de mercado de várias iniciativas que decidiram abraçar o mote dessa nova web, sob a promessa de transformar mercados inteiros conforme avançam no desenvolvimento de suas soluções.

É comum ouvir relatos de empreendedores que, entre 2021 e meados de 2022, alteraram seus discursos (ou até mesmo pivotaram) em direção à Web3 e passaram a ser percebidos de maneira diferente por alguns fundos de *venture capital* (VC) – algumas vezes até levantando mais recursos do que imaginavam inicialmente.

Até mesmo Adam Neumann, o polêmico fundador do WeWork, levantou um cheque de 70 milhões de dólares com o fundo Andreessen Horowitz para uma startup de créditos de carbono tokenizados que incorpora esse discurso. Fatos como esse evidenciam que a vontade dos VCs em entrar nessa tese é grande, e o medo de ficar de fora (também conhecido como FoMO - *fear of missing out*) é ainda maior.

Dando um passo para trás, encontramos a encarnação atual da rede, chamada de Web 2.0, criticada pelos adeptos da nova versão por estar centralizada nas mãos das *bigtechs* que prestam serviços em troca dos dados pessoais de seus usuários, além de levarem uma grande parte das receitas produzidas pelos geradores de conteúdo que utilizam suas plataformas. Essa dinâmica de funcionamento e seus elementos também se transpõe para os diferentes segmentos que se adaptaram a esse contexto para oferecer soluções em mercados como finanças, logística, mídia etc.

Por outro lado, é importante termos clareza de que há também benefícios nessa realidade, afinal, atingiu-se um elevado estado de experiência do usuário e escala por parte de diferentes negócios da Web 2.0. Esse cenário não vai mudar da noite para o dia, jogando fora toda a jornada de desenvolvimento que tiveram para se adequar a uma nova internet que ainda está tomando forma e mostrando a que veio.

Há uma transição em curso, e é justamente nela que residem iminentes oportunidades, algo que preparará empresas, investidores e usuários para a futura virada de chave que veremos no mercado. Foi assim na mudança da Web 1.0 (estática, limitada e pouco interativa) para a Web 2.0, e não será diferente desta vez.

Entre o statu quo e a disrupção completa de mercados inteiros (levando à criação de novíssimos modelos de negócios e à morte de outros tantos) existem muitas oportunidades para utilizar alguns dos conceitos e peças desse mercado (combinando centralização e descentralização) para reduzir custos e aumentar a velocidade e a eficiência das mais variadas operações em múltiplos setores, sobretudo no financeiro, passando por vários outros. E, nesse sentido, o timing é agora.

As gestoras de VC viram oportunidades nesse momento de transição. É o caso da Fuse Capital, que tem chamado essa fronteira de **Web 2.5**. Segundo Dan Yamamura, um dos sócios do fundo, é possível trazer a Web3 para o mundo real dos negócios atuais, não sendo necessária a completa imersão para usufruirmos dos seus benefícios.[7]

A Credix, uma das empresas que recebeu investimento da Fuse Capital, sumariza bem essa visão. Fundada por empreendedores belgas, a fintech se propõe a encontrar alternativas de *funding* por meio do uso de DeFi, substituindo, assim, estruturas tradicionais, como os FIDCs (fundo de investimento em direitos creditórios), e removendo demais intermediários da equação, o que barateia e agiliza toda a operação.

Usando a rede blockchain da Solana, a empresa tem a capacidade de acessar investidores globais, oferecendo retornos atrativos em operações de crédito para empresas em mercados emergentes, ao mesmo tempo que viabiliza empréstimos com taxas de juros competitivas.

Vemos cada vez mais pessoas ao redor do mundo encontrando formas simplificadas de ingresso no universo cripto, sendo que o primeiro contato pode acontecer diretamente com múltiplas marcas (não necessariamente financeiras).

A Credix, inclusive, fechou parceria com outras fintechs, como a a55, especializada em empréstimos para empresas da nova economia que possuem receita recorrente, o que ampliou ainda mais o acesso dessas operações junto a potenciais tomadores. Essas estruturas têm o potencial de promover uma revolução na área de DCM (*debt capital markets*), que compreende operações como renda fixa, empréstimo e securitização.

Com uma proposta parecida com a da Credix, vemos a AmFi, que conta com sócios oriundos da fintech Grafeno e provê soluções de crédito para empresas. A empresa, cujo nome é um acrônimo de Amphibious Finance, se posiciona como uma fintech de infraestrutura de crédito baseada na tecnologia blockchain, sendo que utiliza a rede Avalanche para tal. Assim, ela fica entre as fintechs de crédito focadas em PMEs (no mundo financeiro tradicional) e os investidores institucionais (na realidade das finanças descentralizadas).

Há também um unicórnio brasileiro do segmento fintech que está criando essa ponte entre dois mundos no mercado local. É a Cloudwalk, responsável pela maquininha InfinitePay, que utiliza a tecnologia blockchain para aumentar e eficiência das operações e conceder empréstimos de até 6 mil reais para lojistas através das finanças descentralizadas.

Em entrevista à Infomoney Coindesk,[8] o CEO da empresa, Luís Silva, declarou: "Por trás, a wallet de Web3 que o lojista usa obtém a stablecoin (pareada em real) BRLC do *pool* a uma taxa de juros baseada em uma determinada quantidade de produtos que ele vende. Assim, o cliente usa DeFi sem saber".

A atuação nessa intersecção entre o mercado financeiro tradicional centralizado e regulado e o mundo das finanças descentralizadas ganhou até um nome que se tornou popular na comunidade de inovação financeira: **DeFi Mullet**.

Criada pelo podcast Bankless em 2020,[9] a expressão se refere ao famigerado corte de cabelo dos anos 1980, sendo mais alongado na parte de trás e curto nas laterais e na frente. Ao transpor a analogia para a área financeira, temos finanças tradicionais (conhecido como TradFi) na frente e finanças descentralizadas (DeFi) na parte de trás.

O DEFI MULLET

DeFi atrás

TradFi na frente

A Tribal Credit também sinalizou a adoção do DeFi Mullet. A fintech atua na América Latina e oferece uma plataforma financeira para startups, com uma conta, software de gestão de despesas, crédito, entre outros produtos. Eles fizeram um acordo com a Bitso e com a Stellar Develpment Foundation (fundação responsável pela rede Stellar, na qual funciona a stablecoin USDC, pareada como o dólar) para permitir pagamentos internacionais para seus clientes, bem como uma conta multimoedas dentro do aplicativo.

No futuro, a empresa pensa também em expandir a ideia de usar DeFi em seus processos internos para mais produtos, como crédito. É importante ressaltar que a Tribal captou recursos através da venda do seu próprio token, chamado TRIBL, tendo levantado 41 milhões de dólares, sendo que tiveram como compradores desde fundos de VCs até pessoas físicas.

Segundo a empresa, o token TRIBL será usado em seu ecossistema próprio dentro da plataforma, e também funcionará como um token de governança para o protocolo de empréstimos de finanças descentralizadas da empresa.

Explorar a resolução de problemas do mercado financeiro tradicional com tecnologia blockchain é algo que já acontece há alguns anos, sobretudo por parte de grandes bancos em seus laboratórios de inovação. Contudo, com o avanço da criptoeconomia e do ecossistema de provedores de serviços de infraestrutura nesse ambiente, já é possível ver múltiplas soluções e possibilidades mais tangíveis para sua aplicação, conforme exposto anteriormente.

Além das empresas que estão desenvolvendo as próprias tecnologias e sistemas que permitam a utilização do DeFi Mullet (tal como a Cloudwalk, Credix e Tribal), existem provedores de soluções que se apresentam como parceiros para ajudar diferentes players nesse processo, ou em parte dele. **E os que mais têm se popularizado são as tokenizadoras – responsáveis, sobretudo, pela transformação dos ativos reais e financeiros em tokens transacionados em blockchains e, em alguns casos, provendo suporte na criação de tokens próprios para empresas.**

No Brasil, diversas empresas se apresentaram como prestadoras de serviços de tokenização de ativos; entre elas, temos a BlockBR, Liqi, MB Tokens (do Grupo 2TM, holding que controla o Mercado Bitcoin) e a Foxbit Tokens (uma das soluções B2B do grupo Foxbit).

Vários desses players oferecem uma gama mais ampla de soluções, que inclui CaaS, custódia de criptoativos e consultoria especializada no desenvolvimento de produtos e serviços que utilizem blockchain. A tokenização de ativos, pura e simples, tende a ficar comoditizada caso não tenha mais componentes (e inteligência de negócios aplicada) que garantam um valor agregado maior para os clientes.

O movimento de tokenização, de modo geral, contribui para que o mercado tradicional migre para a infraestrutura blockchain, permitindo que ativos reais e produtos financeiros ganhem uma série de atributos como: fracionamento da titularidade, redução de custos pela remoção de intermediários, aumento de liquidez (tanto pelo fracionamento quanto pela possibilidade de ser transacionado em um mercado global e sem fronteiras), maior velocidade de transação, maior segurança, maior transparência, inserção em um ambiente com programabilidade (podendo ser objeto de contratos inteligentes e operação de DeFi). São muitas as possibilidades que estão surgindo em um ambiente de constante evolução como a criptoeconomia.

Segundo estudos do Citigroup[10] quase tudo de valor pode ser tokenizado, e a tokenização de ativos financeiros e ativos físicos pode ser o "caso de uso matador" que a tecnologia blockchain precisa para avançar. O Citi prevê que cerca de 4 a 5 trilhões de dólares em valores mobiliários (securities) podem ser tokenizados até 2030, assim como 1 trilhão em recursos voltados à Trade Finance (financiamento de operações de comércio exterior) podem se mover para infraestruturas baseadas em DLT até essa data.

Além disso, estudos da consultoria BCG e da ADDX[11] apontam que a tokenização é uma poderosa ferramenta para monetizar ativos ilíquidos (que normalmente são mais difíceis de vender e serem transacionados). De acordo com tais estudos, a oportunidade de negócios nesse mercado específico é de 16 trilhões de dólares, ou quase 10% do PIB global até 2030. Isso inclui 3 trilhões de dólares em *home equity* (financiamento imobiliário), 4 trilhões de dólares em participações em empresas listadas e não listadas da bolsa, 1 trilhão de dólares em títulos e fundos de investimento, 3 trilhões de dólares em ativos financeiros com baixa liquidez, e 5 trilhões de dólares em outros ativos diversos passíveis de tokenização.

Olhando para os bancos, alguns dos principais players internacionais decidiram acelerar o processo de otimização de suas operações, colhendo frutos na transição rumo à criptoeconomia. É o caso do JP Morgan, que através da unidade Onyx Digital Assets, está trabalhando em várias maneiras de tokenizar ativos financeiros como renda fixa e fundos de investimento para serem utilizados tanto no mercado tradicional quanto na realidade DeFi – servindo até como garantia nessas operações.

O Head da Onyx Digital Assets, Tyrone Lobban,[12] declarou o seguinte em uma matéria à Coindesk: "O objetivo geral é trazer esses trilhões de dólares em ativos para o DeFi, para que possamos usar esses novos mecanismos de *trading* e empréstimos, mas com a escala institucional". O Goldman Sachs também tem olhado para oportunidades nesse espaço pois, além de já ofertar criptoativos e contratos de derivativos, declararam no evento Financial Times Crypto and Digital Assets Summit (em abril de 2022) que: "a tokenização de ativos reais usando tokens não fungíveis (NFTs) é uma área que consideramos de grande potencial e interesse para a instituição".[13]

No Brasil, o Itaú largou na frente e criou sua área de *digital assets*. Essa unidade realizará tokenização de ativos, fará custódia de ativos digitais, prestará serviços de *token as a service*, entre outros. Outro player bem ativo nesse mercado é o BTG Pactual, que criou uma unidade de ativos digitais chamada Mynt, que além de dar acesso ao mercado cripto via operações de compra e venda, já realizou movimentos interessantes como a tokenização de ativos imobiliários através da emissão de um *security token* batizado de ReitBZ, via Blochain Tezos.

Para além do mercado financeiro, diferentes empresas de segmentos como mídia, esportes, varejo de luxo, bens de consumo, entre outros, também estão se posicionando no espaço da Web 2.5. Nesse caso, as marcas conseguem entrar nesse mercado e se fazerem presentes com mais facilidade por não possuírem um elemento *tech* muito complexo de ser alterado em sua operação (como na realidade do mercado financeiro, por exemplo). Elas podem, assim, encontrar possibilidades no mundo das NFTs e da Web3 como um todo, de modo a colocar os pés nessa realidade e executar movimentos iniciais – que devem expandir e gerar frutos à medida que a adoção do grande público aumenta.

A Web3 é um experimento vivo que segue se moldando por meio de intensos testes e que ainda encontrará caminhos para disruptar diferentes indústrias. Por ora, há uma grande quantidade de FoMO envolvido e vários projetos devem ficar pelo caminho, inflados pela excitação do momento e incapazes de tangibilizar uma real revolução no mercado. Essa é uma questão que envolve timing e maturidade do ecossistema que está sendo desenvolvido.

Outro ponto a se considerar é que hoje temos múltiplas infraestruturas buscando seu espaço, ao mesmo tempo que provam a sustentabilidade de suas teses diante de um ambiente de forte estresse no mundo cripto. E isso não é nenhum demérito, apenas um processo evolutivo normal, como já vimos em outros momentos na história.

Muitas empresas não sabem (e, em alguns casos, não podem) lidar com esse nível de incerteza – o que inclui também a incerteza regulatória da própria criptoeconomia. Por isso, a coexistência da realidade da Web 2.0 e Web3 no nível macro (ou do TradFi e DeFi no mundo financeiro) deve se estender por mais um tempo. Novas gerações guiarão a adoção e a mudança de comportamento dentro dessas novas realidades, com consequente popularização dos casos de uso e melhoria natural da usabilidade em um mundo já transformado e ativamente funcionando dentro do contexto da Web3.

Apesar de atualmente termos várias peças capazes de serem combinadas para transformar de maneira contundente a sociedade, ainda veremos diversos experimentos combinando essas peças – e a mudança, de fato, acontece de maneira progressiva – gradualmente, e então, de repente.

A reação dos bancos centrais: nascem as CBDCs

Com a acelerada evolução dos ativos digitais e das tecnologias que possibilitam sua existência e desenvolvimento – bem como a crescente utilização de tais ativos pela população – bancos centrais de diferentes partes do mundo passaram a olhar para o potencial dessa inovação (ou parte dela) sendo aplicado nas moedas fiduciárias e nos sistemas financeiros de seus países.

Um processo de observação e estudo por parte dessas entidades já ocorria enquanto o ecossistema cripto se desenvolvia – desde os primeiros anos do Bitcoin, passando pelo surgimento das altcoins e, em especial, das stablecoins em meados da década de 2010. Entretanto, no ano de 2019, o mundo foi surpreendido pelo anúncio do Libra – um projeto de criptoativo que seria capitaneado pelo Facebook (hoje chamado de Meta) e que representava uma evolução do modelo de stablecoins até então – tanto pelo modelo (a Libra seria lastreada em uma cesta de ativos financeiros globais) quanto pela escala global da *bigtech* e pela quantidade de apoiadores iniciais de peso (contando com empresas como Visa, Master, Paypal, entre outras).

Devido ao amplo escopo, grandiosidade e ambição global do projeto Libra, muitos bancos centrais mundo afora passaram a questionar os impactos potenciais dessa nova stablecoin na economia. Assim, alguns países condenaram o seu desenvolvimento, algo que acabou por tirar força do projeto e promoveu uma debandada de seus principais apoiadores – que temiam criar indisposições com os reguladores. Por fim, o projeto Libra chegou até a ser reformulado com o nome Diem, mas, por fim, toda sua propriedade intelectual e ativos foram vendidos para uma empresa chamada Silvergate Capital Corporation. No fim das contas, a ideia e a proposta iniciais foram desmanteladas e nunca lançadas oficialmente.

Um efeito colateral desse processo de desenvolvimento da Libra foi a retomada mais intensa de debates dos bancos centrais sobre a criação de versões digitalizadas de suas próprias moedas, conhecidas como CBDC (*central bank digital currency*, ou moedas digitais dos bancos centrais, em português).

É importante frisar que, ao contrário das stablecoins e dos criptoativos tradicionais, as CBDCs não são de propriedade privada. Elas são criadas, mantidas e de propriedade de bancos centrais, podendo ser voltadas ao varejo (para uso dos cidadãos em operações cotidianas) ou ao atacado (em remessas realizadas entre grandes instituições financeiras).

Entre os países que saíram na frente em termos de pesquisa, desenvolvimento e lançamento de versões iniciais de suas CBDCs, vemos a Suécia (que iniciou as fases de teste da e-krona em fevereiro de 2020), China (com o yuan digital ou e-CNY, que começou a ser testado em algumas cidades do país em abril de 2020), as Bahamas[14] (com o sand dollar, sendo oficialmente lançado em todo o país em outubro de 2020), algumas nações que compõe o Caribe Oriental[15] (todas regidas pelo mesmo banco central, que lançou a DCash em abril de 2021), a Nigéria[16] (que em outubro de 2021 lançou o e-naira), e a Jamaica[17] (com a CBDC Jam-Dex, em operação desde junho de 2022). O tema atualmente domina a agenda das autoridades monetárias de vários países – que já anunciaram o desenvolvimento de projetos com lançamento próximo, incluindo o Brasil.

A maioria das iniciativas pioneiras é baseada em DLT, e o projeto chinês, por sua vez, funciona via *digital currency electronic payment* (DCEP), rede que possui alguns elementos de DLT – segundo Mu Changchun, diretor do Banco Central Chinês responsável pelas pesquisas relativas à CBDC. A ideia inicial era que o yuan digital rodasse em um sistema DLT puro, mas entenderam que esse modelo não seria adequado para o caso deles.[18]

Podem também existir projetos que sejam baseados em infraestruturas centralizadas convencionais, o que, em certa medida, limita seu potencial em relação ao que é possível quando se utiliza a tecnologia DLT. Sob o ponto de vista de arquitetura operacional, é importante entender se a CBDC representa uma reivindicação direta contra o banco central ou se tal reivindicação é indireta, por meio de intermediários em uma cadeia de pagamentos.

Essa questão torna mais claro o papel do banco central e dos participantes de mercado (intermediários) nas operações de pagamento diárias – se ele emitirá diretamente a CBDC aos usuários ou usará "distribuidores" no processo (essa é uma consideração pertinente no caso de **varejo** das moedas digitais dos bancos centrais).

Em relação à maneira como os usuários acessam as CBDCs e como sua posse é verificada, existem hoje duas formas que foram projetadas pelos bancos centrais:[19]

- **CBDC baseada em conta (*account-based*):** é semelhante a uma conta bancária tradicional, em que as transações do usuário são registradas em um banco de dados associado à sua identidade, que é verificada por um intermediário. Pode ser útil para combater atividades ilícitas e foi o formato aplicado no projeto piloto sand dollar das Bahamas;

- **CBDC baseada em token (*token-based*):** permite certo nível de anonimização, e as transações são verificadas através da combinação de chaves criptográficas públicas e privadas – similar aos criptoativos tradicionais – sem necessidade de identificação, garantindo acesso universal, o que mantém uma característica semelhante ao que encontramos no dinheiro físico. No entanto, os bancos centrais ainda podem rastrear ou compartilhar dados de transações, se necessário. O grau de anonimato pode variar, dependendo do projeto CBDC. Por exemplo, na China, os usuários de e-CNY têm anonimato controlável, com o banco central sendo capaz de rastrear transações de alto valor. A privacidade dos usuários é resguardada, e as informações não são compartilhadas com terceiros, a menos que seja exigido por lei ou regulamento.

Olhando para os projetos de CBDCs que visam viabilizar operações transfronteiriças (como as remessas internacionais), é comum vermos suas construções ocorrendo em cima de plataformas DLT, com o envolvimento conjunto de um grupo de países. Assim, vemos as multi-CBDC (ou mCBDC), que poderão ser usadas por empresas em operações de comércio internacional, agilizando e barateando as operações.

Existe uma iniciativa nesse sentido envolvendo China, Hong Kong, Tailândia e Emirados Árabes Unidos, além de outra, chamada Projeto Icebreaker, que envolve o hub de inovação do BIS (o banco central dos bancos centrais) e autoridades de Israel, Noruega e Suécia, que tem testado a viabilidade técnica de múltiplas provas de conceito relativas a operações internacionais. Nesse aspecto, é possível que tenhamos arranjos que conectem iniciativas de varejo locais com as de atacado internacionais – construídas em formato de consórcio com grupos de países, conforme vimos há pouco.

O BIS desenvolveu um gráfico[20] que nos permite analisar diferentes questionamentos do ponto de vista das necessidades dos consumidores combinadas com as escolhas em termos de fatores a serem considerados na construção de um CBDC de varejo, indo de aspectos básicos aos mais complexos – sumarizando os pontos que abordamos até aqui.

A pirâmide CBDC

A pirâmide CBDC mapeia as necessidades do consumidor (lado esquerdo) associadas ao design da escolha do banco central (lado direito). Os quatro níveis do lado direito formam uma hierarquia em que as camadas mais inferiores representam as escolhas que alimentam as decisões de maior importância.

Antes de analisar as soluções trazidas por esse instrumento, vale mostrar a visão menos otimista de alguns críticos que acreditam que essa novidade poderá ampliar o controle do Estado sobre as transações realizadas pelos indivíduos, o que pode ser um grande problema em nações que, notadamente, são conhecidas pelo cerceamento das liberdades individuais (tal como a China). Um exemplo de uso negativo dessa tecnologia é a impossibilidade de se pagar por conteúdo produzido por jornais e veículos de notícias estrangeiros usando o yuan digital chinês, devido à política de controle de informação do país. O tempo dirá como, de fato, a população de cada nação poderá ser impactada por esse novo elemento no mercado financeiro, tanto negativa quanto positivamente.

Até esse momento, acredito que você conseguiu perceber que as CBDCs não são criadas iguais – e seus objetivos principais, em termos de resolução de problemas, podem variar dependendo do país. Entre as principais razões pelas quais as autoridades monetárias estão criando suas próprias moedas digitais, temos:

- A modernização do sistema financeiro (trazendo redução de custos, segurança aprimorada, mais velocidade e programabilidade);
- A facilitação do manejo de programas de ajuda governamental (como distribuição de auxílios emergenciais e subsídios);
- Melhoria da infraestrutura de pagamentos local (tornando-a mais eficiente, instantânea e interoperável);
- Inclusão financeira (diminuindo a informalidade e tornando os serviços financeiros mais acessíveis para a população via smartphones);
- Melhor manejo de políticas monetárias, econômicas e fiscais (aprimorando o gerenciamento de reservas, taxas de juros e arrecadação de impostos, por exemplo).

Existe potencial nas CBDCs para o cumprimento dos objetivos mencionados; contudo, os efeitos práticos ainda estão sendo testados e podem ser diferentes do esperado. Fatores como características culturais, condições econômicas gerais, estágio evolutivo atual do ambiente financeiro local, grau de abertura do país em relação aos criptoativos e o alinhamento e comunicação da iniciativa junto ao ecossistema financeiro podem impactar no resultado final – além da própria maneira como foi construída a moeda digital.

Nesse sentido, vale olharmos para o caso do e-naira, na Nigéria. Passado mais de um ano de lançamento da CBDC no país, a adoção não decolou e os resultados se mostraram decepcionantes.[21] Examinando o contexto, encontramos uma moeda local fraca e desvalorizada e a existência de restrições para acesso de moedas estrangeiras. Com isso, a população já lançava mão dos criptoativos para preservar seu poder de compra, o que levou o banco central a proibir que as instituições financeiras do país fizessem negócios com exchanges de cripto.

Quando a CBDC foi lançada, os nigerianos não entenderam a mensagem e confundiram a e-naira com as criptomoedas que o governo tanto criticava. Além de tudo isso, o sistema financeiro local e as alternativas de pagamentos digitais já não eram muito avançadas, o que fazia o dinheiro em espécie ser importante no dia a dia da população. Para completar, o banco central decidiu resolver a questão da adoção de sua moeda digital na marra, limitando o acesso ao papel moeda,[22] medida que enfureceu os nigerianos, que promoveram a depredação de agências bancárias e do patrimônio público.

A implementação, sem dúvidas, não é trivial, e a análise das condições específicas exploradas anteriormente podem dar pistas sobre os pontos que podem ajudar ou atrapalhar na tarefa. Se olharmos para outro país africano, como o Quênia, pode ser que tenhamos um processo diferente quando a autoridade monetária resolver implementar sua moeda digital.

Para começar, o país já conta com uma boa adoção de serviços financeiros digitais, com níveis de inclusão financeira[23] na casa dos 83% graças ao M-Pesa, solução de pagamentos digitais lançada em 2007 pela operadora Safaricom (subsidiária da Vodafone), que funciona até em celulares analógicos – o que seria um ponto a favor, já que apenas metade dos telefones celulares do país são smartphones, mas também um complicador.

De todo modo, o banco central do país já anunciou que não tem a CBDC como uma prioridade no momento e não acredita que ela seja uma "bala de prata" para atingir aqueles que ainda estão excluídos do sistema. Isso porque reconhece que existem problemas de ordem cultural no qual normas sociais de certas áreas impedem, por exemplo, que mulheres a tenham acesso a celulares.

Voltando a atenção para o Brasil e seu projeto, o real digital, encontramos muitos elementos que têm tudo para fazer com que nossa implementação dê certo e se torne referência global. Para começar, já contamos com um sistema de pagamentos instantâneos avançado e amplamente adotado (o Pix) e existe clareza por parte da nossa autoridade monetária em relação ao fato de que nossa CBDC adicionará um nível de programabilidade mais sofisticada ao sistema financeiro – sendo que possibilidades de integração com a realidade DeFi já são discutidas.

Além disso, o banco central tem envolvido o ecossistema financeiro de maneira ativa nas discussões sobre o tema e na cocriação de casos de uso através do laboratório Lift, gerido pela Fenasbac (Federação Nacional de Associações dos Servidores do Banco Central). **Desse modo, o mercado tem condições de se preparar para a chegada de um novo componente de infraestrutura financeira, trabalhando**

estratégias e soluções com calma e antecedência – garantindo uma transição suave quando acontecer o lançamento da CBDC.

Entre os casos de uso e possibilidades que foram testadas, temos:

- Protocolos de finanças decentralizadas;
- Protocolos de entrega contra pagamento (que resolvem questões como a troca de titularidade de um veículo ou imóvel ao mesmo tempo em que ocorre a transferência do recurso, por exemplo);
- Protocolos de pagamento contra pagamento (útil quando precisamos que valores sejam trocados simultaneamente, como no caso de operações de troca de moedas);
- Aplicações para internet das coisas (envolvendo uma rede de armários programáveis para recebimento de encomendas de e-commerce), entre outras.

Sobre sua característica básica de funcionamento, tudo indica que, uma vez emitido, o real digital circulará entre instituições de pagamento e instituições financeiras, entidades intermediárias que manterão as CBDCs em seu balanço (tokenizando-o) enquanto emitem stablecoins (ou real tokenizado) lastreadas nessas mesmas moedas digitais. Para o piloto, foi escolhida a rede Hyperledger Besu, DLT compatível com a rede Ethereum.[24]

Retomando a discussão acerca da convergência entre o mercado tradicional e a criptoeconomia – que é o grande tema deste capítulo – e os elementos que devem acelerar esse processo, auxiliando na superação do abismo da adoção pelo grande público, entendo que as CBDCs (especialmente no caso do Brasil) têm grandes chances de contribuição com o cenário.

Isso porque essa inovação promoverá uma transição ordenada e chancelada pelo banco central rumo à realidade tokenizada, levando mais ativos para estruturas DLT – fomentando a atividade dos agentes participantes da criptoeconomia enquanto abre conexões com o vasto ambiente da Web3.

Em um momento futuro, o Brasil estará preparado para lidar com questões relativas à interoperabilidade dentro da realidade da nova Web e, por consequência, com outros ecossistemas financeiros que estiverem conectados a ela de algum modo – tudo isso envolvendo a moeda fiduciária de diversas nações, devidamente transpostas para esse novo mundo.

O Citigroup[25] estima que as CBDCs poderão ser utilizadas por cerca de 2 a 4 bilhões de pessoas globalmente até 2023, sendo que pelo menos 50% desse total poderá estar atrelado às DLTs, algo que tem o potencial de promover uma revolução na infraestrutura financeira global, nos colocando além das limitações dos sistemas locais de pagamentos e transferências.

Todos esses movimentos bem pensados do Brasil nos fazem refletir a respeito da visão do presidente do BC, Roberto Campos Neto, que, de fato, priorizou essa agenda e comandou não só essa como outras importantes inovações. Em evento do FMI (Fundo Monetário Internacional) em abril de 2022 ele declarou:[26] "Eu não acho que nós sabemos como as intermediações financeiras vão se parecer em três ou quatro anos. O verdadeiro desafio é identificar as tendências e entender como um banco central pode contribuir com isso."

Sem dúvidas, essa fala mostra não só a humildade intelectual do presidente do BC, mas também clareza ao confirmar entendimento sobre a velocidade e inevitabilidade da grande mudança que já está ocorrendo no ambiente financeiro.

A regulação e as iniciativas governamentais como elementos viabilizadores e catalisadores da criptoeconomia

Em diferentes partes deste livro, abordamos os aspectos regulatórios e a sua importância para o desenvolvimento pleno da criptoeconomia e de seus vários elementos, rumo à adoção pelo grande público (*mainstream*).

É fato que todo esse mercado alternativo se desenvolveu sem pedir licença, e deve continuar existindo enquanto houver internet, capacidade computacional, redes e usuários. Contudo, para que a grande convergência ocorra (e continuemos vendo evolução), é

Apesar de atualmente termos várias peças capazes de serem combinadas para transformar de maneira contundente a sociedade, ainda veremos diversos experimentos combinando essas peças.

necessário que os países e suas autoridades contemplem esse novo ambiente em suas regulamentações e, de preferência, busquem fomentá-lo e desenvolvê-lo – posicionando-se, assim, como futuros *hubs* amigáveis para iniciativas inovadoras.

A urgência em lidar com as oportunidades, desafios e riscos inerentes trazidos pelos criptoativos tem sido cada vez mais reconhecida pelos reguladores em todo mundo. Cada país tem encarado esse tema ao seu modo; contudo, visto que essa inovação está cada vez mais presente na vida dos cidadãos, é importante endereçar o tema de maneira abrangente, visando garantir a proteção do consumidor, a estabilidade financeira e a integridade do mercado.[27] A falta de clareza pode criar um vácuo que impede o desenvolvimento pleno das inovações, gerando insegurança jurídica, poucas salvaguardas para os usuários e equívocos nas relações comerciais entre os participantes de mercado e o Estado.

Entre os pontos que precisam ser considerados, temos o desenvolvimento de diretrizes ou recomendações para a aplicação de leis que tratem dos criptoativos no setor financeiro, da criação de estruturas de supervisão – seja incorporando essa atribuição em algum órgão já existente, seja criando um órgão específico para tal –, do treinamento dos servidores nesses temas e da utilização de tecnologias e ferramentas que permitam mensurar e supervisionar as novas atividades.

Atualmente, alguns reguladores têm considerado diferentes medidas para endereçar a atividade cripto, seus participantes e seus riscos, incluindo:[28]

- Banir atividades específicas;
- Isolar o mercado dos criptoativos do sistema financeiro tradicional;
- Regulamentar atividades da criptoeconomia de maneira similar à das finanças tradicionais;
- Desenvolver alternativas para aprimorar a eficiência do setor financeiro tradicional.

Cada alternativa precisa ser estudada com cuidado pelos desenvolvedores de políticas e regras do setor financeiro. Entretanto, vale mencionar que atitudes como banir atividades específicas pode colocar o país na contramão do progresso, sobretudo quando se trata de atividades que representam fronteiras já exploradas em jurisdições mais favoráveis à inovação.

Outra medida que pode gerar muitos equívocos é isolar o mercado de criptoativos, tratando-o como uma caixa separada do mercado financeiro, visto que esses players já desempenham funções muito similares e podem, de modo efetivo, ser considerados como parte integrante da realidade financeira – em sua forma mais moderna.

Vale lembrar que muitos players da criptoeconomia já estão, em várias partes do mundo, cavando seu espaço e se integrando com o mercado tradicional – seja através de parcerias, de aquisição de entes regulados ou tirando licenças novas de operação – realizando, assim, um pedaço do processo de convergência. Já a regulamentação de atividades da criptoeconomomia de maneira similar à das finanças tradicionais (embora sejam necessárias diversas adaptações nesse processo) e o desenvolvimento de alternativas para aprimorar a eficiência do setor financeiro tradicional (sobretudo considerando a utilização de componentes da criptoeconomia para tal) se encontram no lado mais amigável e otimista da discussão, tanto em relação ao futuro desse mercado quanto em sua unificação em algum ponto do futuro.

Trazendo exemplos próximos, vemos países como Brasil e Estados Unidos em lados opostos desse espectro. Enquanto os EUA seguem dificultando a atuação de empresas cripto (inclusive grandes players de capital aberto por lá), sem uma visão clara e unificada entre os reguladores acerca de definições conceituais básicas, nosso país aprovou uma lei que determina as diretrizes para a regulamentação da prestação de serviços no ambiente cripto (Lei 14.478/22)[29], que ainda será desdobrada e especificada pelos reguladores competentes (tanto o banco central quanto a Comissão de Valores Mobiliários – CVM).

Medidas como essa somam mais um ponto para o Brasil na construção de um ambiente favorável para a criptoeconomia. Assim, o país tem melhores condições de atrair investidores, empreendedores, talentos e capital, avançando ainda mais no cenário global de inovação financeira.

METAVERSO, WEB3, AI GENERATIVA E ALÉM!

A tecnologia não é nada. O importante é que você tenha fé nas pessoas, que elas sejam basicamente boas e inteligentes – e se você lhes der ferramentas, elas farão coisas maravilhosas com elas. Ferramentas são apenas ferramentas."

STEVE JOBS, COFUNDADOR DA APPLE[1]

Após explorarmos as diferentes facetas da criptoeconomia, desde seu conceito fundamental, passando pelos seus componentes específicos até o movimento de convergência junto ao mercado financeiro tradicional, nos aproximamos agora do final desta jornada (ao menos, por ora).

Neste último capítulo, cobriremos algumas tecnologias emergentes e conceitos que simbolizam a próxima fronteira em termos de inovação aplicada, temas que vêm sendo o centro de várias discussões realizadas por futuristas, pelo mercado e por entusiastas. **Tais tecnologias e conceitos certamente impactarão o futuro da criptoeconomia e do mundo fintech como um todo. Porém, também impactarão múltiplos mercados de maneira transversal e a sociedade de modo geral, para além dos cercados da inovação financeira.**

Assuntos como metaverso e Web3 foram abordados nos capítulos anteriores, seja por terem surgido em época próxima a outros elementos descritos ao longo do livro – como criptoativos, NFTs, DeFi, entre outros –, seja por serem viabilizados, de algum modo, graças à utilização de sua capacidade.

Já a inteligência artificial (IA ou AI, *artificial intelligence*) é uma tecnologia que permeia o nosso dia a dia há décadas, mas que ganhou impulso extra com a popularização de uma subcategoria conhecida como IA generativa, no final do ano de 2022. Isso ocorreu graças ao êxito de ferramentas como o ChatGPT (um modelo de linguagem voltado à criação de textos com base em parâmetros definidos e imputados pelo usuário), o Dall-E e o Midjourney (esses últimos voltados à produção de artes gráficas complexas baseadas nas especificações do usuário).

O crescimento da utilização cotidiana das ferramentas baseadas em IA generativa ocorreu de maneira extremamente rápida, vencendo o abismo da adoção e conquistando o grande público em tempo recorde. Elas foram transformadas em poderosas aliadas na criação de conteúdos em diversos formatos e na automação de tarefas intelectuais de todo tipo – algo que definitivamente trará consequências para a humanidade, nos levando a repensar e reorganizar múltiplas áreas da nossa vida.

Após navegarmos por esses assuntos, faremos um exercício de reflexão (e, em certa medida, de futurologia) a respeito dos possíveis caminhos e questionamentos que deverão surgir depois que a sociedade for transformada pela combinação de todos os elementos que analisamos até aqui.

É hora de encaixarmos mais algumas peças finais neste vasto quebra-cabeças de perspectivas, ampliando nossa visão sobre o panorama recente da inovação financeira (e além, olhando a inovação de maneira ampla), sobre as interconexões dos diferentes conceitos que pudemos examinar e sobre as formas como as pessoas podem utilizar essas ferramentas para criarem coisas incríveis. Por fim, como tem sido ao longo de toda esta obra, será um prazer poder guiar você por mais um capítulo e concluir este percurso contigo.

Metaverso: uma nova realidade digital

O termo metaverso pode parecer novo para muitas pessoas, porém, ele se originou no começo da década de 1990, quando apareceu pela primeira vez no livro *Snow Crash*[2] do autor Neal

Stephenson, lançado originalmente em 1992. No livro, a expressão foi usada para descrever um espaço digital no qual os usuários interagem e criam relações sociais, usando avatares para escapar de uma realidade distópica.[3] Para capturar a essência do conceito, Stephenson reuniu a palavra meta[4] (que em sua origem grega significa além ou transcendente) com verso (retirado da palavra universo).

A ideia central, sem o uso específico do termo, já havia sido explorada em outras obras anos atrás, sendo que uma das mais populares foi *Neuromancer*,[5] publicada pela primeira vez em 1984 e escrita pelo autor William Gibson. Nela, que também é situada em um futuro distópico, existe um ambiente digital chamado Matrix que reúne dados de computadores unificados em rede e que pode ser explorada de modo tridimensional por quem se conecta a esse ciberespaço. Em 1999, foi lançado o filme *Matrix*,[6] inspirado diretamente no conceito de Gibson.

Mais recentemente, vemos a obra *Jogador nº 1*,[7] lançada em 2012 e escrita por Ernest Cline, explorar mais profundamente o tema. Nela, os personagens mergulham em um ambiente digital por meio de óculos de realidade virtual em conjunto com outros aparelhos para terem uma experiência bastante imersiva – utilizando avatares com variados elementos estéticos. O livro foi posteriormente adaptado para o cinema por Steven Spielberg, no ano de 2018.[8]

Em 2021, o termo metaverso ganhou bastante evidência, ficando sob os holofotes da mídia. Em um contexto de pandemia, e passado um ano após o *lockdown* que aconteceu em grande parte do mundo, a Roblox (plataforma global de jogos on-line que permite a interação e colaboração entre jogadores) abre capital na bolsa de valores de Nova York[9] e cita sua ambição de longo prazo de construir um metaverso com amplas possibilidades de interação (indo além dos jogos, incluindo reuniões e trabalho colaborativo) e o desenvolvimento de uma economia própria – baseada na sua moeda, chamada robux. Assim, a Roblox pode ser considerada a primeira empresa com ação listada em bolsa que pertence ao "setor" metaverso.

Ainda em 2021, no mês de outubro, o Facebook anunciou alterações em sua estratégia e mudou seu nome para Meta,[10] tendo agora como foco trazer sua visão de metaverso às pessoas, ajudando-as a se conectarem de novas formas, encontrarem comunidades e crescerem seus negócios. De acordo com o fundador da companhia, Mark Zuckerberg,[11] o metaverso é "uma internet incorporada na qual você está inserido, ao invés de apenas observar" – algo que explicita a visão da empresa em liderar uma grande transformação da internet, envolvendo o modo como interagimos e consumimos conteúdo nesse espaço. O movimento impulsionou essa tese, ampliando as discussões globais sobre o tema no nível corporativo.

Declarações como a de Mark Zuckerberg podem acabar fazendo com que muitas pessoas confundam o metaverso com uma "nova versão da internet", tal qual a tão comentada Web3. Contudo, estamos falando de conceitos distintos que serão clarificados a seguir.

Primeiramente, é importante delimitarmos a definição de metaverso e suas características com base em estudos mais recentes. Vale ressaltar que ainda existem divergências em alguns pontos, dependendo do autor ou da empresa que o descreve – portanto, não há, por ora, uma definição única e amplamente aceita a seu respeito.

A ideia aqui é buscarmos convergência de entendimentos e tornarmos sua compreensão menos nebulosa, sem restringir excessivamente o conceito a partes específicas da infraestrutura técnica ou tipos específicos de estruturas sociais e econômicas ligados ao seu funcionamento.

Nesse sentido, encontramos uma descrição bastante interessante feita pelo Dr. Louis Rosenberg,[12] especialista no tema e pioneiro no segmento de realidade virtual, ocupando também a cadeira de *Chief Scientist* no Responsible Metaverse Alliance e de CEO na Unanimous AI:

O metaverso refere-se a mundos simulados persistentes e imersivos que são vivenciados na primeira pessoa por grupos de usuários simultâneos que compartilham um forte senso de presença mútua.

Nessa definição, vemos algumas das características-chave do metaverso:

- **Persistência:** esse atributo diz respeito à capacidade de objetos virtuais, ambientes e experiências continuarem existindo ao longo do tempo, mesmo quando você não está mais lá (não deixando de existir com a sua saída, por exemplo). Assim, o espaço (e os itens que lá estiverem) poderão ser palco constante de diferentes interações, por diferentes pessoas em diferentes momentos;

- **Imersividade:** diz respeito ao modo como as pessoas se engajam com o ambiente em um nível profundo, inserindo-se verdadeiramente naquela realidade e contexto. Esse atributo vem sendo aprimorado com a utilização de óculos de realidade virtual. Apesar de elevar bastante a experiência (e ser a tendência daqui para frente), não é um item indispensável para fazer que ela seja imersiva (vide o caso dos jogos *World of Warcraft* e *Fortnite* e da plataforma Decentraland, os quais não requerem a utilização de nenhum óculos de realidade virtual);

- **Forte senso de presença mútua:** refere-se à característica social intrínseca ao metaverso, em que as pessoas têm a chance de interagir umas com as outras e de se sentirem próximas, mesmo não estando perto fisicamente.

Outros especialistas citam a **interoperabilidade** como característica do metaverso, ou seja, a capacidade de diferentes mundos virtuais se comunicarem e interagirem entre si de maneira integrada e sem interrupções, permitindo que seus usuários se movimentem facilmente entre eles. Porém, esse estágio ainda não foi atingido nos dias de hoje e ainda é algo que está sendo trabalhado por profissionais do mercado – representando um desafio a ser superado para que possamos atingir o próximo nível nesse ambiente.

Portanto, não seria errado dizer que atualmente existem múltiplos ambientes (ou metaversos, por assim dizer), representados por plataformas que mantêm as características básicas mencionadas acima. O que temos hoje é como um embrião dessa visão futura na qual vamos poder chamar todo esse conjunto de ambientes simulados interoperáveis – que permitem experiências imersivas e coletivas – de, apenas, metaverso (no singular) e transitar entre diferentes mundos conectados, tendo eles elementos específicos próprios e compatibilidade entre si.

As tecnologias que viabilizam a existência dos metaversos vêm sendo desenvolvidas há um bom tempo, sendo que nos últimos vinte anos vimos a aplicação delas na construção de plataformas que foram muito importantes na jornada evolutiva do tema. Na página a seguir, podemos ver algumas iniciativas criadas ao longo dos anos, paralelamente com o surgimento de demais tecnologias que têm contribuído com essa evolução.[13]

Como é possível ver no gráfico, os jogos foram muito importantes na história do desenvolvimento do metaverso. Antes mesmo dos anos 2000, quando começa a linha do tempo acima, jogos como *Neverwinter Nights* (1991), *Ultima Online* e *Tibia* (ambos de 1997) foram pioneiros em um gênero que ficou conhecido como MMORPG (*massively multiplayer online role-playing game*), permitindo vários jogadores simultâneos, que usavam avatares e interagiam em mundos medievais digitais – sendo uma das primeiras versões funcionais de metaverso. Pouco tempo depois, em 2004, foi lançado o *World of Warcraft*, o MMORPG mais jogado da história, reunindo milhões de adeptos que investiram incontáveis horas interagindo e se aventurando no mundo fantástico de Azeroth.

Outra iniciativa que representou um marco nessa linha do tempo foi o *Second Life*, lançado em meados de 2003. Ele não se apresentava como um jogo, mas como um ambiente digital que simula a vida real e social do ser humano através da interação entre avatares – um gênero completamente novo em comparação ao que se via até então, e que trouxe ao mundo uma amostra do que viria décadas depois.

Em meados da década de 2010, a criptoeconomia começa a se aproximar do metaverso – sobretudo após o surgimento dos primeiros NFTs – ajudando a moldar a próxima geração de iniciativas que são alavancadas pelos ativos digitais. Em novembro de 2015, aconteceu a apresentação do jogo *Etheria* na DEVCON (uma conferência voltada para desenvolvedores da plataforma Ethereum) de Londres.

Como mencionado anteriormente, tratava-se de um mundo virtual descentralizado em que os usuários podiam comprar, vender e comercializar terrenos virtuais em formato de blocos, chamados *tiles*. Cada *tile* é um ativo digital único e indivisível, representado por um token não fungível na rede Ethereum. Os usuários podem interagir com seus *tiles*, construir ou modificar a paisagem, sendo que cada alteração é registrada na blockchain, garantindo assim um histórico público e imutável das interações.

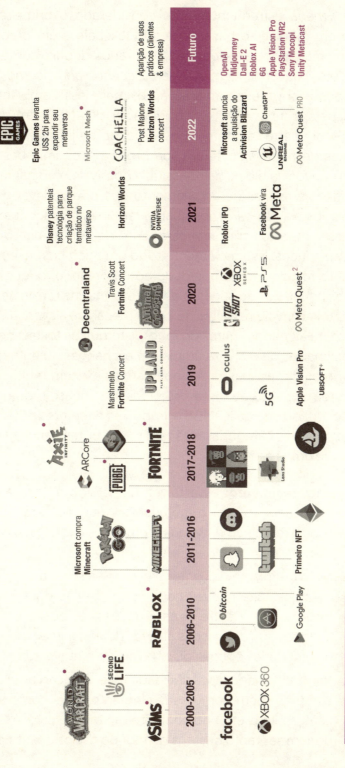

METAVERSO, WEB3, AI GENERATIVA E ALÉM! 219

O *Etheria* é frequentemente considerado o primeiro experimento em metaverso baseado em blockchain e um precursor de projetos mais populares que surgiram anos depois, como *CryptoVoxels* e o *Axie Infinity*, em 2018, e o *Decentraland*, no ano de 2020.

Após a criptoeconomia se aproximar desse ambiente – trazendo perspectivas para o uso inovador das NFTs em diferentes casos – foi aberta também a possibilidade de jogos e demais plataformas de metaverso terem sua própria economia baseada em tokens nativos na blockchain. Assim, é possível combinar incentivos específicos e formas de engajamento que podem levar à geração de modelos *play-to-earn*, nos quais a remuneração acontece na forma desses mesmos criptoativos a partir do cumprimento de objetivos específicos. Isso movimenta todo um microcosmo econômico enquanto fortalece a comunidade ao redor do jogo, que também colhe os benefícios do sucesso da plataforma (na forma de apreciação do token). Vale ressaltar que essa mecânica alavanca oportunidades para além dos limites do jogo, visto que os tokens podem ser transacionados de maneira ampla em exchanges ou entre pessoas.

Apesar de ter suas raízes nos games, existem múltiplos casos de uso relacionados ao metaverso – visando quase todo tipo de interação. Um estudo da KPMG[14] agrupou as diferentes possibilidades em dez grandes categorias que têm maior potencial de crescimento nos próximos anos:

1. **Entretenimento:** essa talvez tenha sido a primeira grande indústria a abraçar o metaverso. Aqui encontramos games, concertos, cinema, parques temáticos e todo tipo de performance artística;

2. **Networking social:** interações sociais variadas, transcendendo as alternativas comuns existentes hoje (voz, texto, foto e vídeo). Refere-se às situações nas quais encontramos amigos e novas pessoas através do engajamento em alguma das múltiplas opções disponíveis no metaverso;

3. **Varejo:** variadas possibilidades de replicar ambientes de compras (bem como seus elementos, tais como shopping centers, lojas etc.) no contexto digital imersivo. As compras podem ser tanto de itens do mundo físicos quanto do digital

(como NFTs). O conceito de gêmeos digitais (*digital twins*) deve ganhar força dentro desta categoria;

4. **Manufatura:** ambientes de pesquisa e desenvolvimento que repliquem condições específicas podem ser criados no metaverso – mais uma vez impulsionando o uso dos gêmeos digitais. Assim, as empresas podem ter mais eficiência e interatividade no processo fabril;

5. **Saúde:** a telemedicina e a pesquisa e desenvolvimento voltada para novos medicamentos e terapias são alguns dos casos de uso que devem avançar nos próximos anos;

6. **Trabalho remoto:** utilizar o metaverso para colaborações, reuniões e trabalho em equipe é algo bastante promissor. A Meta é uma das empresas que têm apostado alto nesse segmento de mercado;

7. **Educação e treinamento:** aqui encontramos espaços digitais voltados a aulas, treinamentos e conferências. Além de viabilizar mais possibilidades em termos de experiências que podem ser geradas entre professores e alunos, essas alternativas têm o potencial de reter mais a atenção dos envolvidos e emular o processo ativo de aprendizado (ao contrário do formato passivo encontrado hoje em muitos treinamentos on-line);

8. **Pesquisa e desenvolvimento:** de modo amplo, diversos tipos de pesquisas científicas podem ser desenvolvidas no metaverso – por vezes simulando condições específicas e utilizando gêmeos digitais para analisar os potenciais efeitos de tais condições;

9. **Gestão pública:** como ambiente experimental, é possível testar hipóteses relacionadas à construção de cidades inteligentes (*smart cities*), por exemplo;

10. **Finanças:** a presença no metaverso e a realização de ações por parte das instituições financeiras nesses ambientes já vem sendo testadas por players como JP Morgan, Banco do Brasil, HSBC, entre outros. Aqui vemos desde a criação de interações (sob o formato de jogos, por exemplo) focadas em educação financeira, palestras sobre novos produtos financeiros, entre outras formas de interação.

Apesar dos variados casos de uso e perspectivas de avanços no setor, vimos no começo de 2023 um contexto de redução nos investimentos voltados ao desenvolvimento de novas possibilidades (sobretudo voltadas ao ambiente corporativo) no metaverso.

Uma das razões disso está no crescimento da IA generativa que despontou no final de 2022 e eclipsou o avanço aparentemente menos ágil do metaverso e de seus componentes. Empresas como Microsoft e Meta fizeram, inclusive, redução nas equipes que lidam com o tema. A Meta não vinha convencendo os investidores sobre sua nova visão estratégica e foco em ambientes virtuais, o que levou a uma queda acentuada de suas ações no período, exigindo reações da alta gestão no sentido de buscar outras vias mais claras (e rápidas) de rentabilidade.

Alguns analistas vieram decretar a morte do metaverso desde então, como se tudo não tivesse passado de um delírio coletivo momentâneo. Contudo, se prestarmos atenção, perceberemos que ele segue vivo, sobretudo para as gerações mais jovens – que têm contato diário com as diferentes plataformas existentes hoje, interagindo socialmente, divertindo-se, colaborando e explorando novos ambientes.

Ao olharmos o gráfico anterior, principalmente o campo que aponta rumos para o futuro, veremos uma série de novas tecnologias que poderão ser combinadas com o metaverso, trazendo novo fôlego, acelerando o desenvolvimento de sua infraestrutura e a geração de casos de uso inovadores. Estudos da consultoria Active Consulting[15] estimam que as aplicações baseadas no metaverso devem atingir 600 milhões de usuários até 2026 – isso graças ao impulso em termos de criação de novos contextos e ambientes via inteligência artificial generativa.

Outro elemento que pode ajudar na adoção é o lançamento do Vision Pro pela Apple, produto com o qual a empresa busca inaugurar uma nova era de produtos focados em *spatial computing* (ou computação espacial), no qual misturamos conteúdo digital com o espaço físico. O próprio posicionamento do aparelho em termos de preço está mais próximo de um computador de última geração do que de um aparelho voltado para funções mais limitadas (como apenas jogos, por exemplo). Apesar de não mencionar a palavra metaverso na apresentação desse produto (talvez para se distanciar do discurso da Meta), a Apple certamente impactará esse ecossistema, inclusive inspirando o surgimento de mais iniciativas nesse sentido. Considerando que essa *bigtech* é uma grande lançadora de tendências, é possível que esse novo produto aponte, também, potenciais rumos para uma era pós-smartphone – empurrando outros players do setor no desenvolvimento de hardwares similares, ao passo que fomenta todo ecossistema na criação de mais plataformas e casos de uso.

No outro lado do espectro, é importante ter em mente que também existem desafios a serem superados quando olhamos à frente. Para avançarmos, é crucial que o mercado e a sociedade enderecem temas como interoperabilidade, regulação, identidade, privacidade, segurança (no sentido de evitar que diferentes tipos de crimes que ocorrem no mundo real sejam replicados nesse ambiente), cibersegurança, propriedade intelectual e acessibilidade.

Ponderando a respeito das oportunidades e desafios existentes no metaverso e sua evolução, é bastante útil pensarmos no gráfico *Gartner Hype Cycle*[16] para compreendermos o ponto da jornada no qual se encontra essa inovação. Trata-se de uma ferramenta que representa as fases de maturidade e adoção de tecnologias emergentes. Ela tem cinco fases: inovação tecnológica, pico de expectativas infladas, desilusão, encosta da iluminação e planalto da produtividade. O modelo ajuda a entender quando uma tecnologia está pronta para adoção em larga escala e o seu potencial impacto no mercado.

Sumarizando tudo isso, a tirinha criada por Tom Fishburne mostra – de maneira clara e bem-humorada – a evolução de expectativas dos usuários do metaverso (desde o princípio da tendência até o futuro) e a coloca em uma montagem gráfica que espelha os diferentes momentos do *Hype Cycle* da Gartner.

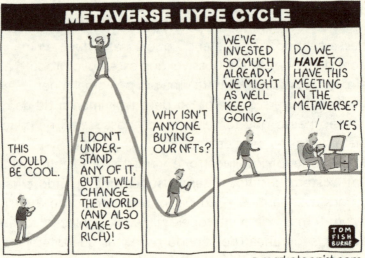

Como reflexão final a respeito do tema, talvez valha revisitarmos sua primeira aparição no livro *Snow Crash*, no qual o personagem principal fugia do mundo real com suas idas ao metaverso – visão que muitos críticos ainda têm a respeito do objetivo de uso atual dessa tecnologia. **Talvez, em um futuro não tão distante, a sociedade consiga encarar o metaverso não como uma espécie de abandono da realidade, mas como uma nova maneira de entendê-la – experimentando, assim, suas diferentes características, nuances, possibilidades e oportunidades de desenvolvimento humano.**

Web3: o próximo estágio da internet

Após uma visão geral sobre o metaverso, é hora de clarificarmos o que é a Web3, suas características e relações com os demais tópicos da criptoeconomia que foram descritos ao longo deste livro. Mesmo já tendo explicado o básico acerca do tema, entendo que, neste momento – após ter detalhado alguns dos principais elementos que compõe a Web3 – ficará mais fácil ter uma visão nítida a respeito do assunto.

---

* (N.T.) "Isso pode ser legal." / "Não entendo nada disso, mas vai mudar o mundo (e nos deixar ricos!)" / "Por que ninguém está comprando nossas NFTs?" / "Já investimos tanto, então é melhor continuar." / "Realmente **precisamos** ter essa reunião no metaverso?" "Sim."

Antes de mais nada, vale dar alguns passos para trás e remontar a linha evolutiva da internet, para entender, assim, como chegamos até aqui.

Começando no ano de 1969, vemos o início das operações da **ARPANET**,[17] a primeira rede de computadores do mundo – considerada uma ancestral da internet. Essa rede foi construída pelo governo dos Estados Unidos (mais especificamente pela DARPA, uma unidade financiada pelo Departamento de Defesa) para facilitar o tráfego de dados entre universidades e centros de pesquisa no país. Nos anos que se seguiram, outros países, como a então União Soviética, desenvolveram sistemas similares, conectando computadores em sua extensão territorial.

No início da década de 1970, a invenção e implementação do protocolo TCP/IP pelos cientistas da computação Vinton Cerf e Bob Kahn representou um considerável avanço na rede ARPANET. Esse protocolo, em linhas gerais, estabelecia os padrões e normas para conexão de sistemas em larga escala, possibilitando que diferentes computadores falassem a mesma língua e que a comunicação continuasse mesmo que alguma das máquinas da rede não estivesse disponível.

Ainda na década de 1970, o protocolo FTP (*file transfer protocol*) foi inventado (e incorporado à rede), permitindo a armazenagem e o download de arquivos, e do e-mail. Já em 1984, foi criado o *domain name system* (ou DNS) no intuito de substituir longos números de endereço na rede (os chamados IPs) por versões mais curtas, como os endereços atuais dos sites. Por fim, em 1989, Tim Berners-Lee, engenheiro da computação britânico, propôs um modo de simplificar o acesso e organizar o conteúdo das redes existentes globalmente até aquele momento, desenvolvendo a World Wide Web (sim, da famosa sigla www, também conhecida como rede mundial de computadores).

No começo dos anos 1990, a ARPANET foi descontinuada, dando lugar à rede mundial de computadores em sua primeira versão, conhecida hoje como **Web 1.0**. É interessante notar como diferentes tecnologias se agrupam no sentido de viabilizar grandes inovações que transformam mercados inteiros – e nesse caso não foi diferente, como vimos antes da eclosão da internet e veremos adiante em cada nova versão dela.

A Web 1.0 ficou conhecida por suportar a economia da informação, sendo majoritariamente baseada no consumo de conteúdo em formato escrito – algo que já foi capaz de representar um importante avanço na democratização do acesso à informação naquela época.

A utilização consistia basicamente na navegação através da pesquisa por páginas específicas, com o auxílio de buscadores, ou via acesso direto inserindo o endereço. Os editores publicavam seus conteúdos em sites estáticos que eram lidos pelos usuários, com interação limitada entre eles e praticamente sem ferramentas de feedback. Uma boa parte de quem publicava o conteúdo, sobretudo os mais acessados, eram grupos de mídia que coletavam suas receitas em cima de publicidade baseada em número de cliques em um anúncio ou visualização de páginas.

Durante a primeira fase da internet, que durou até meados de 2005, vimos o surgimento de tecnologias que, mais tarde, seriam importantes para a viabilização da **Web 2.0**, tal qual o protocolo VoIP (*voice over internet protocol*, que revolucionou a comunicação ao baratear chamadas de longa distância), a transmissão via *streaming*, a internet móvel, entre outras.

Houve uma explosão na criação de novos negócios baseados na internet, e muita empolgação do mercado com o rápido potencial transformador dessa nova onda. Isso acabou por levar a um direcionamento excessivo de dinheiro em iniciativas com poucos fundamentos e a abertura de capital de várias empresas (algumas tinham modelos de negócio absolutamente frágeis), ocasionando na supervalorização das suas ações, o que levou a uma bolha no setor que estourou ao longo do ano 2000. Algumas empresas sobreviventes, como a Google e a Amazon, se tornaram grandes players que ganharam papel de destaque na próxima fase da rede mundial de computadores.

A Web 2.0 trouxe uma internet mais ampla e que já não era apenas uma espécie de grande biblioteca global. Com infraestrutura mais robusta (sobretudo em termos de conectividade) e casos de uso variados, a internet se tornou terreno de discussões, interações e compartilhamento de conteúdo (em diversos formatos) entre os usuários, sendo palco para múltiplas formas de entretenimento e ambiente para criação de negócios de diferentes tamanhos (baseados em e-commerce, trabalhos autônomos on-line etc.). As redes sociais foram alguns dos frutos desse momento.

A fase foi caracterizada pela possibilidade de os usuários consumirem e criarem conteúdo dentro de diferentes plataformas, sendo remunerados por isso – porém, intermediados por essas plataformas que controlam de maneira centralizada as receitas a serem pagas aos criadores de conteúdo.

O cenário possibilitou a "economia dos criadores", mas também foi caracterizado pela coleta e uso de dados pessoais dos usuários – em alguns casos, com usos questionáveis. Várias tecnologias desenvolvidas nessa etapa – como os elementos que compõe a criptoeconomia e o metaverso – estão formando as bases que viabilizarão a transformação de negócios atuais (e a criação de vários outros) na próxima fase. Isso resolverá, inclusive, a questão da intermediação e propriedade dos criadores via infraestrutura descentralizada baseada em blockchain.

Seguindo a lógica das fases anteriores, poderíamos afirmar que a próxima viria a se chamar **Web 3.0**. Contudo, comumente vemos o uso do termo **Web3** para denominar a era descentralizada das redes que está se formando – mas afinal, seriam os dois termos a mesma coisa? Na verdade, não, e há uma certa confusão nas nomenclaturas.

A expressão **Web 3.0** foi criada por Tim Berners-Lee (ele mesmo, o pai na primeira versão da internet), no intuito de descrever o que ele acredita que seria um próximo momento da rede global de computadores, também chamado de Web Semântica.

Trata-se de uma rede de dados que pode ser processada por máquinas, ou seja, uma em que grande parte do significado é legível por computadores. Nesse sentido, Tim vê um futuro no qual as máquinas são nossos agentes, capazes de analisar dados da rede e se comunicarem entre si para resolverem e automatizarem nossas demandas cotidianas. Ele, inclusive, já disse em palestras que há uma grande confusão entre sua visão da rede e a visão que é propagada hoje, baseada em descentralização – movimento que ele pede que seja ignorado[18] devido ao ceticismo que sente em relação à tese.

O termo **Web3** foi criado em 2014 por Gavin Wood, um dos fundadores do Ethereum e fundador da rede Polkadot. No caso, ele se refere a uma rede global descentralizada baseada em blockchains públicas que visa combater o domínio das *bigtechs* e devolver para os usuários o controle, a privacidade e a posse de seus dados, bem como o controle integral sobre seu conteúdo criado (e a monetização advinda dele). **Em resumo, nessa versão, os usuários podem consumir, produzir e possuir seus conteúdos e as receitas geradas por eles, tudo isso sem intermediários no processo – suportando, assim, a economia descentralizada.**

Daqui por diante nesta obra, vamos nos referir a esse último termo e seu conceito. Para tornar ainda mais claro, agora que foi explicada essa divergência contextual entre os termos (que querem dizer coisas diferentes) vamos nos referir a cada estágio de modo padronizado como **Web1**, **Web2** e **Web3**. O quadro a seguir funciona como um resumo básico das características encontradas em cada momento:[19]

	Web1	Web2	Web3
Período	1990 – 2005 Introdução da internet	2005 – 2020 Ascenção das plataformas	2020 + Nascimento da era descentralizada
Conteúdo e controle de receitas	• Usuários acessam conteúdos de sites estáticos; • Quem publica coleta as receitas.	• Usuários tanto acessam quanto criam conteúdo; • Redes e plataformas controlam o fluxo de receita dos criadores de maneira centralizada.	• Usuários acessam, criam e possuem o próprio conteúdo e o fluxo de receita; • Usuários negociam dados através de redes descentralizadas de blockchain sem auxílio de intermediários.
Opções de login	**Web1** **Login** Usuário xxxxxxxx Senha	**Web2** **Login** Faça login para continuar Continuar com Google Continuar com Facebook Continuar com Apple Continuar com o e-mail	**Web3** **Login** Conecte-se com uma das carteiras disponíveis ou crie uma nova MetaMask Formatic Coinbase Wallet WalletConnect Mostrar mais opções

	Web1	Web2	Web3
Características que definem cada fase	• O início da era digital; • Digitalização em silos.	• Digitalização centralizada; • Dados centralizados; • Valor captado por plataformas; • Inovação em silos.	• Digitalização descentralizada; • Distribuição de dados; • Valor captado por criadores; • Incentivos de inovação.
Exemplos de aplicações e infraestruturas presentes	• Sites estáticos; • Voice over Internet Protocol (VoiP); • Programas de computador.	• Aplicações SaaS; • Redes sociais; • Aplicativos móveis e para web; • Vídeo-conferências; • Modelos de negócio baseados em plataformas.	• Finanças descentralizadas (DeFi); • Criptoativos, tokens, NFTs; • Metaverso; • Redes sociais descentralizadas.
Tecnologias essenciais	• Páginas da web básicas; • E-commerce; • HTML (Hyper Text Markup Language); • HTTP (Hyper Text Transfer Protocol); • URL (Uniform Resource Locator).	• Redes sociais; • Conteúdo gerado por usuários; • Acesso por internet móvel; • Câmera de alta qualidade; • Aplicativos; • Corporações monetizando seus dados; • Comunicação em alta velocidade; • Acesso global à internet; • JavaScript; • SCC; • HTML5; • Computação de nuvem.	• dApps; • Usuários monetizam os próprios dados; • NFTs; • Blockchains sem permissão; • Interoperabilidade blockchain; • Inteligência artificial (IA e aprendizado de máquina); • Computação de borda; • Internet das coisas; • Realidade virtual e aumentada (RV e RA).

	Web1	Web2	Web3
Exemplos de companhias criadas	• eBay, Netscape, MySpace.	• Facebook (Meta), Uber, Amazon.	• Coinbase, Metamask, Sandbox.
Valor gerado	• US$ 1,1 trilhão.	• US$ 5,9 trilhões.	• Estimativa adicional de US$ 4 trilhões ao PIB global.

Ao olhar para o quadro, é possível compreender que o metaverso é um elemento que estará presente na realidade da Web3, sendo, então, peça integrante dela – conceitos que havíamos prometido esclarecer ao longo deste capítulo. Além disso, vemos que essa próxima fronteira da internet impacta todos os mercados e tem a criptoeconomia e seus elementos como parte da sua infraestrutura nativa, sendo suas características intrínsecas à rede.

É comum ouvirmos algumas pessoas do mercado se referindo amplamente à Web3 quando querem fazer alusão a iniciativas que englobam os vários elementos contidos no conceito. Por exemplo, quando uma instituição financeira diz que está desenvolvendo projetos voltados à Web3, ela pode estar se referindo, de maneira abrangente, a projetos relacionados ao DeFi, metaverso, NFTs etc., ou, alternativamente, pode ser mais específica na fala e apontar de qual elemento em particular está falando.

É possível perceber, também, que estamos em um momento de transição, no qual vemos o desenvolvimento de algumas das tecnologias que serão chave para a Web3 acontecendo em tempo real. Tudo isso está tomando corpo agora, ao passo que os casos de uso e oportunidades de negócio que surgirão de tudo isso se validam e se preparam para ocupar o seu lugar em uma realidade futura transformada – caso essa visão, de fato, se concretize em sua totalidade, contrariando os mais céticos.

Falamos sobre esse momento de transição no capítulo anterior, o qual chamamos de **Web 2.5**. Nessa virada, cabe refletir sobre os dois tipos de criações que veremos a partir daí: antigos modelos de negócios com nova infraestrutura tecnológica (adaptados) e novos modelos de negócios criados em cima de tais infraestruturas (nativos).

Kia Mosayeri, colunista do portal Coindesk, descreve muito bem em seu artigo *DeFi: building the infrastructure for future economies*[20] como esse processo acontece na história e como podemos esperar que aconteça neste caso.

Segundo ele, a invenção da máquina a vapor melhorou significativamente o transporte marítimo e possibilitou a criação de trens, inaugurando novos modelos de negócio em áreas sem acesso ao mar. De modo semelhante, a internet transformou setores já existentes, como agências de viagem, substituindo processos antiquados de reservas feitas via e-mail e sites de viagem como o Expedia. No entanto, também deu origem a novos modelos de negócios, como o Airbnb, que expandiu a oferta e a demanda de acomodações – alterando o paradigma desse mercado. Além disso, a internet tornou mídias como jornais, televisão e rádio mais acessíveis, ao mesmo tempo que concebeu novas formas de comunicação, como blogs, podcasts e vídeos criados pela comunidade, como é o caso do YouTube. Assim, ela serviu tanto para aprimorar modelos de negócio existentes quanto para criar novos modelos.

Por fim, Mosayeri pondera o fato de que os desenvolvedores que criaram produtos para tornar seus negócios mais eficientes não são os mesmos que geraram os novos modelos. O Airbnb não foi construído pela Expedia, por exemplo. Por volta de 2000, os editores de jornais digitais não criaram blogs. Os modelos de negócios financeiros estilo DeFi Mullet (que exploramos no capítulo anterior) não darão origem aos negócios nativos da Web3.

Os desenvolvedores serão, em última análise, confrontados com escolhas de construção que não podem atender aos vários casos de uso e usuários. Por isso, precisarão escolher se usarão novas infraestruturas para tornar os modelos existentes mais eficientes ou se encararão a tortuosa rota de criar os modelos do futuro, potencialmente redefinindo o modo de funcionamento de todo um setor.

É importante ter em mente que essa segunda escolha envolve, naturalmente, um grande risco que muitas vezes é incompatível com o que é aceitável em uma empresa estabelecida, e precisa ser manejado de modo estratégico através de ferramentas que fomentem a inovação na empresa (como fundos de *corporate venture capital*, parcerias com novos players, entre outros).

Até realizarmos uma transição mais intensa rumo à realidade da Web3, será necessário aprimorar questões relativas à usabilidade e experiência do usuário, romper a barreira da adoção, ver casos de uso verdadeiramente impactantes e funcionais na rua e ter o entorno resolvido (como regulamentação, em vários casos). Será necessário, também, assegurar que o cenário futuro será verdadeiramente descentralizado.

Alguns críticos como Jack Dorsey (co-fundador do Twitter e da fintech Block) questionam esse aspecto. Dorsey entende que a Web3 é de propriedade dos fundos de *venture capital* e de seus acionistas[21] – que estão despejando bilhões de dólares no setor e se tornando os principais sócios dos projetos. Um caminho para que isso mude seria vermos os projetos ligados à Web3 sendo financiados por sua comunidade (composta por potenciais usuários), usando mecanismos alternativos existentes no mundo DeFi. Vimos isso acontecer outras vezes, como no caso do Ethereum, por exemplo.

Por fim, temos uma montanha-russa de emoções adiante, visto que adentrar nessa nova realidade da rede mundial de computadores pode trazer grandes impactos para o cenário de negócios atual e as empresas que participam dele. Nos resta encarar de frente essa mudança de paradigma e ter a certeza de que todas essas novas tecnologias são inevitáveis e já são utilizadas nos dias de hoje, bem como é inevitável a mudança de comportamento do usuário, algo que se transforma constantemente. É preciso entender, desde já, como tais tecnologias podem afetar nossa vida e nossos negócios, tornando-se poderosas ferramentas geradoras de inovação, e como os clientes podem ser servidos tendo como base a melhor experiência e relação custo-benefício possíveis.

Inteligência artificial (IA) generativa: inaugurando a era seguinte

A inteligência artificial (IA), como tecnologia aplicada, já está presente em nossa vida há anos, seja nos serviços que consumimos diariamente (oferecidos por empresas como Spotify, Netflix, Meta,

Google, entre várias outras) ou amparando processos em diferentes empresas (trazendo maior segurança, resolvendo tarefas ligadas ao atendimento ao cliente, realizando análises em tempo real etc.).

Essa tecnologia foi apresentada ao mundo na década de 1950 e teve o matemático britânico Alan Turing como um dos seus desenvolvedores pioneiros. Turing acreditava que as máquinas poderiam resolver problemas e tomar decisões com base em uma lógica similar à utilizada pelos humanos.

A IA, como ramo da ciência, seguiu evoluindo ao longo dos anos, gerando outras subcategorias como o *machine learning* (aprendizado da máquina) nos anos 1980, tecnologia que utiliza algoritmos para permitir que os sistemas de computador aprendam e melhorem seus resultados em tarefas a partir de dados e experiências, sem serem explicitamente programados.

Nos anos de 2010, vimos surgir outra subcategoria, dessa vez dentro do *machine learning*, chamada *deep learning* (aprendizado profundo). Em termo gerais, esse ramo busca utilizar redes neurais (algoritmos que simulam o funcionamento do cérebro humano) para realizar previsões, aperfeiçoar conceitos e tomar decisões com base em um vasto conjunto de informações e exemplos.

O surgimento da IA generativa – que é uma subcategoria do *deep learning* – se deu no ano de 2014, com a criação das redes generativas adversariais[22] (ou GANs – *generative adversarial networks*), uma estrutura de *deep learning* que podia gerar imagens convincentemente realistas, como rostos. Com o tempo, foram desenvolvidas variações de GANs para realizar tarefas adicionais, como a transferência do estilo de uma imagem para outra.

As GANs, juntamente com os autoencoders variacionais (VAE – *variational autoencoders*) – outra arquitetura de *deep learning* – deram início à era dos *deepfakes*, uma técnica da IA que altera imagens e vídeos para trocar a face de um indivíduo por outra.

Nos anos que seguiram, várias outras arquiteturas e técnicas (tal qual a *transformer*, que é a base de várias aplicações recentes) foram sendo empregadas para o desenvolvimento e o refino da IA generativa, levando ao seu momento de rápida proliferação, a partir de 2022.

Até 2022, muitas das ferramentas existentes eram caras ou conhecidas apenas por entusiastas e especialistas. A grande virada de chave se deu em novembro daquele ano, quando a OpenAI

– organização fundada em 2015 e voltada ao desenvolvimento de soluções amigáveis baseadas em inteligência artificial – lançou, gratuitamente, o ChatGPT, ferramenta baseada em um avançado modelo de linguagem (conhecido como LLM – *large language model*) que gerava respostas variadas e originais para diferentes tipos de perguntas.

Em paralelo, outras soluções como o Dall-E (também da OpenAI) e o Midjourney (da Yandex) despontaram, trazendo a geração de imagens originais a partir da descrição do usuário, com base em múltiplas referências artísticas. No caso dessas últimas, havia modelos *freemium* de acesso (no qual há versões gratuitas e pagas de um serviço, sendo que essa segunda possui mais funcionalidades).

A gratuidade inicial e facilidade de acesso a ferramentas tão poderosas fez com que o abismo da adoção em massa fosse superado em tempo recorde. Para se ter uma ideia, o ChatGPT demorou apenas cinco dias para atingir a marca de 1 milhão de usuários e dois meses para atingir 100 milhões – comparativamente, a Netflix levou três anos e meio para chegar ao marco de 1 milhão, e o Instagram, mais de dois anos para alcançar 100 milhões de usuários.

Além disso, surgiu um forte movimento por parte das startups para desenvolverem soluções que aplicavam IA generativa para viabilizar seus modelos de negócio e inovações. Segundo declarações de Jensen Huang, CEO da NVIDIA[23] – uma das maiores fabricantes de chips do mundo, item essencial para impulsionar essa revolução –, o ChatGPT é uma das mais importantes inovações recentes, e a sociedade está vivenciando seu "momento iPhone" da inteligência artificial, fazendo alusão a quando o smartphone da Apple foi lançado e transformou o mundo.

O grande diferencial da IA generativa – em comparação ao que víamos anteriormente em termos de soluções baseadas em inteligência artificial – é que ela é capaz de gerar conteúdo novo e original, podendo ser aplicado em diferentes formatos, como texto, vídeo e imagem. Isso inclui argumentos de venda, escrita de artigos, criação de softwares via programação, auditoria de contratos inteligentes, geração de projetos gráficos e mais uma infinidade de casos de uso. Uma das declarações mais interessantes sobre o tema veio de Bill Gates que, em março de 2023, escreveu:[24]

A evolução da IA é tão fundamental quanto a criação do microprocessador, do computador pessoal, da internet e do telefone móvel. Ela vai mudar a maneira como as pessoas trabalham, aprendem, viajam, recebem cuidados de saúde e se comunicam umas com as outras. Indústrias inteiras vão se reorientar em torno dela. Empresas se destacarão pela maneira como a utilizam.

Lembrando que essa é uma inovação transversal ampla que tem ponto de contato com diferentes indústrias, além de ser um componente que será incorporado na Web3 e, consequentemente, na criptoeconomia. O movimento ainda é bem recente, mas alguns especialistas já estão apontando essa tecnologia como o início de uma próxima fase de inovação no mercado financeiro: a **Fintech 4.0** (em continuidade à Fintech 3.0 do gráfico apresentado no primeiro capítulo do livro), sendo a era da inteligência artificial generativa. Essa fase ainda tem um bom caminho para percorrer, mas, pelo andar da carruagem, já sentiremos os seus efeitos muito em breve.

Será uma era de automação extrema, baseada em inteligência artificial, que deve gerar uma série de assistentes pessoais avançados para resolver, de maneira autônoma, as nossas demandas financeiras. Instituições financeiras como o Goldman Sachs, J.P. Morgan e Bloomberg estão acelerando o desenvolvimento de soluções baseadas nessa tecnologia. Olhando para as organizações, será possível ver inovações realmente impressionantes e complexas quando empreendedores combinarem o poder das DAOs (as organizações autônomas decentralizadas) com IA generativa, por exemplo, viabilizando empresas que funcionem sozinhas.

Olhando para esse movimento embrionário, e analisando as consequências imediatas, já é possível ver que a IA generativa se tornou o novo palco da corrida entre as *bigtechs*. Após a Microsoft, rapidamente, investir na Open AI, o Google tem acelerado suas entregas de soluções nesse terreno, e a Meta redirecionou suas prioridades internas para o tema.

Houve, também, movimentos contrários à tecnologia, sobretudo entre artistas gráficos. Nesse âmbito há várias críticas, desde a banalização do processo criativo até o entendimento de que os direitos sobre as imagens geradas pelas máquinas não são claros e que o treinamento de tais ferramentas através do consumo dos seus acervos poderia levar a copiar elementos que são sua marca registrada, posteriormente utilizando-os em outras criações. Algo que também impacta, em alguma instância, questões ligadas a direitos de propriedade intelectual.

Ainda sobre regulação, é um tema sensível que envolve também direitos sobre os dados imputados e privacidade, visto que as informações usadas acabam sendo incorporadas à ferramenta. Alguns países já começaram a, rapidamente, desenhar leis específicas para o setor, visto sua ascensão meteórica e os potenciais riscos envolvidos no seu crescimento.

Adicionalmente, algumas personalidades, como o empresário Elon Musk, já demonstraram preocupações com o crescimento desenfreado da inteligência artificial e com a rápida materialização dos seus impactos – algo que o fez, inclusive, assinar uma carta em conjunto com outros expoentes da tecnologia pedindo uma diminuição no seu desenvolvimento.

Pensando nas consequências futuras, existem alguns setores que merecem atenção especial: a educação, o mercado de trabalho e a saúde mental.

Em um sistema educacional guiado pela realização de testes, muitas vezes sem sentido, e no qual tirar o diploma vale mais do que verdadeiramente aprender algo, haverá o incentivo na utilização das ferramentas de IA generativa para trapacear, ou simplesmente concluir a tarefa para seguir adiante.

Além disso, a ampla proposta da educação – sobretudo no nível universitário, que busca transformar as pessoas em cidadãos empregáveis – precisará ser revista. A visão do sistema educacional de preparar alguém previamente para os desafios profissionais futuro, baseado em uma ementa que se modifica mais devagar que o mercado, se torna um argumento frágil quando alguém pode aprender algo no momento em que precisa, com as técnicas mais novas existentes e sem a necessidade de uma instituição como intermediária. Uma maior ênfase no desenvolvimento da lógica, do senso crítico, na capacidade de expressão e na filosofia como bases sobre as quais se orienta o desenvolvimento por diferentes trilhas deverá ser algo a se considerar.

O mercado de trabalho fatalmente será atingido, levando à diminuição de profissionais em vários cargos. Pesquisas da OpenAI[25] estimam que 19% dos trabalhadores terão pelo menos 50% de suas tarefas impactadas, enquanto a Goldman Sachs prevê que 300 milhões de empregos estarão sob risco.

Se a tecnologia atingir a AGI (*artificial general intelligence*), em que os sistemas de IA podem realizar qualquer tarefa intelectual dos humanos, esses números multiplicarão, e o valor do trabalho humano poderá se tornar limitado. Até lá, os humanos terão de aprender como extrair o máximo dessa ferramenta.

Para isso, será necessário ter clareza do resultado que se busca, compreender e utilizar bem os comandos (também chamados de *prompts*), e ter senso crítico para apurar os resultados gerados antes de acatá-los ou refiná-los.

Por fim, chegamos à defesa da nossa saúde mental e do nosso ânimo (e, porque não dizer, sentido) para continuar trabalhando e desempenhando nossos papéis na sociedade. Primeiramente, será necessário manter acesa a nossa curiosidade, algo que tem o poder de nos manter motivados e interessados em aprender. Para isso, será necessário encontrar razões, e, imprescindivelmente, originá-las a partir do autoconhecimento.

Instrumentos como a filosofia e técnicas de meditação serão importantes para esse novo mundo, evitando que entremos em um estado de extrema autoexigência e comparação. Nos comparar com as máquinas em questões que envolvam desempenho técnico é uma luta desleal, e precisamos estar muito cientes de que não somos máquinas – e, sobretudo, do que nos faz diferentes delas – para preservar nossa sanidade mental.

Novos paradigmas deverão ser encarados pela sociedade, com a sua parcela de lados negativos e positivos. Contudo, espero apenas que não percamos nossa humanidade no processo, nos esquecendo de que toda essa tecnologia deveria ser, em primeira e última instância, uma ferramenta, e que o valor da vida humana vale mais do que a máquina criada e utilizada por nós no desenvolvimento das nossas tarefas e no cumprimento dos nossos interesses.

Potenciais rotas e questionamentos para a sociedade do futuro

Neste ponto, já passamos por algumas das mais promissoras tecnologias existentes no mundo atual e analisamos não só o potencial delas (e de seus elementos) de maneira isolada, mas também investigamos a elevação desse potencial com a combinação das peças desse quebra-cabeça na resolução de problemas, no ganho de eficiência e na criação das inovações que transformarão o nosso futuro.

Olhando para a combinação dessas inovações no contexto empresarial do futuro, devemos ver um ecossistema com cada vez mais players, sendo operados por cada vez menos pessoas. Tudo isso em cima da infraestrutura da Web3, automatizada via utilização de formas complexas de IA generativa.

A possibilidade de autogestão também existe, o que pode gerar competição entre combinações mais eficientes e ágeis de IA – fazendo com que "máquinas gestoras" compitam entre si. Esse é um cenário extremo (e que desintermediaria em larga escala até o emprego da força de trabalho humana), mas possível.

Por ora, já vemos a proliferação dos *solopreneurs*, empreendedores que trabalham sozinhos e que utilizam múltiplas ferramentas citadas ao longo deste livro para desenvolver fortes comunidades, escalar sua presença e tornar seus processos automatizados e eficientes. Ainda não é uma organização que roda sozinha, mas está quase lá.

Olhando para os impactos sociais das transformações, os governos do futuro deverão pensar na necessidade de endereçar o desemprego causado por esse novo cenário. Assim se faz necessário refletir a respeito de projetos que envolvam, por exemplo, a renda básica universal (ou UBI – *universal basic income*) – quantia periódica paga ao cidadão com o objetivo de cobrir os custos necessários para sua subsistência, sem necessidade específica de contrapartida.

238 A ERA DA CRIPTOECONOMIA

Nos dias de hoje, em boa parte do mundo, esse conceito pode parecer uma grande loucura, algo que distribui ineficientemente os recursos e desencoraja o trabalho. Porém, em uma realidade na qual a máquina é muito mais eficiente que o ser humano em várias tarefas, e opera em eficiência máxima graças ao nível evolutivo atingido, pode ser que vejamos uma drástica diminuição da importância do trabalho humano como elemento que contribua (objetivamente) com a manutenção e funcionamento da sociedade. O que abriria espaço para tal estrutura em um mundo pós-trabalho.

Nesse novo cenário, as pessoas poderão colher os benefícios de toda essa eficiência e se dedicarem a atividades que efetivamente façam sentido para elas. Adicionalmente, termos tais recursos distribuídos e circulando entre os cidadãos é importante para manter a economia funcionando, preservando as relações de consumo (mesmo que bem diferentes do que vemos hoje em dia).

Enquanto os governos ainda não atuam nesse sentido, o mercado está se movimentando de modo a endereçar esse futuro problema. Os empreendedores Sam Altman (fundador da OpenAI) e Alex Blania desenvolveram a worldcoin,[26] um criptoativo que busca ser um exemplo de iniciativa de renda básica universal, aliviando possíveis perdas de empregos devido ao avanço da inteligência artificial.

Além disso, funcionará como uma rede de identidade global baseada em escaneamento de íris, integrando uma grande base de dados que trará uma maior compreensão sobre a sociedade, sendo também capaz de distinguir entre um humano e um robô – quando, no futuro, essa distinção for mais difícil de ser feita. Assim, vemos potenciais soluções de problemas futuros sendo viabilizadas graças às possibilidades abertas pela criptoeconomia.

A estrada rumo a esse futuro aparentemente distópico não deve ser curta, tanto que ainda devemos ter muitas fases antes disso, com diferentes momentos e consequências. Por enquanto, essas previsões não passam de especulação baseada em alguns estudos recentes – e, definitivamente, ainda há muito para se ver até lá.

O processo de convergência rumo à criptoeconomia (cada vez mais interoperável e integrada à infraestrutura que temos hoje), com a simultânea evolução e incorporação da IA em nossa vida e nos negócios, é o que dará o tom e o ritmo dessa jornada.

CONCLUSÃO

A ESTRADA ADIANTE ESTÁ APENAS NO COMEÇO

A inovação é a grande força propulsora da humanidade. Foi ela que nos tirou das cavernas, que proporcionou melhorias incríveis na forma como vivemos através das eras e que nos trouxe até a realidade digital. Do fogo à internet (e além), temos utilizado e combinado novas criações para moldar e rearranjar o mundo que nos cerca e a própria sociedade.

O ímpeto inovador é capaz de possibilitar a materialização das mais diversas soluções, de criar mercados do zero e transformar aqueles já existentes. Uma incessante busca por aprimoramento é o que alavanca o progresso e permite que a humanidade se adapte e prospere em um ambiente de constantes mudanças.

Um dos setores em que vemos os grandes impactos que o poder da inovação pode causar, e em um curto espaço de tempo, é o mercado financeiro, ambiente tipicamente conhecido por ser conservador e que passou séculos sem transformações significativas, mas que tem sofrido uma revolução nas últimas décadas graças à tecnologia. Como você pôde ver ao longo deste livro, esse marcado passou por alguns grandes ciclos de inovação, sobretudo viabilizados por infraestruturas tecnológicas que deram o tom da mudança (e seus principais resultados esperados) desde a fase Fintech 1.0, mostrada no gráfico contido no primeiro capítulo, até os dias atuais.

Assim, podemos dizer que os principais pontos de virada ocorridos no mercado – que provocaram mudanças consideráveis na dinâmica operacional e na maneira como as soluções são ofertadas – vieram da introdução de novas infraestruturas. É um fato incrível, contudo, dado ao seu caráter mais técnico, as infraestruturas não costumam ser de interesse do grande público. Elas representam apenas conceitos com certo potencial de impacto, mas que são complexos e não têm tangibilização efetiva em muitos casos (ainda mais quando ainda estão nos primeiros anos do seu surgimento).

Isso vale para as infraestruturas mais básicas existentes na sociedade (como eletricidade e internet, por exemplo) e até para as específicas que têm impactado drasticamente o mercado financeiro (tal qual o *open finance* e a blockchain). O que é interessante para os consumidores, de fato, é o que é feito e construído em cima delas, e essa lógica não é diferente quando observamos a infraestrutura viabilizadora da criptoeconomia – a blockchain – e seus desdobramentos: criptoativos, NFTs, DeFi etc.

A infraestrutura tecnológica é fria, básica e sem forma, assim como a massa de um bolo que, de certa maneira, representa um potencial a ser revelado. Contudo, quando essa massa é direcionada para usos e "receitas" específicas, e é combinada de modo criativo com outros elementos e conceitos, ganha vida e se torna algo interessante e de valor para as pessoas.

E o essencial é justamente a criação de valor para os consumidores, seja ela direta ou indireta, em cima dos elementos descritos neste livro. É a partir do entendimento e da visualização desses elementos e do que já é possível ser feito com eles que, hoje, diferentes profissionais, empreendedores e instituições expandem suas possibilidades de atuação – transformando, assim, seus negócios e lançando no mercado soluções que ampliem os horizontes, diminuam custos e facilitem a vida dos usuários.

No caso específico da blockchain, vimos algumas particularidades muito interessantes. Ela é um instrumento poderoso com o potencial de gerar soluções capazes de trazer uma nova dinâmica aos incentivos econômicos e às automações. Isso permitirá a criação de amplos ecossistemas digitais ao redor delas, com regras próprias e mecanismos que propiciam a colaboração e a desintermediação de processos e cadeias inteiras. Assim, essa tecnologia pode trazer possibilidades reais de alterar as normas estabelecidas, modificando alguns modelos de negócios e preparando o terreno para uma evolução radical no funcionamento da economia global e na forma como interagimos em sociedade.

Sobre convergência e transição

Enquanto finalizo este livro, o mundo presencia uma intensa movimentação em direção à criptoeconomia. O processo de convergência está a pleno vapor, e grandes instituições representantes das finanças tradicionais (TradFi) estão correndo para agarrar as oportunidades existentes na realidade cripto, mesmo em jurisdições que, no momento, não estão favoráveis a esse ecossistema, como é o caso dos Estados Unidos.

Evidentemente, lidar com novas fronteiras tecnológicas é sempre um desafio, sobretudo para as organizações que realizam as transições e para os reguladores que as conduzem. Contudo, é em momentos como este que podemos ver algumas nações saindo na dianteira e organizações migrando para um novo contexto de maneira proativa, em vez de reativa, tomando caminhos regulatórios que permitam o florescimento da inovação, em vez de sufocá-la.

Em qualquer que seja o contexto, para que essa realidade prospere, é importante que os reguladores endereçem questões como a proteção dos investidores (dentro de requerimentos compatíveis com essa nova realidade de mercado), a atualização de velhos regramentos (muitas vezes criados e amparados em um contexto de mundo no qual muitas possibilidades não existiam e que dependia de vários agentes e sistemas antigos) e a utilização de novas ferramentas e estruturas que fomentem, viabilizem e acelerem a inovação (como os *sandboxes* regulatórios).

No Brasil, já temos um marco regulatório próprio para o setor e um horizonte para o seu desenvolvimento futuro. Além disso, as movimentações feitas pelo banco central em relação à nossa CBDC tangibiliza ainda mais a transformação que está em curso. Isso traz um elemento de infraestrutura chancelado e promovido pelo regulador, colocando o mercado cada vez mais dentro de uma nova realidade regida pela critptoeconomia – ou economia tokenizada, como o regulador também se refere a ela.

Talvez os participantes mais fervorosos do mundo cripto sejam contra isso (em função da potencial ampliação de controle do Estado sobre o cidadão), contudo os eventuais benefícios são grandes, pois impulsionam a adoção de plataformas baseadas em blockchain e todo o ecossistema advindo dessa tecnologia. Até mesmo a utilização de estruturas DeFi vem sendo considerada pelo BC. Então, é possível deduzir que seremos capazes de ver uma popularização sem precedentes de conceitos e casos de uso bastante transformadores.

Muitas discussões e consultas públicas ainda serão realizadas, mas isso já é um tremendo avanço que permitirá que o Brasil atraia investimentos e iniciativas, bem como incentive o desenvolvimento de projetos por parte dos players tradicionais de mercado. Assim, a complexidade desse mundo para o usuário final tende a diminuir à medida que entram mais participantes e novas soluções mais intuitivas forem testadas. Isso ampliará, também, a eficiência do mercado financeiro como um todo conforme a integração com outras infraestruturas (como o Pix e o *open finance*) e conceitos (como o *beyond banking* e o *contextual banking*) acontecerem. Outro reflexo interessante ocorre quando vemos não só empresas TradFi entrando na criptoeconomia, mas empresas nativas da criptoeconomia entrando em TradFi, por meio de licenças e capacidades regulatórias já existentes no mercado. De um modo ou de outro, a ponte para a convergência está sendo construída nos dois lados.

Desse modo, a criptoeconomia passou de uma curiosidade para um assunto de interesse público e, neste momento, no Brasil (ainda mais após o marco regulatório), tornou-se uma corrida na qual os principais atores já estão se posicionando de maneira decisiva. Como em toda inovação, o timing é um fator decisivo e, neste caso, diferentes fatores estão se juntando para corroborar com mais esse avanço.

O jogo já começou, e você faz parte dele

Apesar de as infraestruturas tecnológicas serem conceitos abstratos do ponto de vista do consumidor, como mencionei anteriormente, convido você a colocar o chapéu de profissional, não só do mercado financeiro, mas de diferentes mercados que invariavelmente serão afetados pela criptoeconomia, pela Web3 e por seus elementos básicos. Ter consciência do poder das novas plataformas de desenvolvimento e infraestruturas, entendendo como elas impactam o nosso entorno e o dia a dia dos negócios, é fundamental para que você consiga passar pelo processo de transição e, no melhor dos casos, tirar mais proveito das oportunidades que surgirão.

A corrida entre instituições para ocupar espaços na criptoeconomia gera uma outra, essa no sentido de qualificar os colaboradores via treinamentos e leituras especializadas, tornando-os cientes e preparados para a mudança. Que este livro sirva como um primeiro passo nesta estrada, que ainda tem muito chão pela frente.

Em um futuro não tão distante, será possível ver empresas como escritórios jurídicos e até indústrias criando áreas específicas para desenvolvimento e manutenção de contratos inteligentes, por exemplo, ou até mesmo administração de recursos como gastos relativos com *gas fee* em transações dentro da rede blockchain.

O futuro nos reserva muitas possibilidades e, caso a promessa desse desenvolvimento seja cumprida, veremos uma nova era da atividade econômica e social, sendo ela *open-source*, distribuída, tokenizada, automatizada e impulsionada por inteligência artificial.

Para você, leitor, é essencial se manter em contínuo processo de busca de conhecimento sobre os assuntos aqui abordados, para compreender a maneira como esse cenário impacta sua vida, carreira ou empresa. Depois, é necessário acelerar em direção ao processo de mudança, pois as chances de tudo ficar muito diferente, e muito rápido, são altas.

Espero que esta caminhada tenha agregado novas visões e conhecimentos à sua jornada, e que o conhecimento aqui explorado possa ajudar você em seus próximos passos, gerando questionamentos relevantes e profundos a partir do que você viu nesta obra.

Por ora, me despeço e lhe desejo muito sucesso!

Um forte abraço, e até breve!

Bruno Diniz

NOTAS

CAPÍTULO 1: O SISTEMA FINANCEIRO TRADICIONAL E O SURGIMENTO DE UMA VIA ALTERNATIVA

1 JOBS, S. *In*: **Pensador**. Disponível em: https://www.pensador.com/frase/MzA5ODEzNw/. Acesso em: 2 jun. 2023.

2 QUANDO o dinheiro foi inventado e como o dólar se tornou a principal moeda do mundo? **BBC News**, 17 jan. 2023. Disponível em: https://www.bbc.com/portuguese/geral-64260363. Acesso em: 2 jun. 2023.

3 KASTNER, T. O banco mais antigo do mundo tem 549 anos – e está prestes a fechar as portas. **VC S/A**, 18 ago. 2021. Disponível em: https://vocesa.abril.com.br/sociedade/o-banco-mais-antigo-do-mundo-tem-549-anos-e-esta-prestes-a-fechar-as-portas. Acesso em: 2 jun. 2023.

4 THE BEGINNERS guide to fintech. **Exploding Topics**. Disponível em: https://explodingtopics.com/blog/fintech-guide. Acesso em: 2 jun. 2023.

5 NAKAMOTO, S. **Bitcoin:** a peer-to-peer electronic cash system. Disponível em: https:// bitcoin.org/bitcoin.pdf. Acesso em: 2 jun. 2023.

6 SATOSHI Nakamoto's quotes on trust – trusted third parties. **Blockchains News**, 13 fev. 2020. Disponível em: https://blockchain.news/wiki/satoshi-nakamotos-quotes-on-trust-trusted-third-parties. Acesso em: 2 jun. 2023.

7 A bolha das tulipas holandesas é considerada a primeira bolha especulativa da história. No século XVII, a República Holandesa passou pela Mania das Tulipas, quando o preço dos bulbos da flor atingiu níveis estratosféricos. A aceleração começou em 1634, e o colapso do sistema veio em fevereiro de 1637. (N.E.)

CAPÍTULO 2: UMA RÁPIDA TRANSFORMAÇÃO QUE AFETARÁ A TODOS (E VOCÊ PODE SE BENEFICIAR DELA)

1 DRUCKER, P. *In*: **Goodreads**. Disponível em: https://www.goodreads.com/quotes/1111871-today-knowledge-has-power-it-controls-access-to-opportunity-and. Acesso em: 2 jun. 2023.

2 PESQUISA inédita da Fiesp mostra como indústrias veem as fintechs. **Brasil, país digital**, 28 ago. 2018. Disponível em: https://brasilpaisdigital.com.br/pesquisa-inedita-da-fiesp-mostra-como-industrias-veem-as-fintechs/. Acesso em: 2 jun. 2023.

3 CENTRE FOR FINANCE, TECHNOLOGY AND ENTREPRENEURSHIP. **The new skills in finance report 2022**. Londres, 2022. Disponível em: https://courses.cfte.education/new-skills-in-financial-services-report-fintech/. Acesso em: 2 jun. 2023.

4 *Ibidem*.

5 *Ibidem*.

6 GUNZI, A. Peter Drucker em 40 frases. **Administradores**, 2 ago. 2021. Disponível em: https://administradores.com.br/artigos/peter-drucker-em-40-frases. Acesso em: 2 jul. 2023.

7 HELMS, K. Billionaire Paul Tudor Jones: 'it's hard not to want to be long crypto'. **Bitcoin.com**, 4 maio 2022. Disponível em: https://news.bitcoin.com/billionaire-paul-tudor-jones-its-hard-not-to-want-to-be-long-crypto/. Acesso em: 3 jun. 2023.

8 WILDE, J. The business students skipping Wall Street for Web3. **Morning Brew**, 28 mar. 2022. Disponível em: https://www.morningbrew.com/daily/stories/2022/03/28/the-business-students-skipping-wall-street-for-web3. Acesso em: 3 jun. 2023.

9 MOUGAYAR, W. **Blockchain para negócios:** promessa, prática e aplicação da nova tecnologia da internet. Rio de Janeiro: Alta Books, 2017.

10 MUKHERJEE, S. How Walmart uses blockchain to manage its supply chain. **Analytics India Mag**, 6 fev. 2022. Disponível em: https://analyticsindiamag.com/how-walmart-uses-blockchain-to-manage-its-supply-chain/. Acesso em: 3 jun. 2023.

11 RICHMAN, E. Blockchain in healthcare: 3 promising use cases in a sea of skepticism. **Fierce Healthcare**, 22 ago. 2018. Disponível em: https://www.fiercehealthcare.com/tech/blockchain-healthcare-3-promising-use-cases-and-some-not-so-promising-ones. Acesso em: 3 jun. 2023.

12 COINTELEGRAPH BRASIL. Conselho autoriza uso de blockchain para registros em negociações de imóveis. **Exame**, 2 jan. 2023. Disponível em: https://exame.com/future-of-money/conselho-autoriza-uso-de-blockchain-para-registros-em-negociacoes-de-imoveis/. Acesso em: 3 jun. 2023.

13 SILICON VALLEY BANK. **The state of fintech:** a review of the health and trends of the fintech industry. EUA, nov. 2022. Disponível em: https://www.svb.com/trends-insights/reports/fintech-industry-report. Acesso em 3 jun. 2023.

14 MORNING CONSULT. **The crypto report:** our analysts on the state of cryptocurrency. EUA, jul. 2022. Disponível em: https://go.morningconsult.com/rs/850-TAA-511/images/220630_State_of_Cryptocurrency_Report.pdf. Acesso em: 3 jun. 2023.

CAPÍTULO 3: BEM-VINDOS À CRIPTOECONOMIA!

1 CHRISTENSEN, C. **O dilema da inovação**. São Paulo: M.Books, 2012. p. 171.

2 MIT Cryptoeconomics Lab. **MIT Sloan**. Disponível em: https://mitsloan.mit.edu/cryptoeconomics-lab/welcome-mit-cryptoeconomics-lab. Acesso em: 3 jun. 2023.

3 ROSIC, A. What is cryptoeconomics? the ultimate beginners guide. **Blockgeeks**, 4 maio 2020. Disponível em: https://blockgeeks.com/guides/what-is-cryptoeconomics/. Acesso em: 3 jun. 2023.

4 MAKAROV, I.; SCHOAR, A. Cryptocurrencies and decentralized finance (DeFi). **National Bureau of Economic Research**, EUA, v. 1, n. 3006, p. 1-68, abr. 2022. Disponível em: https://www.nber.org/system/files/working_papers/w30006/w30006.pdf. Acesso em: 3 jun. 2023.

5 HARVEY, C.; RAMACHANDRAN, A.; SANTORO, J. DeFi and the future of finance. **SSRN**, 15 dez. 2020. Disponível em: https://papers.ssrn.com/sol3/papers.cfm?abstract_id=3711777. Acesso em: 3 jun. 2023.

6 JAGATI, S. DeFi lending and borrowing, explained. **Cointegraph**, 18 jan. 2021. Disponível em: https://cointelegraph.com/explained/defi-lending-and-borrowing-explained. Acesso em: 3 jun. 2023.

7 CAPGEMINI. **CeDeFi for banks:** making sense of a decentralized world. França, jan. 2023. Disponível em: https://prod.ucwe.capgemini.com/wp-content/uploads/2023/01/CeDeFi-for-Banks-secured.pdf. Acesso em: 3 jun. 2023.

8 LIELACHER, A. What is CeDeFi: a beginner's guide to centralized DeFi. **Cryptonews**, 11 nov. 2022. Disponível em: https://cryptonews.com/exclusives/what-is-cedefi.htm. Acesso em: 3 jun. 2023.

9 LOHAR, P. Let's simplify ... Web 3.0 – blockchain – crypto. **LinkedIn**, fev. 2023. Disponível em: https://www.linkedin.com/posts/prasannalohar_learning-collaboration-web3-activity-7020965461387296768-JGFQ/?originalSubdomain=uy. Acesso em: 3 jun. 2023.

10 TEMENDO retorno do dracma, gregos usam bitcoin. **Exame**, 3 jul. 2015. Disponível em: https://exame.com/economia/temendo-retorno-ao-dracma-gregos-usam-bitcoin/. Acesso: 16 jun. 2023.

11 GUPTA, R. Turcos compram criptomoedas em meio a crise no país. **Guia do Bitcoin**, 13 ago. 2018. Disponível em: https://guiadobitcoin.com.br/noticias/turcos-compram-criptomoedas-em-meio-a-crise-no-pais/. Acesso em: 16 jun. 2023.

12 KALASHNIKOV, H. Bitcoin é a única salvação para crise monetária na Turquia. **Livecoins**, 24 nov. 2021. Disponível em: https://livecoins.com.br/bitcoin-salvacao-turquia/. Acesso em: 16 jun. 2023.

CAPÍTULO 4: ENTENDENDO A BLOCKCHAIN – UMA NOVA INFRAESTRUTURA PARA A SOCIEDADE

1 TAPSCOTT, D. 'Blockchain represents the second era of the internet.' **52-insights**, 5 abr. 2018. Disponível em: https://www.52-insights.com/don-tapscott-blockchain-represents-the-second-era-of-the-internet-interview. Acesso em: 5 jun. 2023.

2 RENNOCK, M.; COHN, A.; BUTCHER, J. Blockchain technology and regulatory investigations. **Practical Law**, EUA, fev-mar. 2018. Disponível em: https://www.steptoe.com/a/web/171967/LIT-FebMar18-Feature-blockchain.pdf. Acesso em: 5 jun. 2023.

3 MILTON Friedman predicts bitcoin in 1999. 2014. Vídeo (4min27s). Publicado pelo canal AC Squared. Disponível em: https://www.youtube.com/watch?v=leqjwiQidlk. Acesso em: 5 jun. 2023.

4 HISTORY of blockchain. **ICAEW**. Disponível em: https://www.icaew.com/technical/technology/blockchain-and-cryptoassets/blockchain-articles/what-is-blockchain/history. Acesso em: 5 jun. 2023.

5 SHELDON, R. A timeline and history of blockchain technology. **TechTarger**, 9 ago. 2021. Disponível em: https://www.techtarget.com/whatis/feature/A-timeline-and-history-of-blockchain-technology. Acesso em: 5 jun. 2023.

6 NEWTON, I. *In*: PENSADOR. Disponível em: https://www.pensador.com/frase/MTMwMjY/. Acesso em: 3 jul. 2023.

7 LEWIS, A. **The basics of bitcoins and blockchains:** an introduction to cryptocurrencies and the technology that powers them. Miami: Mango Publishing, 2018.

8 DECRYPT. Nós do Bitcoin: como funciona a blockchain mais segura do mundo. **Portal do Bitcoin**, 31 jul. 2022. Disponível em: https://portaldobitcoin.uol.com.br/nos-do-bitcoin-entenda-como-e-feita-a-seguranca-da-maior-blockchain-do-mundo. Acesso em: 5 jun. 2023.

9 COINDESK. O que vai acontecer quando todos os bitcoins forem minerados? **InfoMoney**, 21 mar. 2022. Disponível em: https://www.infomoney.com.br/mercados/o-que-vai-acontecer-quando-todos-os-bitcoins-forem-minerados. Acesso em: 5 jun. 2023.

10 BLOCKCHAIN vs distributed ledger technology (DLT): what's the difference? **iMi Blockchain**, 22 maio 2021. Disponível em: https://imiblockchain.com/blockchain-vs-distributed-ledger-technology/. Acesso em: 5 jun. 2023.

11 BLOCKCHAIN and distributed ledger technology (DLT). **Geek for geeks**. Disponível em: https://www.geeksforgeeks.org/blockchain-and-distributed-ledger-technology-dlt/. Acesso em: 5 jun. 2023.

NOTAS 247

12 OECD. Environmental impact of digital assets: crypto-asset mining and DLT consensus mechanisms. **OECD Business and Finance Policy Papers**, Paris, p. 1-36, 2 dez. 2022. Disponível em: https://www.oecd.org/publications/environmental-impact-of-digital-assets-8d834684-en.htm. Acesso em: 5 jun. 2023.

13 WEGRZYN, K.; WANG, E. Types of blockchain: public, private, or something in between. **Foley**, 19 ago. 2021. Disponível em: https://www.foley.com/en/insights/publications/2021/08/types-of-blockchain-public-private-between. Acesso em: 5 jun. 2023.

14 OECD. *op. cit.*

15 FUENTES, R. What is sharding and how is it helping blockchain protocols? **Rootstrap**, 6 set. 2022. Disponível em: https://www.rootstrap.com/blog/what-is-sharding-and-how-is-it-helping-blockchain-protocols. Acesso em: 5 jun. 2023.

16 LAYER-1 and layer-2 blockchain scaling solutions. **Cryptopedia**, 8 mar. 2022. Disponível em: https://www.gemini.com/cryptopedia/blockchain-layer-2-network-layer-1-network. Acesso em: 5 jun. 2023.

17 ISIDRO, R.; HAZIM, C.; REDDY, R. Scaling blockchains: what are layer-2 solutions and interoperable chains? **GLOBAL X**, 25 jul. 2022. Disponível em: https://www.globalxetfs.com/scaling-blockchains-what-are-layer-2-solutions-and-interoperable-chains. Acesso em: 5 jun. 2023.

18 SHUKLA, S. The 'blockchain trilemma' that's holding back crypto. **The Washington Post**, 11 set. 2022. Disponível em: https://www.washingtonpost.com/business/the-blockchain-trilemma-thats-holding-back-crypto/2022/09/07/6dd64574-2ebc-11ed-bcc6-0874b26ae296_story.html. Acesso em: 5 jun. 2023.

19 IANSITI, M.; LAKHANI, K. The truth about blockchain. **Harvard Business Review**, jan-fev, 2017. Disponível em: https://hbr.org/2017/01/the-truth-about-blockchain. Acesso em: 5 jun. 2023.

CAPÍTULO 5: A ASCENSÃO DOS CRIPTOATIVOS – UMA NOVA GERAÇÃO DE ATIVOS INTELIGENTES

1 HARARI, Y. N. **Sapiens:** uma breve história da humanidade. São Paulo: Companhia das Letras, 2020.

2 COINTELEGRAPH BRASIL. FMI aconselha El Salvador a limitar uso de bitcoin para evitar riscos. **Exame**, 13 fev. 2023. Disponível em: https://exame.com/future-of-money/fmi-aconselha-el-salvador-a-limitar-uso-de-bitcoin-para-evitar-riscos/. Acesso em: 6 jun. 2023.

3 BARONE, A. What is an asset? Definition, types, and examples. **Investopedia**, 29 mar. 2023. Disponível em: https://www.investopedia.com/terms/a/asset.asp. Acesso em: 6 jun. 2023.

4 BRASIL. **Instrução normativa RFB** nº 1.888, de 3 de maio de 2019. Manual de preenchimento da obrigatoriedade de prestação de informações relativas às operações realizadas com criptoativos à Secretaria Especial da Receita Federal do Brasil (RFB). Brasil, 2019. Disponível em: https://www.gov.br/receitafederal/pt-br/centrais-de-conteudo/publicacoes/manuais/manual-preenchimento-criptoativos/manual-preenchimento-criptoativos. Acesso em: 6 jun. 2023.

5 SILVA, M. Marco Regulatório Cripto é aprovado após 7 anos, mas divide opiniões entre corretoras. **Exame**, 30 nov. 2022. Disponível em: https://exame.com/future-of-money/marco-regulatorio-cripto-e-aprovado-apos-7-anos-mas-divide-opinioes-entre-corretoras/. Acesso em: 6 jun. 2023.

6 BRAVE NEW COIN. As 10 principais criptomoedas: o que mudou nos últimos sete anos? **MoneyTimes**, 5 set. 2020. Disponível em: https://www.moneytimes.com.br/

as-10-principais-criptomoedas-o-que-mudou-nos-ultimos-sete-anos/. Acesso em: 6 jun. 2023.

7 LEE, C. Litecoin is the silver to Bitcoin's gold. It must be true since it's written in Bitcoin's blockchain! 28 jul. 2015. Twitter: SatoshiLite. Disponível em: https://twitter. com/satoshilite/status/626084710289141760?lang=es. Acesso em: 6 jun. 2023.

8 BURNISKE, C.; TATAR, J. **Criptoativos:** o guia do investidor inovador. Rio de Janeiro: Alta Books, 2019.

9 AUER, R. *et al.* The technology of decentralized finance (DeFi). **BIS Working Papers**, n. 1066, jan. 2023. Disponível em: https://www.bis.org/publ/work1066.pdf. Acesso em: 6 jun. 2023.

10 DATONOMY. Classification system for digital assets. **CoinMetrics**. Disponível em: https://coinmetrics.io/datonomy/. Acesso em: 6 jan. 2023.

11 THE TOKEN economy. **Packt**. Disponível em: https://subscription.packtpub. com/book/data/9781789136326/1/ch01lvl1sec13/the-token-economy. Acesso em: 6 jun. 2023.

12 PIECH, S.; SHARMA, S. Tokenomics – deep dive. **Binance Research**, 24 ago. 2022. Disponível em: https://research.binance.com/en/analysis/tokenomics-deep-dive. Acesso em: 6 jun. 2023.

13 MOUGAYAR, W. Tokenomics – a business guide to token usage, utility and value. **Startup Management**, 10 jun. 2017. Disponível em: http://startupmanagement. org/2017/06/10/tokenomics-a-business-guide-to-token-usage-utility-and-value/. Acesso em: 6 jun. 2023.

14 ANTONOPOULOS, A. **The internet of money**. EUA: Createspace Independent Publishing Platform, 2016.

CAPÍTULO 6: NFTS – UM VEÍCULO PARA A ARTE NO MUNDO DIGITAL, E MUITO MAIS

1 PESSOA, F. **Páginas de estética e de teoria e críticas literárias**. Lisboa: Edições Ática, 1994.

2 MARQUES, G. Gary Vee explica interesse em NFTs: "Ativos para comunicar quem você é". **Exame**, 11 fev. 2022. Disponível em: https://exame.com/future-of-money/gary-vee-explica-interesse-em-nfts-ativos-para-comunicar-quem-voce-e/. Acesso em: 7 jun. 2023.

3 ASSIA, Y. Bitcoin 2.X (aka colored bitcoin) – initial specs. **Yoni Assia**, 27 mar. 2012. Disponível em: https://yoniassia.com/coloredbitcoin/. Acesso em: 7 jun. 2023.

4 ROSENFELD, M. Overview of colored coins. **Allquantor**, 4 dez. 2012. Disponível em: https://allquantor.at/blockchainbib/pdf/rosenfeld2012overview.pdf. Acesso em 7 jun. 2023.

5 STEINWOLD, A. The history of non-fungible tokens (NFTs). **Medium**, 7 out. 2019. Disponível em: https://medium.com/@Andrew.Steinwold/the-history-of-non-fun gible-tokens-nfts-f362ca57ae10. Acesso em: 7 jun. 2023.

6 CREIGHTON, J. NFT timeline: the beginnings and history of NFTs. **NFT Now**, 15 dez. 2022. Disponível em: https://nftnow.com/guides/nft-timeline-the-beginnings-and-history-of-nfts/. Acesso em: 7 jun. 2023.

7 GOLA, Y. Preço do AXS ganha mais de 16% conforme Axie Infinity atinge 1 milhão de usuários ativos diários. **Cointelegraph**, 4 ago. 2021. Disponível em: https://cointelegraph.com.br/news/axs-price-gains-over-16-as-axie-infinity-closes-in-on-1m-daily-active-users. Acesso em: 7 jun. 2023.

NOTAS   249

8 SILVA, M. Axie Infinity começa a recuperar criptomoedas roubadas em ataque hacker. **Exame**, 22 abr. 2022. Disponível em: https://exame.com/future-of-money/axie-infinity-comeca-a-recuperar-criptomoedas-roubadas-em-ataque-hacker/. Acesso em: 7 jun. 2023.

9 SOUSA, Renan. Maior roubo em criptomoedas da história: plataforma do Axie Infinity (AXS) sofre ataque hacker e criminosos levam US$ 625 milhões. **Seu Dinheiro**, 29 mar. 2022. Disponível em: https://www.seudinheiro.com/2022/criptomoedas/axie-infinity-axs-ataque-hacker-criptomoedas/. Acesso em: 16 jun. 2023.

10 JOBIM, C. Jogo NFT de Fórmula 1 da Animoca Brands é encerrado inesperadamente e deixa jogadores no prejuízo. **Cointelegraph**, 8 abr. 2022. Disponível em: https://cointelegraph.com.br/news/animoca-brands-formula-1-nft-game-closed-and-leaves-players-at-a-loss. Acesso em: 7 jun. 2023.

11 VILLAS, M. C. De memes a jogadas de basquete: 8 NFTs que vão te ajudar a entender o universo dos tokens não fungíveis. **Aleph**. Disponível em: https://editoraaleph.com.br/de-memes-a-jogadas-de-basquete/. Acesso em: 7 jun. 2023.

12 NFT DE TWEET de Jack Dorsey recebe lance de US$ 280; token foi colocado à venda por US$ 48 milhões. **Inteligência Financeira**, 14 abr. 2022. Disponível em: https://inteligenciafinanceira.com.br/aprenda/investir/nft-de-tweet-de-jack-dorsey-recebe-lance-de-us-280-token-foi-colocado-a-venda-por-us-48-milhoes/. Acesso em: 7 jun. 2023.

13 FREIRE, R. 10 imagens digitais que foram vendidas como NFT por preços absurdos. **Techtudo**, 7 jan. 2022. Disponível em: https://www.techtudo.com.br/listas/2022/01/10-imagens-digitais-que-foram-vendidas-como-nft-por-precos-absurdos.ghtml. Acesso em: 7 jun. 2023.

14 KINGS of Leon the first band to release an album as an NFT - and Front Row concert seats for life! **Fuel Music**. Disponível em: https://www.fuelmusic.com/post/kings-of-leon-the-first-band-to-release-an-album-as-an-nft-and-front-row-concert-seats-for-life. Acesso em: 7 jun. 2023.

15 CERVANTES, Y. Brazuera: o que é o novo jogo no metaverso de Danilo Gentili? **Bitso**, 28 mar. 2023. Disponível em: https://blog.bitso.com/pt-br/criptomoedas/brazueira. Acesso em: 7 jun. 2023.

16 RESERVA X: uma nova marca de moda para o metaverso. **Forbes**, 6 abr. 2022. Disponível em: https://forbes.com.br/forbeslife/2022/04/brandvoice-reserva-x-uma-nova-marca-de-moda-para-o-metaverso/. Acesso em: 7 jun. 2023.

17 DE CATA, A. Latest report uncovers trends in Web3 adoption by top brands of 2022 and Q1 2023. **NFT Tech**, 11 abr. 2023. Disponível em: https://www.nfttech.com/newsroom/web3-report. Acesso em: 7 jun. 2023.

18 VALLIAPPAN, A. [New Report] The future of NFTs: are they doomed or will they boom? **The Low Down**, 11 out. 2022. Disponível em: https://thelowdown.momentum.asia/new-report-the-future-of-nfts-are-they-doomed-or-will-they-boom/. Acesso em: 7 jun. 2023.

19 ESSEX, D. Digital twin. **TechTarget**, nov. 2022. Disponível em: https://www.techtarget.com/searcherp/definition/digital-twin. Acesso em: 7 jun. 2023.

20 WHAT is a digital twin? **IBM**. Disponível em: https://www.ibm.com/topics/what-is-a-digital-twin. Acesso em: 7 jun. 2023.

21 GELERTNER, D. **Mirror worlds**. EUA: Oxford University Press, 1991.

22 O QUE são soulbound tokens (SBT)? **Binance Academy**, 16 ago. 2022. Disponível em: https://academy.binance.com/pt/articles/what-are-soulbound-tokens-sbt. Acesso em: 7 jun. 2023.

23 WEYL, E. G.; OHLHAVER, P.; BUTERIN, V. Decentralized society: finding Web3's soul. **SSRN Electronic Journal**, p. 1-37, maio 2022. Disponível em: https://papers.ssrn.com/sol3/papers.cfm?abstract_id=4105763. Acesso em: 7 jun. 2023.

24 CAVALCANTI, L. Colecionáveis digitais do Reddit alcançam 10 milhões em 11 meses; o que explica o sucesso? **MoneyTimes**, 31 maio 2023. Disponível em: https://www.moneytimes.com.br/colecionaveis-digitais-do-reddit-alcancam-10-milhoes-em-11-meses-o-que-explica-o-sucesso/. Acesso em: 7 jun. 2023.

25 BOBOFF, K. Case study: Reddit collectible avatars. **3mint**, 18 jan. 2023. Disponível em: https://www.blog.3mint.io/case-study-reddit-collectible-avatars-2/. Acesso em: 7 jun. 2023.

CAPÍTULO 7: DEFI – O PRÓXIMO PASSO EVOLUTIVO DAS TRANSAÇÕES FINANCEIRAS

1 AS 100 melhores frases de Pablo Picasso. **Thpanorama**. Disponível em: https://pt.thpanorama.com/blog/superacion-personal/las-100-mejores-frases-de-pablo-picasso.html. Acesso em: 16 jun. 2023.

2 EL TORO de Picasso: do acadêmico ao abstrato. **Arte Ref**, 27 nov. 2019. Disponível em: https://arteref.com/arte/as-etapas-de-el-toro-de-picasso-do-academico-ao-abstrato/. Acesso em: 8 jun. 2023.

3 MELO, L. Apple usa Picasso para ensinar equipe a buscar simplicidade. **Exame**, 12 ago. 2014. Disponível em: https://exame.com/negocios/apple-usa-picasso-para-ensinar-equipe-a-buscar-simplicidade/. Acesso em: 8 jun. 2023.

4 NAKAMOTO, S. *op. cit.*

5 NASTASACHE, A. O que é uma DAO? **Bit2me Academy**, 17 fev. 2023. Disponível em: https://academy.bit2me.com/pt/que-es-una-dao/. Acesso em: 8 jun. 2023.

6 COINTELEGRAPH RESEARCH. **DAO:** the evolution of organization. [S.l.], out. 2022. Disponível em: https://research.cointelegraph.com/reports/detail/dao-the-evolution-of-organization. Acesso em: 7 jun. 2023.

7 *Ibidem*.

8 WHAT are decentralized exchanges, and how do DEXs work? **Cointelegraph**. Disponível em: https://cointelegraph.com/learn/what-are-decentralized-exchanges-and-how-do-dexs-work. Acesso em: 7 jun. 2023.

9 AUER, R. *et. al. op. cit.*

10 MAKAROV, I.; SCHOAR, A. *op. cit.*

11 *Ibidem*.

12 KULECHOV, S. Aave and flash loans: uncollateralized lending in DeFi. **Cryptopedia**, 16 mar. 2022. Disponível em: https://www.gemini.com/cryptopedia/aave-flashloans. Acesso em: 8 jun. 2023.

13 HARVEY, C.; RAMACHANDRAN, A.; SANTORO, J. *op. cit.*

14 OPENCOVER. **The state of DeFi insurance alternatives (DeFi cover) 2023**. [S.l.], 2023. Disponível em: https://opencover.com/reports/the-state-of-defi-insurance-alternatives-defi-cover-2023.pdf. Acesso em: 8 jun. 2023.

CAPÍTULO 8: SINAIS DE CONVERGÊNCIA – INSTITUIÇÕES FINANCEIRAS, BANCOS CENTRAIS E GOVERNOS ADENTRAM A CRIPTOECONOMIA

1 BROADBAND blues. **The Economist**, 21 jun. 2001. Disponível em: https://www.economist.com/business/2001/06/21/broadband-blues. Acesso em: 8 jun. 2023.

2 MOORE, G. **Atravessando o abismo**. Rio de Janeiro: Alta Books, 2021.

3 HOW to onboard your friends to crypto. **Bankless**, 21 set. 2021. Disponível em: https://www.bankless.com/how-to-onboard-your-friends-to-crypto. Acesso em: 8 jun. 2023.

4 AGRELLA, L. Rendimento e cashback em bitcoin: 99 acelera negócio de carteira digital, **Exame**, 26 out. 2021. Disponível em: https://exame.com/future-of-money/rendimento-e-cashback-em-bitcoin-99-acelera-negocio-de-carteira-digital/. Acesso em: 9 jun. 2023.

5 MANZONI JR, R. Com compra e venda de bitcoin, Méliuz estreia seu "banco digital". **NeoFeed**, 31 jan. 2022. Disponível em: https://neofeed.com.br/blog/home/com-compra-e-venda-de-bitcoin-meliuz-estreia-seu-banco-digital/. Acesso em: 9 jun. 2023.

6 BOMFIM, R. Nubank abre negociação de mais dois criptoativos em sua plataforma. **Valor**, 20 dez. 2022. Disponível em: https://valor.globo.com/empresas/criptomoedas/noticia/2022/12/20/nubank-abre-negociao-de-mais-dois-cripto ativos-em-sua-plataforma.ghtml. Acesso em: 8 jun. 2023.

7 DINIZ, B. Bruno Diniz: as iminentes oportunidades presentes na Web 2.5. **Exame**, 27 jul. 2022. Disponível em: https://exame.com/future-of-money/bruno-diniz-as-iminentes-oportunidades-presentes-na-evolucao-da-internet/. Acesso em 9 jun. 2023.

8 ALVES, P. Lojistas brasileiros obtêm R$ 25 milhões em empréstimos usando DeFi sem saber. **InfoMoney**, 22 jul. 2022. Disponível em: https://www.infomoney.com.br/mercados/lojistas-brasileiros-obtem-r-25-milhoes-em-emprestimos-usando-defi-sem-saber/. Acesso em: 9 jun. 2023.

9 BANKLESS 93: crypto payments and the DeFi Mullet. | Visa's Cuy Sheffield and Anchorage's Diogo Mónica. Entrevistados: Cuy Sheffield e Diogo Móinica. [S. l.], 22 nov. 2021. *Podcast*. Disponível em: http://podcast.banklesshq.com/93-crypto-payments-and-the-defi-mullet-visas-cuy-sheffield-and-anchorages-diogo-mnica. Acesso em: 9 jun. 2023.

10 MONEY, tokens, and games. **Citi**, 30 mar. 2023. Disponível em: https://icg.citi.com/icghome/what-we-think/citigps/insights/money-tokens-and-games. Acesso em: 9 jun. 2023.

11 SURESH, R. *et. al.* Relevance of on-chain asset tokenization in 'crypto winter'. **BCG**, 12 set. 2022. Disponível em: https://www.bcg.com/publications/2022/relevance-of-on-chain-asset-tokenization. Acesso em: 9 jun. 2023.

12 ALLISON, I. JPMorgan wants to bring trillions of dollars of tokenized assets to DeFi. **Coindesk**, 22 jun. 2022. Disponível em: https://www.coindesk.com/business/2022/06/11/jpmorgan-wants-to-bring-trillions-of-dollars-of-tokenized-assets-to-defi/. Acesso em: 9 jun. 2023.

13 GOLDMAN'S interest in nfts could speed the tokenization of real assets. **PYMNTS**, 28 abr. 2022. Disponível em: https://www.pymnts.com/nfts/2022/goldman-sachs-interest-could-speed-tokenization-real-assets-nfts/. Acesso em: 9 jun. 2023.

14 WRIGHT, T. Bahamas lançam a primeiro CBDC do mundo, o 'sand dollar'. **Cointelegraph**, 21 out. 2020. Disponível em: https://br.cointelegraph.com/news/the-bahamas-launches-world-s-first-cbdc-the-sand-dollar. Acesso em: 9 jun. 2023.

15 AVAN-NOMAYO, O. Moeda digital DCash do Banco Central do Caribe Oriental é oficialmente lançada. **Cointelegraph**, 1 abr. 2021. Disponível em: https://br.cointelegraph.com/news/eastern-caribbean-central-bank-s-dcash-digital-currency-goes-live. Acesso em: 9 jun. 2023.

16 COINDESK. Nigéria lança moeda digital e-naira e é o 1º país africano a ter sua CBDC. **Exame**, 25 out. 2021. Disponível em: https://exame.com/future-of-money/

nigeria-lanca-moeda-digital-enaira-e-e-o-1o-pais-africano-a-ter-sua-cbdc/. Acesso em: 9 jun. 2023.

17 YOUNG, M. Jamaica becomes first country to make a CBDC legal tender. **Be(in)crypto**, 9 jun. 2022. Disponível em: https://beincrypto.com/jamaica-becomes-first-country-to-make-a-cbdc-legal-tender/. Acesso em: 9 jun. 2023.

18 REYNOLDS, S. Analysis: what exactly is China's CBDC? **Blockworks**, 3 maio 2021. Disponível em: https://blockworks.co/news/analysis-what-exactly-is-chinas-cbdc. Acesso em: 9 jun. 2023.

19 CHENG, P. Decoding the rise of Central Bank Digital Currency in China: designs, problems, and prospects. **Journal of Banking Regulation**, v. 24, n. 2, p. 156-170, 2023. Disponível em: https://www.ncbi.nlm.nih.gov/pmc/articles/PMC8860289/. Acesso em: 9 jun. 2023.

20 AUER, R.; BOEHME, R. The technology of retail Central Bank Digital Currency. **BIS Quarterly Review**, 1 mar. 2020. Disponível em: https://www.bis.org/publ/qtrpdf/r_qt2003j.htm. Acesso em: 9 jun. 2023.

21 OSAE-BROWN, A.; FATUNDE, M.; OLUROUNBI, R. Lições do e-naira: Nigéria recorre a taxistas para ampliar aceitação de moeda digital. **Valor**, 2 nov. 2022. Disponível em: https://valor.globo.com/mundo/criptomoedas/noticia/2022/11/02/licoes-do-e-naira-nigeria-recorre-a-taxistas-para-ampliar-aceitacao-de-moeda-digital.ghtml. Acesso em: 9 jun. 2023.

22 BERTOLUCCI, G. Protestos contra moeda digital na Nigéria pedem a volta do dinheiro físico. **Livecoins**, 8 mar. 2023. Disponível em: https://livecoins.com.br/protestos-contra-moeda-digital-na-nigeria-pedem-a-volta-do-dinheiro-fisico/. Acesso em: 9 jun. 2023.

23 BANK of Kenya does not see CBDC as a priority. **Ledger Insights**, 28 maio 2023. Disponível em: https://www.ledgerinsights.com/bank-of-kenya-cbdc-not-priority-survey/. Acesso em: 9 jun. 2023

24 CAUTI, C. Real digital está se tornando referência mundial, diz coordenador do projeto no BC. **Exame**, 29 jul. 2022. Disponível em: https://exame.com/future-of-money/criptoativos/real-digital-referencia-mundial-bc/. Acesso em: 9 jun. 2023.

25 MONEY, tokens, and games. **Citi**, 30 mar. 2023. Disponível em: https://icg.citi.com/icghome/what-we-think/citigps/insights/money-tokens-and-games. Acesso em: 9 jun. 2023.

26 FERRARI, H. BC: Não sabemos como será a intermediação financeira em 3 anos. **Poder360**, 18 abr. 2022. Disponível em: https://www.poder360.com.br/economia/bc-nao-sabemos-como-sera-a-intermediacao-financeira-em-3-anos/. Acesso em: 9 jun. 2023.

27 OCAMPO, D.; BRANZOLI, N.; CUSMANO, L. Crypto, tokens and DeFi: navigating the regulatory landscape. **FSI Insights**, n. 49, p. 1-50, maio 2023. Disponível em: https://www.bis.org/fsi/publ/insights49.htm. Acesso em: 9 jun. 2023.

28 *Ibidem*.

29 BRASIL. **Lei n. 14.478, de 21 de dezembro de 2022**. Dispõe sobre diretrizes a serem observadas na prestação de serviços de ativos virtuais e na regulamentação das prestadoras de serviços de ativos virtuais; altera o Decreto-Lei nº 2.848, de 7 de dezembro de 1940 (Código Penal), para prever o crime de fraude com a utilização de ativos virtuais, valores mobiliários ou ativos financeiros; e altera a Lei nº 7.492, de 16 de junho de 1986, que define crimes contra o sistema financeiro nacional, e a Lei nº 9.613, de 3 de março de 1998, que dispõe sobre lavagem de dinheiro, para incluir as prestadoras de serviços de ativos virtuais no rol de suas disposições. Brasil: Presidência da República, [2022]. Disponível em: http://www.planalto.gov.br/ccivil_03/_ato2019-2022/2022/lei/L14478.htm. Acesso em: 9 jun. 2023.

CAPÍTULO 9: METAVERSO, WEB3, AI GENERATIVA E ALÉM!

1 GOODELL, J. Steve Jobs in 1994: The Rolling Stone interview. **Rolling Stone**, 17 jan. 2011. Disponível em: https://www.rollingstone.com/culture/culture-news/steve-jobs-in-1994-the-rolling-stone-interview-231132/. Acesso em: 9 jun. 2023.

2 STEPHENSON, N. **Snow crash**. São Paulo: Aleph, 2015.

3 INTERNATIONAL TRADEMARK ASSOCIATION. **White paper trademarks in the metaverse**. [S.l], abr. 2023. Disponível em: https://www.inta.org/wp-content/uploads/public-files/perspectives/industry-research/20230406_METAVERSE_REPORT.pdf. Acesso em: 9 jun. 2023.

4 META-. *In*: INFOPÉDIA. Porto: Porto Editora. Disponível em: https://www.infopedia.pt/dicionarios/lingua-portuguesa/meta-. Acesso em: 10 jun. 2023.

5 GIBSON, W. **Newromancer**. São Paulo: Aleph, 2016.

6 MATRIX. Direção: Lilly Wachowski e Lana Wachowski. EUA: Village Roadshow Pictures e Silver Pictures, 1999. DVD (136min).

7 CLINE, E. **Jogador nº 1**. São Paulo: Leya, 2019.

8 JOGADOR nº 1. Direção: Steven Spielberg. EUA: Warner Bros. Pictures, 2018. Vídeo (139min). Disponível em: https://play.hbomax.com. Acesso em: 10 jun. 2023.

9 KOVACH, S. Welcome to the metaverse, the sci-fi dream behind Roblox's $38 billion valuation. **CNBC**, 11 mar. 2011. Disponível em: https://www.cnbc.com/2021/03/11/roblox-rblx-goes-public-with-a-bet-on-the-metaverse.html. Acesso em: 9 jun. 2023.

10 INTRODUCING Meta: a social technology company. **Meta**, 28 out. 2021. Disponível em: https://about.fb.com/news/2021/10/facebook-company-is-now-meta/. Acesso em: 9 jun. 2023.

11 LAGORIO-CHAFKIN, C. An entrepreneur's guide to finding new business opportunities in the metaverse. **Inc.**, 15 abr. 2022. Disponível em: https://www.inc.com/christine-lagorio-chafkin/metaverse-virtual-world-layers.html#:%7E:text=Mark%20Zuckerberg%2C%20Meta%E2%80%99s%20chief%20. Acesso em: 9 jun. 2023.

12 STANDARDS AUSTRALIA. **The metaverse and standards**. Austrália, maio 2023. Disponível em: https://www.standards.org.au/getmedia/beb254c9-fd95-4602-bc7b-8de12ba91287/H2_3061_Metaverse_report.pdf.aspx. Acesso em: 9 jun. 2023.

13 ACTIVATE CONSULTING. **Beyond the hype cycle**: the metaverse matters now more than ever. EUA, 2023. Disponível em: https://activate.com/wp-content/uploads/2023/05/Activate-Metaverse-Report-2023.pdf. Acesso em: 9 jun. 2023.

14 KPMG. **From sci-fi concept to cutting-edge technology**: KPMG's "Exploring the metaverse." China, ago. 2023. Disponível em: https://kpmg.com/cn/en/home/insights/2022/03/first-exploration-metaverse.html. Acesso em: 9 jun. 2023.

15 ACTIVATE CONSULTING. *op. cit.*

16 GARTNER hype cycle. **Gartner**. Disponível em: https://www.gartner.com.br/pt-br/metodologias/gartner-hype-cycle. Acesso em: 10 jun. 2023.

17 KOVACS, L. Quem inventou a internet? **Tecnoblog**, mar. 2023. Disponível em: https://tecnoblog.net/responde/quem-inventou-a-internet/. Acesso em: 9 jun. 2023.

18 BROWNE, R. Web inventor Tim Berners-Lee wants us to 'ignore' Web3: 'Web3 is not the web at all'. **CNBC**, 4 nov. 2022. Disponível em: https://www.cnbc.com/2022/11/04/web-inventor-tim-berners-lee-wants-us-to-ignore-web3.html. Acesso em: 9 jun. 2023.

19 Baseado nos modelos de: YASSINE, H. et. al. Web3 opens new paths to customer loyalty. **BCG**, 18 jan. 2023. Disponível em: https://www.bcg.com/publications/2023/web3-customer-loyalty-program-opportunities; WEB 3.0 what is it and what are the differences? **Blockchain Media**. Disponível em: https://blockchain-media.org/en/what-is-web-3-0/ e HSBC. **On the yellow brick road to Web3 and the metaverse**. [S.l.], 2 maio 2022. Disponível em: https://www.gbm.hsbc.com/en-gb/feed/innovation-and-transformation/road-to-web3-and-the-metaverse. Acesso em: 9 jun. 2023.

20 MOSAYERI, K. DeFi: building the infrastructure for future economies. **CoinDesk**, 5 maio 2022. Disponível em: https://www.coindesk.com/layer2/2022/05/05/the-defi-mullet/. Acesso em: 9 jun. 2023.

21 KASTRENAKES, J. Jack Dorsey says VCs really own Web3 (and Web3 boosters are pretty mad about it). **The Verge**, 21 dez. 2021. Disponível em: https://www.theverge.com/2021/12/21/22848162/jack-dorsey-web3-criticism-a16z-ownership-venture-capital-twitter. Acesso em: 9 jun. 2023.

22 DICKSON, B. How 2022 became the year of generative AI. **VentureBeat**, 11 nov. 2022. Disponível em: https://venturebeat.com/ai/how-2022-became-the-year-of-generative-ai/. Acesso em: 9 jun. 2023.

23 NOREM, J. NVIDIA CEO calls ChatGPT the 'iPhone moment' for AI. **ExtremeTec**, 14 fev. 2023. Disponível em: https://www.extremetech.com/computing/343069-nvidia-ceo-calls-chatgpt-the-iphone-moment-for-ai. Acesso em: 9 jun. 2023.

24 GATES, B. The age of AI has begun. **GatesNotes**, 21 mar. 2023. Disponível em: https://www.gatesnotes.com/The-Age-of-AI-Has-Begun. Acesso em: 10 jun. 2023.

25 MERALI, S. The generative AI revolution: opportunities, shocks, and risks. **UK on Ward**, 3 maio 2023. Disponível em: https://www.ukonward.com/reports/the-generative-ai-revolution/. Acesso em: 9 jun. 2023.

26 CRIPTOMOEDA do criador do ChatGPT será distribuída de graça e quer captar R$ 500 milhões. **Exame**, 15 maio 2023. Disponível em: https://exame.com/future-of-money/criptomoeda-criador-chatgpt-distribuida-de-graca-captar-r-500-milhoes/. Acesso em: 9 jun. 2023.

Este livro foi impresso pela gráfica Edições Loyola em papel pólen bold 70 g/m² em setembro de 2023.